肖 灵 著

社会转型时期公益组织
形象传播研究

中国社会科学出版社

图书在版编目（CIP）数据

社会转型时期公益组织形象传播研究/肖灵著. —北京：中国社会
科学出版社，2023.3
ISBN 978 - 7 - 5227 - 1391 - 5

Ⅰ.①社… Ⅱ.①肖… Ⅲ.①社会福利事业—形象—传播学—
研究—中国 Ⅳ.①D632.1

中国国家版本馆 CIP 数据核字（2023）第 026160 号

出 版 人	赵剑英
责任编辑	陈肖静
责任校对	刘　娟
责任印制	戴　宽

出　　　版	中国社会科学出版社
社　　　址	北京鼓楼西大街甲 158 号
邮　　　编	100720
网　　　址	http://www.csspw.cn
发 行 部	010 - 84083685
门 市 部	010 - 84029450
经　　　销	新华书店及其他书店

印　　　刷	北京明恒达印务有限公司
装　　　订	廊坊市广阳区广增装订厂
版　　　次	2023 年 3 月第 1 版
印　　　次	2023 年 3 月第 1 次印刷

开　　　本	710×1000　1/16
印　　　张	20
插　　　页	2
字　　　数	281 千字
定　　　价	108.00 元

凡购买中国社会科学出版社图书，如有质量问题请与本社营销中心联系调换
电话：010 - 84083683

摘　要

　　当前，中国正处在社会转型发展的新时期，这种转型是社会主义制度的自我完善和发展。在社会转型时期，中国的公益事业取得了巨大发展，公益组织的正面形象正在不断树立。与此同时，我们也要清醒地看到，中国公益事业整体发展水平不高，还仍处于发展的初级阶段。一方面，全面小康社会建设中各种社会问题的解决需要各类公益组织发挥出应有作用；另一方面，公益事业的发展又远远落后于经济社会的整体发展，还同中国特色社会主义新时期的相关要求不相适应，特别是近些年出现的公益组织负面事件，极大地影响了公益事业的健康发展，也直接影响到公益组织良好形象的建构和传播。

　　针对社会转型时期新的时代特点，公益组织加强了形象建设，积极开展了公益组织的理念形象传播、行为形象传播、视觉形象传播、听觉形象传播，取得了较大的成绩。同时，通过发放调查问卷、深度访谈等调研方式，我们也清醒地看到，公益组织在形象建设方面，还存在不少问题。

　　面对存在的问题，公益组织、政府相关部门和公益相关行业要积极行动起来，努力做好以下几个方面工作：一要创新公益组织理念形象传播，找准公益组织的发展定位，理顺公益组织、媒体、受助者之间的关系，坚持正面传播、绿色传播、开放传播、共同发展的新理念；二要优化公益组织行为形象传播，不断优化筹资行为，不断提升服务效能，不断优化政策环境，不断加强公益行业人力资源建设；三要遵循审慎原则，改进公益组织视觉形象传播，确定好视觉形象提升目标，找准视觉形象提升的时机，制定精准的视觉形象提升策略；四要改善公益组织听觉形象传播，提升公益组织听觉形象传播内容的质量，打造好公益组织听觉形象传播的载体。

目　录

第一章　导论

第一节　研究缘起

当前，中国正处在社会转型发展的新时代，这种转型，是在坚持"四项基本原则"的前提下，中国主动对自身进行改革，主动向国际社会开放，是对政治、经济、文化、社会、生态等各方面的体制、机制进行的重大变革，目的在于使人们对美好生活的期待成为现实。这种转型是中国社会主义制度的自我完善和发展。在社会转型时期，中国的公益事业取得了良好发展，公益组织的正面形象正在不断树立。但是，我们也要清醒地看到，我国公益事业整体发展水平不高，还仍处于发展的初级阶段。一方面，和谐社会建设中各种社会问题的解决需要各类公益组织发挥出应有作用。另一方面，公益慈善事业的发展又远远落后于经济社会的整体发展，公益组织的体制改革、组织赋能、政策供给、形象构建、价值认同等方面，还同社会主义新时期的相关要求不相适应，特别是近些年频频出现的公益组织负面事件，极大地影响了公益事业的健康发展，也直接影响到公益组织良好形象的建构和传播。当前，我们研究社会转型时期公益组织形象的传播问题，视角不只是关注公益组织主体本身，还将从更宽广的视野，从社会发展、法律政策、体制机制、社会心理、形象建设、治理能力等维度，重新审视公益组织形象传播问题。

一 公益组织的发展和特点

公益组织作为社会组织的一种，其宗旨是以促进公益事业发展为目的的。该类组织不以营利为活动出发点，可归于非营利领域。萨拉蒙（1995）提出，关于"非营利组织"的概念，不要强调统一的标准，凡是具有非官方、非营利性、独立性、公益性特征的社会组织，可以统称为非营利组织①。公益组织既具有非营利组织的一般特点，也具有区别于互益性组织等其他组织的特点。在中国当代社会文化语境中，中国的公益组织，在展示出该类组织共性的同时，也展示出了其个性。

（一）社会组织的特点

对社会组织内涵的理解可分为广义和狭义。广义的理解为，社会组织是指人类进行特定活动的各种联合体形式。吉登斯曾指出，"一个组织可以被定义为一群人为实现特定目标的联合"②。而狭义的理解，社会组织则是指区别于经济领域的企业和政治领域的政府机关等主体，而具有非营利性、非政府性等特点的现代社会组织。

当代社会，人们越来越深刻地认识到，政府不是万能的，不可能包办社会生活的方方面面事务。在国家与市场、国家与社会、社会与市场之间，以及社会各子系统相互之间，可能存在着某些公共领域，这些领域政府可能管不了、管不好，而为此兴起的功能多元、形态不一的社会组织，则恰好在这些领域扮演着重要的角色，助推各项事务的顺利解决，而使社会生活变得更加丰富多彩。通常认为，这些代表着社会能力和权力的组织，具有非政府性、非营利性、志愿性、公益性、自治性等共同特点。在人们的认知中，社会组织的概念大都与非政府组织（NGO）、非营利组织（NPO）等概念相混用。

---

① Salamon, Lester M. and Helmut K. Anheier, *The emerging nonprofit sector: An overview*, Manchester: Manchester University Press, 1996, pp. 1 – 10.

② ［英］安东尼·吉登斯：《社会学》（第四版），王晓修译，北京大学出版社2003年版，第468页。

事实上，社会组织的重要特点主要体现在以下两个方面：

一是非政府性。非政府性是指社会组织的机构性质与一般政府机构有着明显的不同，其不属于政府的一个部门，是独立于政府而存在的，其活动经费来源于组织自筹，而没有纳入政府财政预算，在组织结构上也不存在严格的政府科层制体系。

二是非营利性。社会组织与企业在运作机制上存在差异，虽然社会组织也要想方设法做到资产的保值增值，这是该类组织生存发展的前提条件。但是，社会组织的资产据其实质来说，并不归于任何个人所有，实现组织利润最大化，也不是社会组织的宗旨所在。社会组织活动的财物筹集、组织运行和服务保障，主要还是依赖公益动员之后的社会供给。

以上论及的非政府性和非营利性，乃是社会组织最重要的特征。此外，公益性、规范性、自治性和志愿性，也是社会组织的重要特征。其中，公益性是指社会组织的创办宗旨是公益性，强调组织的运作目的是实现公共的整体的利益，而非私人的特定的利益。规范性是指社会组织的运作规范有序，组织内部机构设置规范有序。自治性是指社会组织开展活动具有很高的自由度，组织能根据自身实际，拥有自由决策活动项目、服务对象、运作机制的自主权。志愿性是指社会组织是由具有共同兴趣的民众自发所组建的团体，且其项目实施的范围相对也比较自由和广泛，涵盖社会公共领域的方方面面。这种志愿性不是指参与的工作人员不需要获得任何报酬，而是指参与公益活动的意愿是自愿的，不是被迫参与的。

（二）公益组织的发展和特点

中国的公益慈善事业可谓源远流长，相关公益慈善活动最早诞生于夏、商、西周、春秋、战国直至秦统一以前社会发展历史阶段的先秦时期[1]。这一时期萌生的社会公益慈善思想，为我国公益慈善事业

---

[1]　彭小兵：《公益慈善事业管理》，南京大学出版社 2012 年版，第 41 页。

的发展奠定了坚实的思想基础，例如，孔子和孟子倡导的仁爱和仁术，墨子主张的"兼爱"等。西周时期，社会慈善和保障已经粗具规模，并上升到制度化、模式化的高度。西周的统治机构中设有地官司徒掌管荒政、安抚民众，周代还有普惠性政策——"养疾"。一是通过祭祀活动祈求苍天降福于民，保佑国人消灾祛疫；二是专门设立疫医负责治疗不幸染病的国民①。春秋战国时期，在灾害救治方面，有了平籴和通籴制度。在尊老爱幼、照顾鳏寡孤独者方面，都有安排，并已经形成制度。汉唐时期主要是寺院慈善活动，主要资金来源是社会捐助和施舍，主要活动包括济贫、赈灾、医疗、戒残杀，宣传"福报""修福""行善"观念。宋代新儒学兴起后，社会个人慈善活动也出现并不断普及，如捐谷赈灾、修路建桥等。

到了明清时期，统治者对慈善较重视，恢复和发展了前朝一些官办慈善机构，又创办了一些新的慈善机构②，例如，明清时期的养济院和普济堂，清政府还设有栖流所，栖流所在一些地区更发展成留养局，以应付人口剧增、流民日多这一严峻社会现实问题。在自然灾害发生时期，统治者会采用各种荒政措施，如备仓积谷、发仓给粟、煮粥应饥等，地方士绅和商贾也会参与赈济和灾后重建。此外，民间慈善事业迅速崛起，民间慈善团体和机构数量增多、功能较齐全，基本上涵盖了社会福利中需要救济的各个方面，包括普济堂、各类善堂、善会、各种会馆、义庄等。

近代社会，在戊戌维新运动影响下，公益慈善事业展现出新变化，具有近代色彩的慈善理念开始萌生，一些传统的善堂、善会广泛地开展社会慈善公益活动，旧式的善堂、善会等开始向新式慈善团体转型。晚清政府于1908年8月27日颁布的《钦定宪法大纲》第二部分第二条提到："臣民于法律范围以内，所有言论、著作、出版及集会、结社等事，均准其自由。"这是中国历代政府首次正式在法律层面，确

① 范忠信：《官与民》，中国人民大学出版社2011年版，第816页。
② 刘峰、吴金良：《中华慈善大典》，浙江工商大学出版社2017年版，第353页。

立了民间结社的自由。到了民国时期，公益慈善事业开始制度化、规
范化，政府设置专门的机构来管理慈善救济①，并制定了规范民间慈
善团体的法规，开展了慈善救济、灾荒和兵灾救济。抗日战争胜利后，
国民政府成立行政院善后救济总署，接受联合国善后救济总署无偿提
供的各类物质援助。中国共产党从1945年10月到1946年9月，举办
了急赈、难民遣送、医药救济等系列活动，并从1946年9月到1947
年12月，以"以工代赈"等方式开展慈善活动。近代慈善事业在重
视传统济贫助困等活动的同时，还将活动范围拓展到工商业、医疗卫
生、文化教育等方面，设立了慈善工厂、慈善医院、慈善学校、习艺
所等，为近代中国实业救国、科教文卫事业发展做出了积极贡献。

新中国成立后至"文化大革命"结束，我国公益慈善事业经历了曲
折的发展历程。1950年10月，中华人民共和国政务院颁布了《中央政
务院社会团体登记暂行办法》，我国公益慈善组织进入了一个新的发展
时期，在计划经济条件下，组织呈现出单位化的格局，个人被分配到一
个个具体的单位中。单位包括国营性质、集体性质的，单位是一个个的
经济实体，也是实实在在的社会职能的政治性组织，具有无所不能、无
所不包的功能，这种包办一切的分配格局，让社会机体的活动能量未能
得到有效释放。在单位制组织格局之下，公益慈善组织发展所依靠的社
会生态环境大受影响。一直到"文化大革命"结束，国家停止了民办公
益慈善事业，将公益慈善事业统一纳入了计划经济系统之中，只有中国
儿童福利会、基督教青年会等几个老牌社会慈善组织被保持了下来，但
是也被归为党委统战部门管理，不可自主组织开展任何慈善活动。在
"文化大革命"期间，公益慈善文化更是遭受到严重破坏。1978年我国
实施改革开放政策后，各类公益慈善组织迅速成立并蓬勃发展，公益慈
善事业步入良性发展快车道。1981年，改革开放后的第一个基金会——
中国少年儿童基金会由全国妇联批准建立，在此之后，20多个基金会

---

① 祝介梅：《民国慈善组织内部治理研究》，博士学位论文，山东师范大学，2018年。

得到相关政府部门的批准，也纷纷成立，如中国青少年发展基金会、中国科技基金会等①。到 20 世纪 90 年代末，各省（直辖市、自治区）纷纷设立慈善组织，基层政府甚至有些乡镇、街道也注册成立了慈善会。1998 年，中国遭遇特大洪灾，全民奋起抢险抗灾，全民捐赠达到了创纪录的 110 多亿元②。此后，中国公益慈善事业步入了发展的加速期，相应的法规也不断出台。

1999 年，《社会团体登记注册条例》和《民办非企业单位登记管理暂行条例》开始实施。2004 年，《基金会管理条例》颁布实施，2004 年 9 月，党的十六届四中全会通过了《中共中央关于加强党的执政能力建设的决定》，其中首次出现了社会组织的提法，明确提出"发挥社团、行业组织和社会中介组织提供服务、反映诉求、规范行为的作用，形成社会管理和社会服务的合力"，提出要"健全社会保险、社会救助、社会福利和慈善事业相衔接的社会保障体系"，在党的文件中第一次明确提出要发展慈善事业，并将其置于和谐社会建设的高度来谋划。与此同时，我国各类公益慈善组织快速成长，为社会提供了大量优质的公共资源服务，在文化、教育、医疗、卫生、养老、康养等领域成为社会治理的重要组成部分。

2005 年 3 月，全国"两会"上的《政府工作报告》，第一次提出"支持发展慈善事业"。此后，公益基金会群体不再坚持"公益"与"慈善"两分法，承认民间公益是当代公益慈善事业的重要组成部分。2005 年 11 月，我国首届中华慈善大会召开，向全社会传递了支持公益慈善事业发展、动员民众积极参与公益慈善事业的信号，这是新中国成立以来，召开的首次全国性慈善大会，会上民政部颁发了政府最高奖——中华慈善奖，还出台了《中国慈善事业发展指导纲要（2006—2010）》，对后一阶段的公益慈善事业进行了具体规划。2006

---

① 刘春：《当代中国社会组织发展史研究》，博士学位论文，中国社会科学院研究生院，2013 年。

② 彭小兵：《公益慈善事业管理》，南京大学出版社 2012 年版，第 45 页。

年10月，党的十六届六中全会通过《关于构建社会主义和谐社会若干问题的重大决定》，该决定对包括公益慈善组织在内的社会组织的概念、功能、管理等内容进行了清晰的界定，使公益慈善理念更加深入人心。

2007年全国人大审议通过新修订的《企业所得税法》，规定企业因参与公益慈善事业捐款，在应纳税所得额的13%以内，企业可以享受免税待遇。该法规的出台，大大激发了企业参与慈善公益事业的热情。2008年3月23日，公益慈善事业的汉语拼音被正式注册为网站域名，与此同时，各类公益慈善组织纷纷建立起自己的网站。

2010年10月27日，党的十七届五中全会审议通过了《中共中央关于制定国民经济和社会发展第十二个五年规划的建议》，提出要改革基本公共服务提供方式，实现提供主体和提供方式多元化。2012年4月17日，国务院颁布的《关于分类推进事业单位改革的指导意见》也要求，相关部门要完善政策，放宽准入领域，推进公平准入，鼓励社会力量依法进入公益事业领域。这些文件的出台，为公益慈善组织的发展规划了新路径，进一步扫清了发展障碍。

2013年11月12日，党的十八届三中全会通过的《中共中央关于全面深化改革若干重大问题的决定》中，要求包括公益慈善组织在内的社会组织，在"创新社会治理体制"这一重大战略任务中发挥重要作用。2013年年底，国家对公益慈善类、城乡社区服务类等社会组织逐步放开登记，推动了大量社会组织在各个社会服务领域不断涌现。2014年，公益慈善组织等多元社会主体，积极参与社会管理和社会服务的方方面面事务，成为政府服务社会的重要合作伙伴和有力助手。

2016年，中国历史上第一部《慈善法》正式颁布实施，该法规内容包含登记、公募、信息公开、运行监督和法律责任五个部分，对公益慈善事业的规范化建设、科学化发展提出了新要求，标志着公益慈善事业的法制化建设进入了新的历史阶段。2019年10月31日，中国共产党第十九届四次全会通过《中共中央关于坚持和完善中国特色社

会主义制度 推进国家治理体系和治理能力现代化若干重大问题的决定》，明确提出，要发挥群团组织、社会组织作用，以实现政府治理和社会调节、居民自治良性互动，夯实基层社会治理基础，这进一步明确了包括公益组织在内的社会组织所具有的重要作用。

现在，随着人们物质生活水平的提高，民众对公益服务的需求越来越多元，也越来越强烈，而各级政府部门受到单位性质和财力有限过"紧日子"的制约，不可能完全充分地满足这些公益服务的需求，因此，要深化公益服务供给侧改革，充分激发社会中蕴含的丰富供给力。激励各类社会力量投入公益事业，可以有效弥补政府供给来源的短缺性及单一性，满足民众的多样化公益需求。当下，各级政府也正积极转变职能，努力发挥好社会公益事业的培育者、引导者和监督者角色，促使一大批富有责任心、爱心的企业家、社会名流、普通个体公民投身公益事业，促使一大批富有活力的公益组织纷纷涌现，并且初步展现出如下鲜明特点：

一是公益组织参与的自愿性。公益组织的发展，依靠的是社会成员出自爱心、善心的自发自愿的捐助行为，公益资源的汇聚，依靠的是个人和组织在时间、物质、金钱、信息等方面的自愿捐献。与一般的商业部门、政府部门不同，公益组织是归属第三部门范畴的非营利社会组织，是参与者运用自身的自愿行为去追求社会的公共利益。公益事业的动力不是来源于组织成员的经济利益，而是来源于组织成员内在的利他、志愿价值观。

二是公益组织行为的专业性。公益行为的捐助者和受助者之间，没有天然的学缘、业缘或地缘关系，也没有相关的利益关系。而公益事业的运作过程，则包含着复杂的社会组织行为和经济关系，现代公益组织作为连接捐助者和受助者之间的桥梁和中介，肩负着实行自身可持续发展的重任，担负着经营、管理的专业责任，承担着服务受助者的专业使命，公益组织的专业性是其核心竞争力的生动体现。

三是公益组织资金来源的多元化。现在，各类公益组织正日益淡化行政色彩，其资金募捐方式、资金来源方式呈现多元化特点。公益资金募集除了传统的政府号召、单位动员，更加重视公益捐赠行为的市场化、公益募捐策略的公众化、公益捐赠渠道的多样化，能够针对企业家、社会名流、富裕阶层、中等收入阶层、低收入者的不同特点，采取不同的劝募方式，尽量满足不同企业、不同个体的捐赠需求，实现资金来源的多元化。近些年借助网络平台开展的微公益，就取得了较显著的效果。

四是公益组织管理的社会化。公益事业的健康发展要以公益组织的存在为基础，其内部管理应该遵照非营利组织的模式加以管理，但是，由于其资金大都来源于社会捐赠，因而，其内部运行管理就会受到外界的影响，特别是要符合捐款人的捐赠期望，呈现出组织管理社会化的特点。近些年来，政府相关部门一方面加大了对公益事业的扶持，对公益组织的办公场所、启动资金、项目开展、政府购买服务等方面，给予大力支持；另一方面，在坚持"国家鼓励、社会参与、民间自愿"原则的同时，政府相关部门也加大了对公益事业的监管，并且实行的措施比对一般的营利性企业的要求还要更高，以维护公益事业良好的社会生态。

五是公益运行监督的透明化。近些年来，公益运行的日常监督呈现出透明化特点，具体表现在两个方面：一是努力构建公益捐赠的公开透明机制，例如，健全公益组织内部管理制度，推行决策、执行和监督分享的运行模式，构建公开、透明的财务体系，完善捐赠款物使用的追踪、反馈、公示机制，办好公益捐助信息网站，对捐赠信息、求助信息、公益捐赠、年检公告以及公益动态监测等，开始提供规范、动态、及时的信息发布平台。二是积极构建较科学的公益组织评估机制，完善以政府为主体、民间力量共同参与的公益组织绩效评估体系。

总之，我国的公益组织得到了较好的发展，一方面，我们要看到公益事业初步展现出积极的新特点、公益组织正面形象开始显现；另一方面，我们也要清醒地看到，改革开放以来，公益事业虽然步入了发展的快车道，公益组织的规模和实力不断增强，例如，根据 2019 年民政部公布的《2018 年民政事业发展统计公报》，截至 2018 年年底，全国共有社会组织 81.7 万个，比上年增长 7.3%，吸纳社会各类人员就业 980.4 万人，比上年增长 13.4%。但是也还存在不少问题，仅 2018 年全年，就共查处社会组织违法违规案件 9295 起，行政处罚 8665 起①。这些违法违规案件的发生，极大地影响了公益组织的形象建设与形象传播。

二 公益组织形象传播研究的理论和实践意义

面对社会转型时期公益组织形象建设与传播存在的突出问题，公益事业面临的新挑战，我们开展公益组织形象传播研究具有重要的理论和实践意义。

（一）公益组织形象传播研究的理论意义

1. 开拓了现代公益组织研究的新视角

公益组织形象问题在公益组织问题研究中占有重要地位，由于公益组织的社会关联性强，公益组织形象的高低，深刻关系到公益组织的生存发展，因而，公益组织的形象问题与中国国家形象之间存在着紧密的联系。因此，学人通过公益组织形象传播的研究，势必会开阔公益组织形象建设的研究思路，形象传播无疑是公益组织内涵建设的重要内容。本文研究公益组织形象传播问题，是从具体公益组织的传播实践活动入手，是实证性的研究。我们以形象传播作为观察公益组织内涵建设的切入点，探讨公益组织形象传播的应然问题，这也必将为公益组织开展形象传播提供理论依据。

2. 完善了现代公益组织形象建设理论的研究内容

现代公益事业在我国虽然取得了较大成绩，但是公益组织的作用和潜能还没有充分发挥出来。公益事业的健康发展期待并需要科学理

---

① http：//www. mca. gov. cn/article/sj/tjgb/201908/20190800018807. shtml.

论的正确指导，但客观来说，现在公益组织的理论研究还不深入，大多数还是简单地引进西方学术界"志愿失灵"理论、"第三部门理论"等来套用中国公益实践。而这些理论大都是在 20 世纪 70 年代，西方资本主义国家过去的福利政策难以为继，迫使其调整福利政策、非营利组织探索市场化转向、结社革命兴起的时代背景下产生的，也是对西方社会组织事业新的实践总结和新的理论探讨。尽管其提出的自律他律机制、治理管理方法、善因营销等理论，我们可以大胆借鉴，但是，由于我国的传统社会文化和现实发展具有独特性，中国公益组织的道德问题显然不同于西方公益组织的道德问题，有些理论还可能明显不相适应，不可全盘借用，西方理论需要与中国现实国情相适应，我们要努力探索中国公益组织研究的新范式，建构有利于公益事业发展的理论体系。立足中国大地政治、经济、文化、社会、生态等领域的改革，扎根公益事业发展的实践，从形象传播视角研究公益组织，必将推动我国公益组织形象建设理论相关研究内容的完善。

3. 丰富了公益组织伦理建构的理论体系

和现有公益伦理中的志愿精神、利他精神、人道主义精神相比，公益组织形象具有鲜明的时代特征。一是现代意义上的公益组织作为在特定宗旨指导下建立的社会组织，不是传统意义上自发、松散的集合体，正逐步成为社会有机体中的专业化、职业化的部门，正稳步走向法人治理阶段。它和其他社会组织一样，正面临着如何提升内部治理能力和治理水平问题，形象治理也必将纳入公益伦理构建的理论体系。[①] 二是公益组织在和谐社会建设、全面建成小康社会历史进程中扮演着重要角色，是风险社会的重要压舱石，是政府与社会民众沟通的重要中介平台，公益组织要发挥好自身的作用，就必须加强自身形象建设，树立公开、公正、透明、诚信、友爱的良好社会形象，否则就将带来严重的社会问题。因此，深入研究公益组织建设理论，探索

---

① 李敏：《公益组织诚信生态建设研究》，博士学位论文，华东师范大学，2017 年。

社会如何建设良好的公益生态，将会极大地丰富和完善公益组织伦理理论体系。

（二）研究的实践意义

1. 传播公益组织良好形象是继承和发展中国优良传统的需要。中华民族历来就有扶贫济困、乐善好施、互帮互助的传统美德。在社会转型发展的新时代，树立和传播公益组织的良好形象，动员公民个人、单位、企业参与社会公益事业，做好力所能及的好事、善事，为社会弱势群体、贫困地区提供有针对性的帮扶，一方面传承和发扬了中华民族的传统美德，另一方面也是践行社会主义核心价值观的生动实践和鲜活体现。

2. 传播公益组织良好形象是社会转型时期全面建成小康社会的现实需求。当前，社会处在转型发展的新时期，我国综合国力大大增强，脱贫攻坚任务全面完成，人民生活水平得到极大提高，但是也面临着贫富差距不断拉大，脱贫攻坚与乡村振兴有机衔接任务繁重、自然灾害和社会灾害频繁发生等现实难题，对经济社会发展和社会和谐稳定带来不良影响。要解决前进道路上的问题，根本办法还是要发展社会生产力，大力发展经济，改善民生，通过税收、设定最低收入标准等手段加大社会收入分配领域的合理调节。此外，还有必要调动社会方方面面的力量，大力发展社会公益慈善事业，充分发挥好公益组织的积极作用，传播好公益组织的良好形象，通过社会财富的第三次分配，作为分配调节的必要补充。只有促进国家与社会、政府与民间、企业与个人的相互配合，才能更快、更好地解决经济社会发展中存在的各种社会问题，才能加快推进全面建成小康社会步伐。

3. 传播公益组织良好形象是创新社会治理的一项重要工作。公益组织从事的公益事业是一项利国利民的好事，是改善民生、促进社会和谐发展的一项崇高事业，也是加强社会治理的一项重要工作。我们要不断创新社会治理方式方法，发挥好公益组织在加强自身建设、树立良好形象、增强社会服务方面的作用，支持公益组织参与社会治理与公共服务，发挥广大群众参与社会治理的基础作用。在全面深化改革的社会转型时期，大量的社会职能从政府职能中分离出来，客观上需要公益组织有更大的担当作为，承接大量原先由政府单一提供的公共服务。近些年来，公益组织通过树立良好的组织形象，正不断吸引民众积极创新教育、卫生、环保、助困、扶幼、脱贫、养老等社会治理事务。

4. 树立公益组织良好形象是激发并调动民众参与公益事业，解决各种社会现实问题的需要。公益事业是社会各方面关注度高的纯洁事业，是一项阳光事业，要追求公开透明，务求实效，工作来不得半点虚假。树立公益组织良好形象，大力增进公益组织的透明度，促进公益事业的规范化，树立公益事业的良好公信力，是吸引民众参与公益事业的前提[①]。因此，中国需要加强公益组织形象建设，大力发展公益事业，推动公益事业良性发展。

第二节 公益组织形象传播的国内外相关研究综述

一 公益组织形象传播的国内研究综述

国内关于公益组织形象传播的研究，主要集中于以下几个方面：

一是对公益组织内部的治理研究。此类研究包括筹资管理、账务管理等。在筹资研究方面，王名（2002）认为，公益组织劝募理念大致经历了产品导向阶段、推销导向阶段与顾客导向阶段。所谓产品导向阶段，是指公益组织认为自己的好想法必定会得到人们的认可，所以，被动等待人们自动捐赠。所谓推销导向阶段则认为社会存在很多潜在的捐赠者，公益组织必须主动走出去，通过说服沟通，研究如何吸引捐赠者。所谓顾客导向阶段，是指公益组织主动研判其在市场中

---

① 玉苗：《中国草根公益组织发展机制的探析》，博士学位论文，华中师范大学，2013年。

的定位，关注潜在的捐赠者，策划与这些捐赠者相匹配的活动项目，同时，通过活动培育未来的捐赠者①。在财务管理方面，张璋（2013）指出影响公益组织公信力的内部因素主要有财务反馈意识薄弱、账务制度操作性弱、账务管理专业性差、财务监管真空等，针对存在的问题，提出应对策略主要有设立财务透明标准、财务多角度监督、建立相应的奖惩机制等②。金佳璐（2015）从专业的视角，深入分析公益组织存在的财务问题，认为存在的问题主要有，会计科目确认计量方式不明确、财务审计制度不完善、问责机制不健全、缺乏会计信息披露标准等，提出要有策略地完善会计制度、规范会计处理、建立会计信息披露制度、完善会计配套法律法规、促进税收优惠和慈善机构会计规范程度相挂钩等③。冯辉等（2015）认为资金监管是公募基金会法律监管中的核心问题，指出要提高监管的立法位阶并不断完善相关单行立法，构建由基金会自身、政府部门、行业协会、媒体及公众、司法部门组成的多元监管主体机构，不断完善税收减免、信息披露、绩效评估和问责等相配套的监管机制，有力加强并优化公募基金会的资金监管④。这些研究在探索公益组织内部的治理方面进行了有益探索。

二是关于公益组织捐赠动员机制及相关影响因素的研究。长期以来，我国的社会公益资源集中于公办的各级慈善会、红十字会等组织，而大量的民办公益组织获得资源的能力则偏弱，发展规模也偏小，抗风险能力较差。近些年来，随着我国民间公益组织的迅速发展，公益组织的资源建设能力开始被关注，特别是在重大社会事件中的资源动员能力得到很大发展。孙立平等（1999）对"希望工程"这一捐资助学品牌项目进行了研究，提出"准组织化动员"概念⑤。郭于华等

---

① 王名：《改革民间组织双重管理体制的分析和建议》，《中国行政管理》2007 年第 4 期。
② 张璋：《强化财务建设，提升公益组织公信力》，《经济视野》2013 年第 22 期。
③ 金佳璐：《探析提升慈善公益组织公信力的对策——基于会计学的视角》，《商业会计》2015 年第 4 期。
④ 冯辉、张晓爽：《公募基金会的资金监管问题探析》，《西部法学评论》2015 年第 3 期。
⑤ 孙立平：《动员与参与——第三部门募捐机制个案研究》，浙江人民出版社 1999 年版，第 146 页。

（1999）分析了中国青基会在不同历史发展阶段，所采用的不同筹资模式和进行的筹资改革实践，指出该会运用了"单位技术""去单位技术"共生的动员策略，提出"全员筹资"的理念，并将筹资和工作绩效考核相结合①。高功敬等（2009）探索了如何构建慈善捐赠机制体系②。郑凤田等（2009）认为，影响捐赠的因素主要有三个，即政府的干预政策和行为、捐赠参加者的规模、种子资金数量的大小③。刘能（2004）运用案例分析法，分析了影响城市市民捐赠行为的影响因素④。候俊东等（2009）认为，公益事项属性和中国消费者购买意愿之间具有很强的关联性⑤。杜兰英等（2012）则分析了非营利组织捐赠效用、服务质量对个人的捐赠行为的影响⑥。陈天祥（2012）则认为组织公信力、品牌绩效、关系效用与个人捐赠行为产生具有正相关关系⑦。蒋晶（2014）基于帮助决策模型和情感适应理论，分析了影响我国个人捐赠者捐赠的心理机制，认为由公益组织传递的组织形象和广告诉求，经过了潜在捐赠人的评价后产生不同的情感状态，该情感状态诱发利己动机或利他动机而影响捐赠意愿。其注意到个人捐赠经历与情感状态交互作用于动机并对捐赠意愿产生影响，当个人捐赠经历多的情况下，由感知组织形象和广告诉求评价所引发的情感，对捐赠意愿的影响相对较小，而个人捐赠经历多的情况下，该情感对捐赠意愿的影响较大。金恒江等（2014）运用传播效果理论，围绕公

---

① 郭玉华、杨宜音、应星：《事业共同体——第三部门激励机制个案探索》，浙江人民出版社 1999 年版，第 238 页。

② 高功敬、高鉴国：《中国慈善捐赠机制的发展趋势分析》，《社会科学》2009 年第 12 期。

③ 郑凤田、江金启：《公共品社会动员机制——关于慈善捐赠的一个理论综述》，《浙江社会科学》2009 年第 10 期。

④ 刘能：《中国都市地区普通公众参加社会捐助活动的意愿和行为取向分析》，《社会学研究》2004 年第 2 期。

⑤ 候俊东、杜兰英、李建峰：《公益事项属性与中国消费者购买意愿关联性研究》，《管理科学》2008 年第 5 期。

⑥ 杜兰英等：《基于感知视角的非营利组织服务质量、捐赠效用对个人捐赠意愿影响研究》，《管理学报》2012 年第 1 期。

⑦ 陈天祥：《个人捐赠非营利组织的行为影响因素研究》，《浙江大学学报》（人文社会科学版）2012 年第 4 期。

益组织如何在微信上实现最大化传播效果问题，运用"品牌传播""议题设置""社会资本"等理论工具进行分析，深入探索了公益组织微信传播策略[①]。毕楠等（2016）运用案例研究方法，通过使用消费者深度访谈、二手资料搜集、数据编码等手段，探讨了消费者对善因营销评价的影响因素[②]。周楠等（2019）分析了公益组织与商业组织的合作困境，并从公益组织、商业组织、合作立法和社会监管等方面提出了对策[③]。龙永红（2012）在对我国慈善组织资源动员实践和研究文献总结分析的基础之上，运用合法性、社会认同、社会交换等理论工具，分析比较了官民慈善组织资源动员的合法性、公信力、动员技术三个要素的运作，并对该三要素运作中所展现的动员结果、动员路径、动员逻辑作了较深入的比较分析[④]。这些学者在公益组织捐赠动员机制及相关影响因素的研究方面进行了积极探索。

三是公益组织传播能力建设研究。马贵侠等（2015）认为，民间公益组织的传播能力偏弱，缺乏科学合理的传播策略、传播规划，专业网络传播人才缺少，面对这些问题，需要从传播策略与规划、寻求培训支持、培养组织专业传播人才等方面，加强民间公益组织的传播能力。事实上，公办类公益组织也存在类似问题[⑤]。人民论坛问卷调查中心（2017）指出，提高公益透明度、打造公信力平台和公益品牌、塑造良好公益组织形象，是公益事业在今后要实现的主要目标。公益组织借鉴并运用公共关系领域的理念和手法，塑造公益组织品牌，进行公益组织形象传播，是其实现现代化和专业性公益的关键

---

① 金恒江、孙子悦：《中国公益组织微信传播策略研究》，《新闻知识》2014 年第 8 期。
② 毕楠、银成钺、康苗：《中国情境下影响消费者感知成功善因营销的多案例研究》，《管理学报》2016 年第 3 期。
③ 周楠、谢依婷：《公益组织与商业组织的合作困境与对策》，《山东行政学院学报》2019 年第 5 期。
④ 龙永红：《互惠利他链：官民慈善组织资源动员的比较研究》，博士学位论文，南京大学，2012 年。
⑤ 马贵侠、谢栋：《新媒体环境下民间公益组织传播能力建设：现状、反思与提升策略》，《新闻界》2015 年第 6 期。

路径所在①。李敏（2017）围绕诚信这一主题，分析了影响公益组织诚信生态建设的多维原因，提出了公益组织诚信生态建设的思路，并探讨了公益组织诚信生态建设的现实路径②。王磊（2018）分析了网络名人在公益活动中的角色，就如何有效发挥名人效应、促进我国公益事业的发展提出对策③。薛可等（2011）运用定性和定量研究相结合的方法，从四个维度对非营利组织形象进行了分析，运用实验设计、数理统计和量化分析的研究方法，构建了非营利组织的理论模型，结合具体案例，对模型进行了验证，提出了组织形象提升策略④。肖灵等（2019）借鉴认知不协调理论，以中国红十字会为例，针对公益组织形象传播方面存在的问题，提出公开透明传播信息、及时回应公众疑问、重要事件及时担当、形成第三方监管机制等策略⑤。

这些研究大大开阔了我国公益组织的研究视野，为下一步继续深入研究奠定了一定的基础，尤其是为公益组织的形象传播研究奠定了良好的基础。

二　公益组织形象传播的国外研究综述

国外往往将包含公益组织在内的社会组织，统称为 NGO 或 NPO，这种称呼的目的在于突出其的非营利性、非政府性。20 世纪 80 年代以来，随着社会结社运动的兴起、NGO 组织的发展壮大，对公益组织的研究也更加深入。其研究主要集中于以下几个方面：

（一）公益组织诚信问题研究

萨拉蒙（1987）提出了"志愿失灵理论"，认为非营利组织并不完

---

① 人民论坛问卷调查中心：《公共关系视角下公益组织的规范化建设》，《国家治理》2017年第 5 期。

② 李敏：《公益组织诚信生态建设研究》，博士学位论文，华东师范大学，2017 年。

③ 王磊：《网络名人在公益活动中的角色定位》，《经济研究导刊》2018 年第 34 期。

④ 薛可、左雨萌：《新媒体语境下非营利组织形象评估模型构建——以"牵手上海"为例》，《同济大学学报》（社会科学版）2011 年第 5 期。

⑤ 肖灵、孙海龙：《认知不协调理论视域下公益组织形象传播研究——以中国红十字会为例》，《赣南师范大学学报》2019 年第 1 期。

全是人们预想的道德高尚、运作完善的社会组织，其作为社会公共产品和服务的提供者，有助于解决"市场失灵""政府失灵"问题，但是因其存在"慈善供给不足、慈善范围狭隘、组织家长式作风、组织活动的业余性"等不足，仅靠其不可能完全解决这些社会问题①。面对非营利组织可能存在的道德风险，一些学者提出了自己的应对举措。罗切斯特（1995）认为，民众可以通过"财务透明度、组织程序与规则的规范度、工作品质的好坏及组织效率的高低"四个不同维度，来评价和判断非营利组织诚信度的高低②。弗鲁姆金（2005）认为，要平衡好"社会服务供给、社会企业家精神、公民参与和政治参与、价值观与理念"四个方面，才能保证自身的良性发展③。泰勒（1998）认为，非营利组织在制定道德准则和管理制度时，要注意到身处公域和私域相关机构的关系，从而保证募得的资金尽量用于服务对象群体的利益④。詹森（2003）提出，公益组织仅仅依靠捐赠人的监督来实现公益资源的充分利用，是不现实的，该类组织只有具备完善的约束和控制机制才可能获得良性的发展，公益组织可以尝试借助理事会控制系统、资本控制市场、司法系统、产品与要素市场四方面的力量，来提高组织的整体绩效水平⑤。赫兹琳杰（2000）在解决公益组织诚信的核心问题——财务、信息披露、监管，总结出了披露（disclosure）—分析（analysis）—发布（dissemination）—惩罚（sanction）方案，即 DADS 方案，通过实施该方案，能够增强公众的信任，提升公益组织的绩效⑥。此外，赫德森

---

① Salamon, L. M., "Rethinking Public Management: Third-Party Government: Toward a Theory of Government-Nonprofit Relations in the Modern Welfare State", *Nonprofit and Voluntary Sector Quarterl*, (16), 1987.

② Rochester, C., Voluntary Agencies And R., *Hedley, An Introduction to the Voluntary Sector*, New York: Routledge, 1995.

③ Peter Frumkin, *On Being nonprofit: a conceptual and policy primer*, Harvard University Press, 2005.

④ 李亚平、于海：《第三域的兴起——西方志愿工作及志愿组织理论文选》，复旦大学出版社 1998 年版，第 67 页。

⑤ 盛洪：《现代制度经济学》，北京大学出版社 2003 年版，第 135 页。

⑥ ［美］赫兹琳杰：《非营利组织管理》，北京新华信商业风险管理有限责任公司译校，中国人民大学出版社、哈佛商学院出版社 2000 年版，第 137 页。

（1998）从"域"的概念这一理论视角，分析了功能多样，名称广泛的各类社会性团体，认为和公益组织相联系的慈善域、志愿域、非政府域等，这些概念边界较模糊，三者存在一定程度上的交集，所以，对于公益组织尤其是跨域的组织要十分谨慎地加强管理①。弗斯顿伯格（1991）指出，现代公益组织必须是一个混合体，就其创办宗旨而言，它是一个传统的公益机构，而在开辟财源方面，它又是一个成功的商业组织②。这两种价值观在非营利组织内部相互依存、相互融合，不断激发组织的活力。

这些研究为我国公益组织的研究提供了理论基础、实证性经验，值得在研究中加以借鉴。

（二）公益组织的生成与演进研究

西方有关公益组织的研究认为，福利国家强加于资本之上的管理、税收，阻碍了市场作用的发挥、投资动力的激发、工人积极性的调动，面对存在的问题，相关研究者积极开展研究，取得了一定的成绩。韦斯布罗德（1974）提出的"政府失灵论"③，汉斯曼（1987）提出的合约失灵论，分析了非营利组织之所以能生成的原因④。在政府与非营利组织的关系方面，吉德伦、克莱默、萨拉蒙（1992）指出，所有的福利服务能否成功，都与这两个关键要素有关——服务的资金筹集和授权、服务的实际配送。以这两个要素为核心变量，可以构建政府与非营利部门关系的四种基本模式，即政府支配模式、第三部门支配模式、双重模式和合作模式⑤。纳尔逊（1996）分析了美国非营利组

①　李亚平、于海：《第三域的兴起——西方志愿工作及志愿组织理论文选》，复旦大学出版社1998年版，第254页。

②　［美］弗斯顿伯格：《非营利机构的生财之道》，朱进宁、赵永仁、程尔普、黄兴译，科学文献出版社1991年版，第275页。

③　Weisbord, Burton, *Toward a theory of the voluntary Nonprofit Sector in a Three Sector Economy*, *in Altruism Morality and Economic Theory*, New York：Russel Sage, 1974.

④　Hensman, Henry, *Economic Theories of Nonprofit Organization*, *in Walter W. Powell*, *The Nonprofit Sector：A Research Handbook*, New Haven：Yale University Press, 1987.

⑤　Gidron, Benjamin & Kramer, Ralph & Salamon, L. M., *Government and The Third Sector*, San Francisco：Jossey-Bass Publishers, 1992.

织演进的四种基本模式，一是民众互助模式，时间大约为从清教徒时期到 20 世纪初，因政府能力有限，民众的福利和安全，主要依靠邻里照顾与互助，此种互助组织模式较适用于经济社会发展水平较低的社会团体。二是慈善赞助阶段，时间大约为 20 世纪初至 20 世纪 30 年代，工业革命带来的经济繁荣，促进了社会财富向少数家族企业集中，为了正面回应社会和员工关切，减少贫富差距，该类企业将相当一部分盈利，投入公共教育和文化事业活动之中，有些还依法成立了信托基金或者基金会，这种模式极大地促进了美国教育文化事业的发展。三是人民权力阶段，时间大约为 20 世纪 40 年代至 60 年代，社会经受了世界大战的打击，经济萧条，民生艰难，此时社会服务和民权组织纷纷成立，如妇运组织、民权组织、小区组织等，政府也支持此类组织机构的成立，以推动社会重建。四是竞争与市场导向阶段，时间为 20 世纪 60 年代至今，在 20 世纪 60 年代后期，美国社会已经成长出类型众多的非营利组织，随后 70 年代发生的世界性能源危机，极大影响了政府对民间组织的资源补助，使得非营利组织不得不面对竞争激烈的资源市场，方能生存下去，这就使得非营利组织加强了内部的管理和组织，开始尝试运用营利行为作为增添资源的手段来增加自身的经费①。这导致非营利组织收入来源产生市场化倾向，表现为：一为资金来源的商业化。以 1977—1989 年为例，美国非营利组织增长的主要来源大都是服务收费和其他商业性收入，加起来占了非营利部门总体增长的 55%，这相当于同期私人捐赠速度的两倍。二为非营利部门构成的变化。20 世纪 80年代至今，美国财政虽然在总体上减少了对于非营利组织的支持，但是，其支持重点更加聚焦，主要集中于教育、医院、社会服务等领域中的各类非营利组织，而其中健康领域非营利组织所得到的财政支持占比达到了 77%，这导致非营利组织的工作中心由社会服务

---

① Kotler, P. & Andreasen, A. R., *Strategic marketing for nonprofit organizations*, New Jersey: Prentice Hall, Inc., 1996.

转向了医疗保健①。

（三）公益组织的社会资源动员

在公益组织的社会资源动员方面，不少西方学者进行了有益探索。麦卡锡和左尔德（1973）想通过研究，解答当时两个现实问题，一是为什么20世纪60年代社会运动在美国数量增加了？二是对美国社会运动的发展趋势进行一个大胆预测，并进一步深入探讨社会运动和非营利组织交集在一起的原因。他们认为，广义的社会运动是指"以期给社会带来变化的人们所支持的一种志愿性集体行为"，这种社会运动可以"包括以任何形式对运动思想的支持行为"，例如，美国的社区行动项目和志愿服务机构。同时，政府也扮演着社会运动组织支持者的重要角色，具体到有些项目，政府还会积极创建受资助的公民组织②。在公民组织的意义上，公益组织被认为是共意性社会运动组织。公益组织所习惯采取的行为是改良性社会运动行为，该类行为带有教育性、非政治性及人道主义的特点。当然，也有人对此进行了批判，如麦克亚（1982）指出，麦卡锡及左尔德所研究的社会运动大都是一些小规模、低目标的改良型社会运动，他们关注到的社会组织，例如，美国消费者利益协会、福利权协会等，可能还不能认为是社会运动组织，而仅仅只是民主社会中一般的利益集团组织③。但是，资源动员论认识到外来资源的重要性，强调外来资源对于社会运动组织的关键作用，认为要像企业拉赞助的方式那样，善于从捐赠者的成本——收益平衡的功利主义心理出发，运用专业化手段来开发资源④。这种理

---

① ［美］莱斯特·M.萨拉蒙：《公共服务中的伙伴——现代福利国家中政府与非营利组织的关系》，田凯译，商务印书馆2008年版，第327页。

② McCarthy, John & Zald, Mayer N., *The Trend of Social Movements in American：Professionalization and Resource Moblization*, Morristown, N. J：General Learning Press, 1973.

③ McCarthy, John D. & Mark Wolfson, *Exploring Sources of Rapid Social Movement Growth：The Role of Organizational Form, Consensus Support, and Elements of the American State*, Paper Presented at *the workshop on Frontiers in Social Movement Theory*, Ann Arbor, June, 1988.

④ McCarthy, John & Zald, Mayer N., *Resource Mobilization and Social Movements：A Partial Theory*, American Journal of Sociology, 1977, 82（6）.

念和当下公益组织的企业化经营和市场化导向是相一致的。

为适应竞争日益激烈、快速变化的公益资源动员市场，不少公益组织还设立了专业化的公共筹资组织，配备了专业的人员和研究机构。例如，近些年来，英国致力于慈善事业的研究、募款态势分析的"慈善机构"和关注"新慈善资本"研究机构的设立，极大提升了该国慈善事业和募款的透明度、增进了公众慈善捐赠意识和行为①。对于少数发达国家来讲，一场公益资本主义运动已经全面开始，新生代公益资本家认为，公益是对解决社会中最大问题的方案进行投资，从而需要创造一种能解决社会问题的盈利方式，这将吸引更多的资源，更快地获得资本，产生更大、更持久的社会影响，这远远超过一种完全基于捐钱的公益行为方式。换句话说，公益资本主义是新生代公益家借用他们在商业领域赚取利润的方法，来从事公益活动以促进世界改变的一种主张。因为，客观来说，有钱人的捐赠再多，但是相对于全球化发展中层出不穷的许多现实问题来说，都还是远远不够的。所以，新公益资本追求的目标是如何使捐赠者的钱"杠杆效应"最大化②。

第三节　研究结构、研究方法、创新及不足

一　研究结构

（一）公益组织形象的提出

考察公益组织形象是基于该组织的基本性质。公益组织是一种社会开放性大，民众关注度高，融入社会各行各业较强的社会组织，该组织的社会功能、内部结构、运作方式等，与社会其他行业之间也存

---

① Hondgson, Fiona, The Top Ten Trends in British Philanthropy On Philanthropy, http://www.onphilanthropy.com/site/News2 page = News Article&id = 7219& security = 1&news − iv − ctrl = 1502, 2007.

② ［美］马修·比索普、迈克尔·格林：《慈善资本主义——富人在如何拯救世界》，丁开杰等译，社会科学文献出版社 2011 年版，第 270 页。

在着紧密联系。公益组织的创办宗旨是公共利益，这和政府的工作目标之间必定会有深度交集。同时，公益组织大都是民间性质的组织，代表着民众自治力量，又必然会和履行社会管理职能的政府相关部门产生密切的联系。在我国长期"强政府、弱社会"的社会环境下，现代公益组织的发展整体上看，还处在初级阶段，政府的制度供给、体制环境等要素，正极大地影响着公益组织的生存和发展空间。公益组织作为社会"第三部门"，要想获得生存和发展机会并实现公益价值的保值增值，必然要借助市场活动、用好市场机制，主动和市场相关主体合作，获得社会资源，提升自己资源获取的道德性及公益性。另外，公益组织凝聚着具有共同愿景的社会群体，人员组成相对复杂、组织机构相对松散，专职工作人员较少，公益参与者和志愿者、受助者，其流动性都相对较大，这些流动性强的群体，其形象如何也会给整个公益组织形象的树立产生深刻影响。

与此同时，我们也要深刻认识到，公益组织形象概念之所以提出，也是顺应公益事业发展的趋势，满足社会公共关系体系建设、诚信体系建设的现实需要。这一概念的提出，是以公益组织内在形象元素为核心，以影响公益组织形象的外在关联元素为要素，通过以这些关联要素所在的层级系统的公关建设为动力，而形成的一种公益组织形象生态。在这个组织生态系统中，公益组织是核心层，公益行业是次级层，并与市场系统、政治系统、文化系统中的相关要素，共同构成了公益组织形象生态的社会层。

（二）公益组织负面形象的多角度考察

运用形象生态的理论框架分析公益组织现状，可以发现，当下中国社会公益组织形象生态存在着不少失衡问题，而不断被披露出的负面形象问题正是生态失衡问题的具体体现。通过剖析，可以归纳出导致公益组织形象失衡的多重原因，主要有以下几点：

第一，公益组织自身的结构缺陷导致存在产生负面形象的空间。目前，捐赠者在主动实施捐赠行为时，其实质是一种产权转移行为，但该转移行为发生之后的产权归属如何界定，却没有相关的法律规定，并且个人或组织公开承诺捐赠之后，公益资源的产权是否一定属于受益人也还不明确，"公益产权"边界的模糊使其存在着责任主体的缺失，从而带来产生负面形象的可能①。在公益组织的现实架构中，存在着理事会、监事会责权不分，管理松散的问题；存在从业人员专业化水平不高、公益项目运作效率较低、监督问责机制还不够完善问题；公益资源的如何分配，往往由少数管理者自行拍板决定，缺乏制约，使资源在流转过程中容易产生不公平现象甚至腐败，而当公益组织自律和他律机制未能建立或者运行低效时，公益组织负面形象的产生就有滋生的土壤，且很容易出现。

现在公益组织的职业化、专业化和社会化倾向，也会一定程度上消解"公益人"的公益热情，某种程度上激发其"利己"动机。现代公益组织与早期松散化、自发性、感性化的慈善组织、宗教组织已经有了很大不同。因为随着社会分工的精细化、专业化，为解决更多复杂、专业、多元的社会问题，人们参与公益的情感因素正在减少，而理性因素正在上升，公益组织正朝着职业化、专业化方向发展，同时，随着组织规模的扩大，少数个人含有"利己"行动，其行动的"自主性""公益性""利他性"动机正在变弱。

第二，政府公权力和公益组织之间联系紧密，政府公权力的行使是考察公益组织形象的重要维度。我国传统社会是集权社会，新中国成立后，长期以来实行的是社会主义计划经济，人是某个单位的人，官办公益是中国适应计划经济体制的既有传统路径，现经历了改革开放以来市场经济的洗礼，整个社会组织机构发生了深刻变革，民间公益组织开始纷纷出现，但是，长期以来形成的惯性思维、路径依赖，真正要改革起来还是比较困难，现在，对中国公益组织形象问题的考察，我们仍然不能放弃政治视角。

---

① 李喜燕：《慈善捐赠人权利研究》，博士学位论文，西南政法大学，2013年。

影响公益组织形象的政治性因素中，政府公权力问题是关键因素，具体体现在：一是公权力不能实现其预设的应有的功能。这表现为有时过于严格的管理，可能压抑了组织的自主性，反而使组织本身的发展受到限制。或者以公权力为其背书，放纵其以公益之名行谋私利之实，损害公益组织的公信力。例如，河南宋庆龄基金会在其 2011 年的年报公告中显示，基金会将近 30 亿元的资产中，有 24 亿多元被委托给该会董事长出资成立的河南宋基投资有限公司，该行为违反了《基金会管理条例》中"公益事业支出不得低于上一年总收入的 70%"的规定，属于严重的违规行为，但最终处理结果却以"内部自查自纠"不了了之①。二是政府有关公益组织的法制供给不足。发达国家对保障公益组织发展的法制供给和执行都一直在努力，如美国出台的《国内税收法典》、各州出台的相关法律都对公益组织的成立、登记、监督、财务审核和评估等，做出了较为详细的规定。我国也根据形势发展变化，加强相关公益法制建设，出台了《慈善法》等相关法律法规，但是在公益组织负面形象的扼制方面，显得较为软弱。相当一部分公益制度规范都是由民政部牵头制定，作为部门规章，这些规章对公益组织负面形象的制约力度不大，还没有上升到法律层面，另外，与《慈善法》等法律相配套的实施细则也还不完善，这是导致公益组织负面形象产生的重要原因之一。三是在公权力运作的过程中，存在着激励导向不足的问题。现有的公益人才薪酬标准规定长期较低，民间公益组织获得公募资格的标准设置较高，公益活动的税收优惠政策还不够合理，导致公益组织对政府深化行政管理改革充满期待，这些因素的存在，都对公益组织形象的建设与传播产生影响。

第三，与共意动员、资源募集、资源分配紧密相关的市场因素，是考察中国公益组织形象建设的重要维度。社会的多元现实需要，给公益组织承担社会角色提供了可能性。而要实现这种可能性，使公益

---

① 李敏：《公益组织诚信生态建设研究》，博士学位论文，华东师范大学，2017 年。

组织能发挥自身的角色功能，需要公益组织拥有与其组织宗旨相一致的、足够分配的资源，因此，如何尽可能通过共意动员筹集足够多的公益资源、有效利用并扩大这些资源，成为事关公益组织生存与发展的最主要问题。改革开放以来，经济活动的规律充分表明，只有市场机制才是社会资源有效配置的重要手段，因此，公益组织要遵循市场规律，发挥好市场在资源配置中的基础性作用，善用市场思维，参与市场活动，做大做强公益市场，继而才能更好、更广、更深入地服务于公共利益。

公益组织负面形象问题有些也与市场性因素相关。一是我国处于并将长期处于社会主义初级阶段，与此相关的，高度完善的社会主义市场经济治理机制、契约精神、法治文化、诚信体系尚未完成，在公益领域实施市场化机制开展相关工作，市场经济中的负面影响，不可避免地会带来并容易导致公益组织产生失范行为。这些失范行为，有的是由于公益组织自身原因产生的，有些则是由公益资源捐赠方产生的，但是该类捐赠方的失范行为，也会导致公益组织承担连带责任。二是公益组织的市场性因素中还存在一个天然的悖论：市场经济培育着营利的主体，而公益组织则是非营利性的，两者的相互结合，则必然会带来冲突并产生内在的矛盾。公益组织也不是说其必定不能营利，公益组织与营利两者之间本质上不存在矛盾，只是公益组织非营利性是指营利结果不能用于私人利益，只能用于公共利益。事实上，相当一部分公益组织，如果没有一定的营利支撑，公益事业也难以为继。在现实的公益活动中，公益组织的负面形象实质是矛盾的综合反映，一些公益组织以市场化手段汲取资源，却违背了社会基本的公序良俗，丧失了公益组织的人文关怀精神，与举办公益组织的宗旨不相称；一些公益组织以公益为标签，生硬地为企业的市场活动站台，利用民众的善良来营利，背离了该类组织的宗旨。

公益组织的市场化活动的执行者都是人，作为一切社会关系总和的人，其公益行为有时不可能做到完全纯粹的单一公益指向，公益市场活动中还存在大量不可控因素，因此，有时不能保证公益行动与公益目的的完全吻合。要实现公益组织营利性与公益性的有机统一，需要法制规约和公益人的道德自觉。公益组织要清醒地认识到，固然要发挥市场在资源配置中的基础性作用，但是也要守住稳定发展的底线，不触碰违法违纪的红线，特别是不能违背公益伦理道德，不能背离举办组织的宗旨，从而维护并守住公益组织的正面形象。

第四，社会文化是考察公益组织形象的重要历史维度。我们知道，公益组织是由志愿结社的社会个体联结而成的，相比较于传统的企业或政府机构，该类组织其人员组成相对松散，因此，组织成员和相关人的自我意识相对突出，他们的行为规范、心理动机决定着公益组织的道德水平及其公益目的的实现，而具有某种心理、实施某种行动的公益人，之所以如此，与其所处的社会文化环境是密不可分的。公益组织的资源来源于社会。公益捐赠之所以发生，资源之所以流向某个组织，人们对资源流向的跟踪、关注与监督，都和理性、成熟、稳定的社会文化休戚相关。具体来说：

一是当代中国社会文化土壤中适合公益文明的元素有待培育。我国长期以来是宗法社会，私域文化发达，而与注重公域文化活动的公益组织不相一致。中国人注重血缘关系的亲疏，社会民众参与公益事业的坚定性、可持续性较弱，同时，公益组织的专业化程度不高，组织成员的自律意识、竞合意识、他律意识都有待提高。当代社会主义先进文化中，有关公益文明的内容还不够丰富，社会各系统对公益组织的支持力度也还不够大，这种鼓励支持包括捐助性支持，也包括树立公益组织良好形象的约束性支持。

二是传统文化的糟粕影响公益组织内外部制度环境和文化环境构建。传统文化中的"家长制"作风影响组织的民主平等文化建设，奉行"潜规则"影响组织制度文化的建设，以家为中心向外排序人际关系的远近不利于利他精神的培育，都对公益组织内外部制度环境、文化环境产生了不良影响，这些传统文化中的负面元素应该加以革除。

三是社会转型时期出现的社会问题对公益组织正面形象构建产生了不良影响。社会从计划经济体制向市场经济体制转型，给民众的思想观念造成了巨大冲击，少数民众一切向钱看，为了个人或小团体利益不择手段，极大地破坏了社会诚信生态、道德生态和法制生态，少数公益组织的违规、违法行为之所以发生都和此有关，这也给构建公开、公平、公正、向善的公益组织正面形象带来了不良影响，这些问题都应该深入研究，并想办法逐一加以解决，以树立公益组织的良好形象。

（三）公益组织形象建设的现实路径

通过上述分析，我们可以发现公益组织负面形象的产生，具有一定的复杂性，是多种因素综合作用的结果。我们要聚焦造成公益组织负面形象产生的因素，有的放矢，提出针对性、操作性强的应对之策。

公益组织形象生态建设中，其核心圈层建设内容主要包括三个方面：首先是公益组织自身的形象定位，其次是公益组织形象自律建设，最后是公益组织形象建设能力培养。公益组织形象生态中，社会圈层建设内容主要包括：一是公益组织地位的法规安排，其主要包含，公益组织社会角色的制度安排，约束公益组织行为的法律制度供给，保证公益组织形象建设的监管评估体系等[1]；二是立足于市场经济条件下的系列规约，包括公益市场化行为的诚信规则，公益组织的公平竞争机制，公益组织和企业合作的相互约束制度等；三是公益文化的认同，包括现代公益文化内涵的挖掘、教育传播载体的寻找、教育传播方法的变革、文化认同的路径等。

公益组织形象生态建设具有涉及行业的广泛性、建设内容的丰富性、社会影响的深远性。公益组织形象生态可以形成整体化的社会合力，共同推动公益事业的变革和发展。该生态建设还可以推动政府系统的自我变革，主动适应市场经济条件下政府与公益组织之间相互关

---

[1] 王向南：《中国非营利组织发展的制度设计研究》，博士学位论文，东北师范大学，2014 年。

系的深刻调整，减少政府的微观干预，增加政府的宏观管理力度，大幅提升政府公信力。该生态建设还可以增加中国市场经济体系中的法制、契约、互利、合作精神培育，提升开放市场主体中的社会责任意识，促进市场主体更多承担社会责任；该生态建设还能使广大的公益事业参与者和利益相关者，一道认同并传播公益文化、增加公益文明，从而助推公益事业的稳步发展和社会的进步。

二 研究方法

在运用组织形象传播理论框架对我国公益组织进行分析研究的过程中，本书首先运用文献研究法，梳理国内外公益组织形象建设与传播的相关研究成果；其次运用问卷调查法，对公益组织形象传播的现状及存在的问题进行调查；再次运用深度访谈法，深入了解公益组织内部治理、资源筹集、资金管理、项目运作、传播手段建设、组织监管等方面的现状，重点深度访谈北京、上海等市相关公益组织负责人或法律顾问等；最后运用定性和定量相统一的方法，深入探究本研究的内容和研究方法的可操作性，为本书研究的实际运用奠定基础。

（一）文献研究法

运用文献研究法，总结梳理国内外有关公益组织的研究成果，确定公益组织形象的相关概念及研究边界。公益组织形象传播研究，其内容涉及很多方面，公益组织形象建设涉及与公益组织管理相关的系列政策法规，本书同时涉及社会学、传播学、政治学、公共关系学等多学科的交叉运用。因此，本书研究方法之一是文献研究法。通过运用 Web of Science、Sage 等数据库，设定"Public Welfare Orga nization""NGO""Image Communication""Nonprofit"等关键词开展外文检索。运用中国知网、万方等中文文献数据库，设定"公益组织""慈善组织""社会组织""组织形象""形象传播""社会转型"等关键词，进行论文检索。同时，充分利用其他各类电子文献平台，如新浪公益、百度公益、中国民间公益组织透明度 GTI 等，开展公益组织形象传播案例检索，并且充分利用高校图书馆寻找与公益组织形象传播相关的图书。

（二）深度访谈法

本书设计了半结构式访谈提纲，使访谈能够围绕主题开展。访谈时间主要集中在 2018 年、2019 年进行。本书课题组重点访谈了北京、上海等地的公益组织 5 家，访谈了这些公益组织的负责人、法律顾问或部门负责人等，这些公益组织服务范围包括环境保护、养老服务、社会救助、教育医疗、青少年服务等。

选择的公益组织基于以下考虑：一是公益组织发展比较成熟。这些组织平稳发展的时间均超过了三年，组织管理体系比较完善，并且在业界具有了一定的影响力。二是公益组织项目运作具有代表性。接受访谈的公益组织有传统的公益组织，也有线上的公益组织，但是，其运作的项目有相当一部分，具有一定的代表性、典型性、借鉴性。三是访谈便利化。在访谈实务中，本书课题组在有关人士的帮助下，建立了与访谈目标公益组织的联系，获得了访谈对象的理解和支持，赢得了访谈对象的信任，保证了访谈资料的现实可靠性，实现了访谈目标。

本书的具体访谈对象为目标公益组织的负责人、部门负责人、资深法律顾问等，因为这些访谈对象，对其所在公益组织的宗旨、使命、形象设计、发展定位、项目运作、资金筹集、物资募捐、信息发布、形象传播、与利益相关方的关系维护等有深入的了解。这些访谈对象能够就本组织形象传播的路径、取得的成绩、存在的问题、下一步的打算等进行深入思考，每次进行访谈，本书课题组与访谈对象交流的时间都超过 2 个小时。

（三）问卷调查法

本书开展的问卷调查，是使用统一的调查问卷，选择北京、上海、广州、西安、武汉、南京、赣州、哈尔滨、长春、济南、新乡、新余、赣州、合肥、景德镇、上饶等城市，开展线下问卷调查，系统了解公益组织形象传播的现状、存在的问题、应对措施等。问卷发放的对象为以上城市高校学生的家长，本次调查，共发放问卷 3723 份，收回 3723 份，其中有效问卷 3070 份，无效问卷 653 份。收回问卷的时间为 2018 年 6 月至 12 月。

（四）案例分析法

为对我国公益组织形象传播的现状、面临的问题、传播的方法等现实情况进行系统深入的研究，本课题组基于深度访谈的基础上，选择所访谈对象的若干个公益项目作为案例，开展深入研究。案例研究遵循既定的程序为，一是确定公益组织的目标研究项目，找准项目案例；二是进行该公益项目的文本分析，熟悉其基本运作情况和公益服务范围；三是分析其在服务组织形象传播方面存在的问题、有效的应对措施等。

三　创新及不足

本书具有一定的创新之处，同时，也还存在不足，需要在今后的研究中加以解决。

（一）创新之处

一是从公益组织的组织特征和公益现实逻辑出发，尝试提出了公益组织形象生态这一概念，并构建起公益组织形象生态的基础性框架。公益组织开展形象建设，首先要树立系统性理念，筑牢政府、市场和社会三方共生互动的基础，这已经成为学界和公益业界的普遍共识，但是，三方的问题在于共生互动不是简单合作就可以形成的，它需要有良好的运作机制发挥作用，以作为合作的保障。在近些年披露的公益组织负面形象事件中，我们不难发现，正是因为公益组织发展环境中的内外部要素，都或多或少存在着影响组织形象的负面元素，才使得公益组织的负面形象得以出现，而这些负面形象最终损害的是各方的根本利益，因此，公益组织形象生态的实现是社会的目标期待，也是公益事业发展的应然要求。公益组织形象生态概念的提出，是本书的创新点之一。

二是在公益组织形象生态的理念框架下，以现实公益案例为素材，深入分析公益组织负面形象生成中深层次的政治性、经济性和文化性关联因素，从而深入揭示出公益组织负面形象的客观现实。公益组织的负面形象不能简单化归因于一两次组织的失范行为，而应该以更加宽广的学术视野对负面形象进行剖析。现有研究中，对公益组织负面形象问题的研究文献已经有不少，但是绝大多数都简单地从组织内部寻找原因，并尝试找出应对之策，很少有从社会系统中去挖掘其与组织负面形象关联的因素。本书尝试开阔学术视野，在从公益组织内部寻找原因的同时，也从公益组织外部寻找关联性因素，这也是本书的创新点之一。

三是从多个维度论证了公益组织诚信形象与公益组织价值理念的高度内在契合，从而为公益组织伦理建构融入新的核心要素。通常意义上，公益组织伦理中包含有利他、人道、自治、志愿、奉献等精神要素，还包含有非营利性、公益性等价值属性。一般意义上，人们认为组织应该内含着诚信这一精神价值，但是，随着公益组织负面形象的出现，也伴随着公益组织日益专业化的发展态势，诚信也应该作为公益组织形象的内在核心要求而提出，这也是本书的理论创新之一。

（二）不足之处

一是对公益组织形象系统的研究还不够深入。对一个公益组织的形象系统来说，其必然会存在着主体与主体，主体与客体，要素与要素之间的复杂关系，在一定的社会环境下，这些关系还具有一定的易变性，因此，本书对公益组织形象系统的认识还需要进一步地研究并完善。

二是研究样本选取还不够丰富。这次调查，设定的问卷调查对象为当代大学生的家长，代表性显得不足，今后还将更多关注青年大学生、刚参加工作的年轻人等志愿参加公益群体。此外，研究选取了5家公益组织进行访谈，显得访谈面还不够宽，代表性还不够强，需要在今后的研究中进一步改进。另外，研究案例选取数量也不够多，今后还要尽可能多地选取一些具有代表性的案例进行研究。

三是公益组织形象建设的举措还不够有力。在论著撰写的过程中，本书课题组虽然开展了调查研究活动，但是毕竟调研的广度和深度还有所欠缺。今后，本书课题组将建立公益组织形象传播研究试点名单，开展持续跟踪式研究，以进一步完善公益组织形象传播举措，并在公益组织形象传播的实践中加以验证。

第二章　公益组织形象传播概述

第一节　公益组织形象的概念、特征、载体及组织文化建设

公益组织形象的概念，首先建立在对公益组织概念的深入理解基础之上，而学界对公益的概念理解目前尚不一致，这给我们对公益组织形象下定义带来一定的影响。本书在深入分析前人相关研究成果基础之上，对公益组织形象相关概念的界定作出了积极探索。

一　公益组织形象的概念和特征

（一）公益概念

1. 公益词源探析

在我国古代汉语中并没有"公益"一词，但是将该词分开为"公"和"益"两个字，我们能追溯到"公"和"益"单个字的含义。"公"，会意字，小篆字形，其本义为"公正无私"。《春秋·元命苞》指出，"公之为言公正无私也"，这里的"公"本义指的就是与私相背、公正无私。公还有引申义，主要有，表示共同的、大家承认的，如公约；属于国际的，如公海；使公开，如公布；公平，公正，如公买；公事，公务，如办公；封建五等爵位的第一等，如公爵；对上了

年纪的男子的尊称，如诸公；丈夫的父亲，公公，如公婆；（禽畜）雄性的（跟"母"相对），如公羊①。"益"也是会意字，小篆字形，其本义是指充满而流出来，后引申出系列意义。主要有，好处，如利益；有益的，如益友；增加，如增益；更加，如多多益善；人的姓等②。《吕氏春秋·贵当》云："其家必日益"，这里的"益"指富裕。"益"字在文言文中大都是褒义，含有赞扬的意思，如"谦受益、满招损"等。

　　公益作为一个外来词，早见于中国明代时期，日本人冈幸助始在其著作《慈善问题》中，首次将英文中的 Charity 和 Philanthropy 翻译为"慈善"，而将 Public Welfare 翻译为"公益"③。其中"Public Welfare"的公益含义，来自希腊词语中的 pubes 和 koinon，pubes 的所指意义是成熟、完备，但是，这种成熟、完备不仅指身体上体质的成熟，更偏重于指人在心理、个人情感、智力能力上的成熟，标志着人已经由感性思维上升到理性思维上的成熟④，能够超越个体利益而关注整体甚至社会的利益。"koinon"所指意义为 care with（关怀），具有一种主观上的"共同的、集体的人性关怀"。Public Welfare 所指的成熟，不仅指身体上的成熟，还指心智上的成熟和完备。这种成熟和完备，是人在身心成长的过程中，通过不断的社会化实践活动，使身体和心智达到成熟的程度。

　　通过深入分析"公益"的词源，我们可以发现，公益是人在生理和心理成熟的状态下，形成的对所生活共同体的利益关注、向往和追求，这一追求必须建立在超越单个个体的关怀、超越个人私利的考量之上⑤。

---

① 中国社会科学院语言研究所词典编辑室编：《现代汉语词典》，商务印书馆 1992 年版，第 383 页。

② 中国社会科学院语言研究所词典编辑室编：《现代汉语词典》，商务印书馆 1992 年版，第 569 页。

③ ［日］留冈幸助：《慈善问题》，东京：警醒书社 1898 年版，第 56 页。

④ 王绍光：《国家治理》，中国人民大学出版社 2014 年版，第 509 页。

⑤ 刘慧：《当代中国公益精神培育研究》，博士学位论文，中央财经大学，2016 年。

2. 公益基本含义分析

公益作为人类的一种社会实践方式，随着人类生产生活活动的开展而发展，在提升整体人类文明程度上发挥着重要作用。中西方由于社会发展进程、人类文明制度等的差异，赋予了公益不同的内涵。

从词源说的角度来看，中国古代没有"公益"一词，救助弱势群体的活动被定义为"慈善活动"，而并非用"公益"一词来表达，如古代的"救济""布施""义举""义仓"等。目前，国内学者对"公益"的认知，主要来自 1999 年颁布的《中华人民共和国公益事业捐赠法》，其中明确规定，公益事业是指非营利的下列事项：（一）救助灾害、救济贫困、扶助残疾人等困难的社会群体和个人的活动；（二）教育、科学、文化、卫生、体育事业；（三）环境保护、社会公共设施建设；（四）促进社会发展和进步的其他社会公共和福利事业[①]。

西方"公益"的提出，主要产生于古希腊时期，具有公共利益含义。该时期希腊人的城邦文化塑造了特有的群体本位政治观，表现在维护公共利益是城邦能够存在、发展和强大起来的基础。该公共利益高于个人利益之上，是城邦追求的最高的善之所在。城邦共同利益被认为是公益成为西方公益思想的起点，在这以后，西方诸多学人从不同角度对公益进行了阐释。如亚里士多德认为人"最高的善"的实现，是人获得幸福的必要条件，这里最高善的实现形式就是整个城邦的公共利益。卢梭则认为公益是人们公意的表现，是人类公共幸福的前提条件。在这些先哲的思想中，公益更多地被解释为公共利益的体现。还有学人从伦理学、法学、政治学、社会学等方面对公益做出不同的解释，如德国学人纽曼从法学角度认为，公益是一个不确定多数人的利益。只要大多数的不确定数目的利益人客观存在，即可属于公益。这一理念表达了公益的价值目标是实现整个社会的公平和正义，这一目标的实现，需建立在以友爱奉献、权利义务为分配标准的伦理

---

① 林延光：《当代中国慈善公益募捐发展研究》，博士学位论文，湖南师范大学，2014 年。

基础之上①。

综上所述，我们可以发现，虽然对"公益"一词的内涵理解还有争论，但是，已经在基本含义方面达成了一定的共识。绝大多数学人认为，公益是与私利相对的、代表公众的，为公众所公用的，与公众密切相关的利益，受益人是不确定的人群而不是某一类特定的群体。公益基于利他原则，具有非强制性、非营利性和社会性的特征。公益是整个社会物质文明和精神文明发展到一定程度，民众的心理和生理发展到较成熟阶段，能超越个人的一己私利，努力实现奉献自我的一种社会化、大众化的行动结果。

（二）公益组织形象的概念

公益组织作为社会组织的一种，在和谐社会建设中扮演着重要角色。王名（2013）认为，公益服务组织是指在环境保护、扶贫开发、初级卫生、基础教育、社区服务、慈善救助等领域提供各种公益服务，以及和公益服务相关的，资源动员与机构能力建设等活动的公益服务型社会组织②。而朱健刚（2012）则认为，公益组织是专业性的职业化的非营利组织，包括直接从事公益的专业性的公益组织，也包括各类支持型的公益组织，如基金会、能力建设机构等③。综合相关专家观点，可见，我国的公益组织，主要是指直接从事公益服务的社会组织，以及为公益服务组织提供各类资源支持的社会组织。

在当代社会，个人有个人形象，组织有组织形象，形象早已是民众熟悉的一个词语，无论是个人，还是组织都高度重视自身形象建设。作为社会形象的重要组成部分，公益组织形象已经渗透到公益生活的方方面面，影响着人们的公益情感。一个耳熟能详的公益名称或者标识，总是能触动民众的情感，引发大家的丰富想象，影响爱心人士的公益决策。公益组织形象是各类公众在与公益组织接触交往过程中对

①　陈新民：《德国公法学基础理论》，山东人民出版社2001年版，第185页。
②　王名：《社会组织论纲》，社会科学文献出版社2013年版，第130页。
③　朱健刚：《中国公益发展报告（2011）》，社会科学文献出版社2012年版，第13页。

公益组织的一切活动及其表现所产生的总体印象和评价，是公益组织精神文化的一种外在的表现形式，是公益组织内外人员对公益的整体感觉、印象和认知，是公益组织状况的综合反映。

（三）公益组织形象的特征

具体分析公益组织形象，可以发现其主要包含以下几个方面的特征。

1. 主观性和客观性

一方面，公益组织形象是社会大众对公益组织的整体评价和主观印象，和大众的主观意志、生活经历、个人情感、价值观念等主观因素密切相关，具有强烈的主观色彩[①]。一是公益组织形象并不等同于公益组织的内部实态。组织实态是一种客观存在，这种客观存在只有通过借助各种媒体介绍、展示给公众，为社会公众认识、感知，才能形成具体的组织形象。如果组织不能把其客观实态有效地、全面地、准确地传递给消费者，或是组织故意隐瞒不足，粉饰自我，就会使组织形象失真甚至虚假。二是组织形象在形成过程具有强烈的主观色彩。组织形象是社会公众凭借其特有的思维方式、价值取向、消费观念、需要模式或者情感等主观意识，对公益组织的各种信息进行接收、选择和分析，进而形成的特定的印象和评价，该印象和评价是主观的。三是同一组织在不同个体心目中具有不同的形象，同一个体在不同的时期，或者扮演不同角色时，对同一组织的看法也会有所差别。组织形象的主观性特征，要求组织在进行形象塑造时，必须适应社会大众的价值理念、需求层次、思维方式和情感要求。

另一方面，公益组织形象是组织实态的表现，是组织活动在社会大众面前的展示，是公益组织的客观实态在大众心理上的投射，因此是客观真实的，具有客观性的特征。同时，良好公益组织形象的标准是客观存在的。组织良好的管理水平、精神风貌、员工素质、领导作

---

① 李付庆：《公共关系学》，南京大学出版社 2017 年版，第 87 页。

风、制度规范、公益项目等客观要素，形成了大众对组织整体感觉和印象。公益组织形象既是客观的，也是真实的。组织形象的真实性体现在组织的现实真实和本质真实两个方面。组织形象的现象真实，主要是指组织的名称、标识、地点、公益项目、公益服务质量等，这些要素都是真实可感的，给人以直观印象。组织形象的本质真实是，组织形象应该反映出组织的本质特征，体现本组织的精神风貌和发展方向，符合组织的运营目标和时代发展趋势。

2. 层次性和整体性

公益组织的整体形象是由公益组织物质形象、行为形象、制度形象和精神形象等不同层次的形象综合而成的，具有层次性。公益组织的层次性具体表现为：（1）公益组织形象内容的多层次性。公益组织形象的内容可分为物质形象、行为形象、制度形象和精神形象四个方面。（2）大众对公益组织形象的心理感受的多层次性。例如，不同的个体对同一公益组织，因其价值理念和要求不同有不同的看法，同一个体在人生发展阶段的不同时期，对同一公益组织也会有不同看法。（3）公益组织形象要素构成具有多层次性。例如，公益组织形象包括员工形象、公益产品形象、环境形象等。

此外，公益组织形象是由公益组织内部的各种因素构成的一个完整的有机整体，具有整体性的特征。各要素形象，如公益组织员工的形象、公益服务的形象之间，具有内在的必然联系。构成公益组织形象的每一个要素的表现，必然会影响到整体的公益组织形象。因而，在公益组织形象形成的过程中，应该主动把公益组织形象融入和体现在管理思想、决策和经营管理活动之中，从公益组织的外部形象和内在精神的各个方面体现出来，依靠全体员工的共同努力，使公益组织形象的塑造成为员工的自觉行动。因此，在塑造公益组织形象时，既要考虑公益组织的物质基础，又要考虑公益组织的社会影响；既要分析公益组织内部的各种因素，又要研究公益组织外部民众对其的心理感受，公益组织要尽可能在各方面都有良好表现，才能塑造出一个完整的立体的优良形象。

3. 动态性和稳定性

公益组织自身总是在不断发展变化，其所处的外部环境也在发展变化中，社会民众的世界观、人生观、价值观、审美观和思维方式也会发生改变，因此，公益组织形象具有动态性的特征。这种动态的可变性，使公益组织完全有可能借助自身的努力，改变民众对公益组织的刻板印象，一步一步地塑造出良好的公益组织形象；形象的动态可变性，也迫使公益组织要有危机感、使命感，尽力维护好组织形象。因为良好公益组织形象的确立不是一日之功，而是公益组织全体员工共同努力奋斗的结果。但是，损坏组织形象，往往在于一念之差，在于一件件看似微不足道的细小不当之事。公益组织形象构成要素的任何环节、层次出现严重问题，都可能使长期培育的良好形象受到重大损伤。

此外，公益组织形象一旦形成，就具有相对的稳定性。因为，公益组织形象的客观物质基础，如办公场所、办公环境、员工队伍等，在短期内一般不会发生太大的改变，民众的世界观、人生观、价值观、审美观等也具有相对的稳定性，公益组织行为的变化，不会马上改变民众对公益组织已经形成的印象。因此，民众对公益组织的评价，在一定的时间内是相对稳定的。公益组织形象的稳定性，有可能产生两种不同的结果：一是相对稳定的良好组织形象一旦形成，就可以转化为巨大的物质财富，形成品牌效应。二是相对稳定的不良公益组织形象一旦形成，社会民众对公益组织的不良印象就将会在较长时间存在。因此，每一个公益组织都应该努力塑造并维护好组织的良好形象。

4. 传播性和对象性

公益组织形象的形成过程，实质上是公益组织运用一定的传播手段，使社会民众对公益组织进行感知、认识、评价并得出印象的过程。因而，公益组织形象的形成过程，具有明确的传播性和对象性。

公益组织形象的传播性，是指公益组织形象的形成过程，实质上就是公益组织信息的传播过程。公益组织形象的建立，必须经过一定的传播手段和传播渠道，否则，公益组织实态就不可能为外界所感知和认识，公益组织形象也就无从谈起。传播作为传递、分享及沟通信息的载体，是人们感知、认识公益组织的唯一途径。公益组织通过传播载体将有关信息传递给民众，同时，又把民众的反映反馈到公益组织中来，使公益组织与民众之间达到相互沟通和理解，从而达到塑造公益组织形象的目的。公益组织信息的传播，可以分为直接传播和间接传播两种方式。直接传播是指公益组织在其活动中，其相关信息直接为外界所认知，如公益组织员工的服装等形象要素，民众在与公益组织的不断接触中，形成对公益组织的认知和评价；间接传播是指公益组织通过网络、报纸、广播、电视、杂志等各种专业媒介，主动开展的形象传播。

此外，公益组织形象的对象性，是指公益组织作为形象的主体，其形象塑造要针对明确的对象，不同的对象对公益组织关注的侧重点不同，公益组织必须根据各类民众的特点和意愿，确定自己特有的形象，从而具有针对性。公益组织的社会民众，包括公益组织员工、志愿者、爱心企业、个体捐赠者、传播中介机构、竞争者、受助者、政府相关机构、社会团体、社区居民等。他们对公益组织的认识途径、认识方式、关注程度以及关注视角等都各有不同，所形成的印象和评价也就带有不同特点。这就决定了公益组织必须根据公益组织特有的需要模式、思维方式、价值理念、习惯爱好、情感特点等因素，适应民众的意愿，确定自己特有的公益组织形象。公益组织形象的对象性，决定了公益组织在信息设计、传播媒体选择等方面，必须具有选择性和针对性。

5. 公益性和创新性

公益组织具有鲜明的公益性，这是公益组织形象区别于其他组织形象的重要特征。公益组织追求公共利益，为社会弱势群体服务，为社会公平正义服务，为推动社会事业发展进步服务，虽然有些组织会有些盈利活动，以实行组织的可持续发展，但是其最终都将把所获盈利回报给社会。公益组织在开展形象传播时，要重点宣传好组织的公益性，这是在公益市场吸引外来资源的重要因素。

此外，就是公益组织的创新性。公益组织只有与众不同，才能便于民众对其进行认知、识别，从而在民众心里留下良好的印象。一个公益组织要想在公益项目和服务、组织文化、办公环境、标识体系等方面，与其他公益组织相区别，具有自己的个性特征，就必须不断创新。创新是公益组织永葆青春的源泉。公益组织只有不断提升自身的市场洞察力，及时感知并积极把握公益市场的变化趋势，适时更新自身的形象，才有可能立足于公益行业。当然，创新并不简单意味着公益组织完全抛弃原有的形象，或者背离社会的主流价值体系选择另类的形象要素。另类的形象要素也许具有独特性，但难以得到社会民众的高度认同，因此，难以塑造良好的组织形象。公益组织只有在坚持正确的价值导向的基础之上，把握时代潮流，顺应民众要求，把创新和继承有机结合起来，才能塑造出独特的、良好的公益组织形象。

二 公益组织形象策划的工具——CIS

借鉴企业形象策划理论和工具，公益组织形象策划也可以运用CIS进行策划。CIS 是 Corporate Identity System 的缩写，意指组织识别系统，或称为组织的同一化系统。其中的"identity"的含义主要有：(1) 同一性，一致性；(2) 识别，身份证明；(3) 个性，特征。这多重含义较全面地揭示了 CIS 的核心内涵，即通过设计统一、一致的形象，塑造出组织的个性特征，形成组织间的形象差异，从而实现识别组织的目的。

事实上，对 CIS 的理解和解释，可谓多种多样。主要是，有人认为 CIS 是一种视觉设计，应该重视视觉设计，综合企业内外的各种设计活动，其核心概念是 CI。有人认为，CIS 是一种组织变革战略，常见的战略有：设计视觉识别以提升形象及寻求标准化，革新业绩不振的经营理念和方针，改革员工的意识及组织的体制，自创有独特性的组织经营范围等。有人认为，CIS 是创造组织独特个性的工具，组织以自身的职责为基础，对于社会所期待的事物，能尽量明确化，然后在组织方针的指引下创造组织独特的个性。有人认为，CIS 是一种信息传播战略，组织借助媒介传播信息，必须以最快的速度让社会民众了解此消息是专属于某一组织所有。有人认为，CIS 是一种文化战略，是组织的差别化战略，也就是在经营中，如何使组织名称、标准字或标识与其他组织有所差别，在组织的性质、工作作风、运作模式上有所差别。可见，CIS 也是一个与时俱进的概念，其含义随着时代的变革、组织的发展而不断创新，随着不同民族文化的演进而更新。但是，其核心内涵不会变，其始终是一门解决实际问题的学问，是为解决组织与社会，与自然的关系问题。它解决问题的方式就是不断变革，创造新的组织形象以改善和推进组织与社会、自然的关系状况，并以此推动社会发展，维护组织、社会与自然的动态平衡。因而，CIS 战略的根基始终放在依靠组织所面临的环境与其变化趋势，进行组织自身形象的设计与开发上。CI 的中心活动就是为了形成组织的形象而进行的设计开发。

综合上述分析，可以将 CIS 界定为，CIS 是组织在调研和分析的基础上，通过构建统一而独特的组织理念（MIS），以及用组织理念为指导的行为（BIS）、视觉设计（VIS）、听觉设计（AIS）所构成的展现组织形象的系统，其目的在于使社会民众对组织产生大致相同的认同感，从而建立鲜明的组织形象，创造组织最佳经营环境的一种组织形象管理战略。

CIS 作为一种发展战略，它起着指导组织经营活动的作用，是一项系统工程，是一个需要多学科、多专业、多部门协同合作的工作领域，而不单纯是组织标识的艺术设计，也不是设计师和领导者的个人行为。无论是对组织管理者还是设计师来说，一个成功的 CIS 的设计和导入，最终都要落实到组织发展战略、组织行为和组织文化建设层面上来。

三 公益组织形象传播与组织文化建设

组织文化和组织形象战略都是 20 世纪 60 年代以后兴起的组织经营与管理理论。在早期，产生于欧美的组织形象战略是为规范和统一组织形象的设计系统，强化组织对外的视觉信息的传播能力。而源于日本的企业文化则是为了塑造员工共同的价值理念和行为规范，以增强组织内部的凝聚力。这两种理论后来走向相互融合，日本的组织形象设计者，更多地从组织文化的角度进行组织形象设计，使之成为组织文化建设新的重点，形成了具有日本特色的"文化 CIS"模式。

（一）组织文化的实质

组织文化是组织在经营过程中所创造的具有自身特色的物质财富和精神财富的总和，即组织物质文化、行为文化、制度文化和精神文化的总和。组织精神文化在整个组织文化体系中处于核心地位，是制度文化、行为文化和物质文化的源泉，包括组织价值观以及与之相应的组织使命、组织哲学、组织宗旨、组织精神、组织作风等。组织制度文化是组织精神文化的具体化，是组织中各项具有可操作性的正式制度和规范。组织行为文化是以人的行为为形态的组织文化形式，包括规范员工行为的"行为规范"和员工的行为所折射出来的"组织文化"特色这两个方面；组织的物质文化是组织创造的产品和各种物质设施所构成的器物文化。

由上可见，组织精神文化在整个组织文化体系中处于核心地位，组织制度文化是组织精神文化的具体化，组织制度文化决定着组织的行为文化，组织行为文化也反映着组织的精神风貌。组织物质文化是组织精神文化、制度文化和行为文化的具体表现。其内在的逻辑关系是：组织精神文化→组织制度文化→组织行为文化→组织物质文化。

我们研究组织文化，目的在于发挥组织文化在组织经营管理中的作用，组织文化的作用具体表现为：

1. 引导作用。组织文化集中反映了员工共同的价值观和目标，因此，对员工具有一种很强的感召力，能引导员工为实现组织目标而努力。

2. 教化作用。教化作用即教育感化人的作用。人是社会一切关系的总和，是文化的产物，不同的文化塑造的人是不一样的。组织文化的重要作用就是培养组织所需要的人。良好的组织文化可以使员工树立正确的目标和培育良好的道德情操，可以磨炼员工意志，提高员工的精神境界，掌握生存本领和为人处世之道，提升员工的综合素质和能力。

3. 激励作用。激励作用是指组织文化能激发员工为实现组织目标，而调动工作的积极性、主动性和创造性。组织文化把尊重人作为其核心内容，建设组织文化的过程，正是帮助员工实现自我价值、充分挖掘其潜能的过程。

4. 约束作用。组织文化约束作用的发挥，是借助制度文化和精神文化规范而发生作用的。组织文化的约束主要表现为软约束，主要是通过世界观、人生观、价值观、道德观的内化，使员工在理念上确立一种内在的自我约束的行为标准而发挥作用。

5. 协调作用。组织文化的协调功能，可以借助其组织道德和理念体系，协调组织内部的人际关系，协调组织和各方利益相关者的关系，协调组织和自然环境的关系，从而为组织营造良好的内外部环境。

6. 带动作用。组织文化对社会文化建设具有示范带动作用，借助组织的产品、服务、行为、公关活动等，可以将组织的良好精神风貌传播到社会的各个方面。

（二）公益组织文化与公益组织形象的关系

我们开展公益组织形象传播，还需要厘清公益组织文化与公益组织形象的关系。

1. 公益组织文化和公益组织形象具有层次上的对应关系。从公益组织形象的构成来看，公益组织理念识别系统（MIS），对应于公益组织精神文化；公益组织行为识别系统（BIS），对应于公益组织制度文化；公益组织视觉识别系统（VIS），对应于公益组织行为文化；公益组织听觉识别系统（AIS），对应于公益组织物质文化，在层次上具有内在的一一对应关系。

2. 公益组织文化不等同于公益组织形象

尽管公益组织文化与公益组织形象存在着彼此对应的关系，它们相互之间看起来好像也差不多。但是，公益组织形象与公益组织文化是两个不同的范畴，二者所涉及的使用范围、所关注的侧重点是不尽相同的。两者的主要区别在于以下几点：

（1）形成方式不同。公益组织文化是公益组织行为积淀的结果，是在长时间的潜移默化中逐步形成的，是组织发展历史的积累；公益组织形象则可以借助某个时机或者事件，通过设计和导入而形成。

（2）关注点不同。公益组织文化是员工共同的价值理念和行为习惯，着眼于公益组织内部的管理；公益组织形象是借助统一、整体的运作系统将公益组织理念传达给社会公众，关注点在于公益组织对社会公众产生的影响。

（3）具备的功能不同。公益组织形象具有的最大功能是识别，即公益组织形象识别系统能够将组织理念借助组织自身的行为活动，通过整体的视觉设计和听觉设计，形成组织信息的独特、统一的传播，发挥出让民众识别、认同、接受组织及其服务的功能，并有效地把本组织与其他组织区别开来；组织文化的主要功能，就在于通过以组织价值观为核心的文化建设，说服、引导、激励、约束组织员工，认可组织文化，激发组织员工的积极性和创造性，从而提高组织的整体绩效。

（4）存在形式不同。组织文化是一种客观存在，是民众认识的对象本身；而组织形象是组织文化在民众头脑中的主观反映，属于主观意识。如果没有已经存在的事实上的组织文化，就不可能有民众心目中的组织形象。因此，组织文化是组织形象产生的前提和条件，组织文化决定组织形象①。

（5）运作条件不同。公益组织引入形象识别系统是有比较严格的条件限制，需要投入的成本也相对较高，不是任何公益组织都有必要和有实力导入的。公益组织形象识别系统的各个子系统，都必须严格按照组织形象定位的要求，进行策划和设计，而方案一旦确定，在实施过程中，必须严格遵循设计规范，不得随意改变。与公益组织形象识别系统的运作不同，任何公益组织都有进行组织文化建设的必要，并且不受组织任何条件的限制。公益组织的内涵发展，需要其有意识地、自觉地建设优秀的组织文化。

3. 公益组织形象策划是公益组织文化建设的重要载体

从公益组织文化和公益组织形象在层次上的相互对应关系，可以清晰地看出，设计和导入公益组织形象的系统过程，同时也是建设公益组织文化的系统过程。公益组织理念识别系统的设计，其核心内容就是设计出包括公益组织使命、公益组织宗旨、公益组织精神等内在的公益组织理念，包含了公益组织精神文化的全部要素，因而，同时就是组织精神文化的整合和创新。公益组织行为识别系统的设计过程，同时，也是公益组织制度文化和行为文化的构建过程。公益组织视觉识别系统和听觉识别系统的设计，也在不断创造和丰富着公益组织的物质文化。公益组织形象识别系统，对内发布与实施的整个过程，就是公益组织理念被员工认可和追求、公益组织制度与行为规范被员工遵守、公益组织视觉与听觉形象被员工逐步认同的整个过程②，是公益组织文化的建设过程。公益组织形象识别系统的对外传播过程，同时也是公益组织文化浸润作用发挥的过程。因而，公益组织导入 CIS 是进行公益组织文化建设的有效载体。

4. 以公益组织文化为核心构筑公益组织形象

公益组织文化理论认为，一个成熟的公益组织必须具有独特的指

---

① 黄建春、李少利、叶小芬：《管理学》，重庆大学出版社 2017 年版，第 444 页。
② 王向南：《中国非营利组织发展的制度设计研究》，博士学位论文，东北师范大学，2014 年。

导思想、运营宗旨和生存哲学，有自己明确的价值标准、行为准则、道德规范、文化传统，能够用一种精神力量团结人、说服人、激励人，从而在员工中形成共同的目标感、责任感与使命感。构筑公益组织形象必须以公益组织文化为核心，充分发挥公益组织文化对公益组织形象塑造的滋养作用。

公益组织文化的实质，是把管理的落脚点转向柔性管理上，即从对物的管理，转向对人的管理上，对员工的品格和行为的塑造上，而且员工是塑造公益组织形象的主体；公益组织文化通过各种文化手段，致力于员工共同价值观的培育，从而在公益组织内部，形成员工群体敬业奉献、积极向上的文化氛围，以便为公益组织理念识别系统的建立，奠定坚实的思想基础。公益组织文化把员工看作组织的主体，重视员工的个人价值，注重员工之间的文化沟通，注重丰富多彩的文化仪式活动，从而为公益组织导入形象识别系统创造一个良好的工作氛围。公益组织文化建设所创造的物质文化和精神文化，为公益组织的形象传播提供了素材，也成为民众识别与认可该类组织的重要评判依据。因而，公益组织文化是公益组织形象塑造的关键所在，构筑公益组织形象必须以公益组织文化为基础。如果一个公益组织不通过建设共同的公益组织文化，培育员工正确的价值理念、积极的进取精神、正确的义利观，将公益组织共同的价值理念转变为员工的信念，公益组织也是无法在社会上树立起正面、良好的形象。

由此可见，在导入公益组织形象识别系统时，必须在公益组织文化建设上下功夫，离开了公益组织文化这一基础，是无法树立公益组织良好形象的。目前，一些公益组织在设计与导入公益组织形象识别系统过程中，往往强调在标识、办公环境、宣传口号、员工制服等视觉和听觉方面做文章，而忽视了公益组织深层的文化变革，不能建立起适应新的公益市场环境的经营理念和运作模式，使公益组织失去了个性，这样的公益组织很难在激烈的公益市场竞争环境中立于不败之地。

第二节 公益组织形象传播的发展

回顾我国公益组织形象传播的历史，大致可以分为以下几个时期。

一 公益组织形象传播的萌芽时期

从历史维度来看，组织形象的源头，可以追溯至原始社会的图腾崇拜。原始人由于对自然的敬畏，通常把某种动物或其他物体作为崇拜的对象，并以此作为部落的标志或象征，持续强化对其的崇拜。各个原始部落不同的图腾崇拜物，后来演变成区别不同部落的标志。随着阶级产生，国家出现，军队便成为较早和较系统地使用形象识别要素的组织之一。早在1851年，美国宝龄公司董事长威廉·宝特就认识到固定标志的重要作用，于是向政府申请商标，这一首开先河的举措，是最早将视觉识别要素应用到商品上的尝试，为视觉识别系统的建立奠定了实践基础。后来，形象识别体系开始向企业领域扩展，美国的宝龄公司、德国的AEG电器公司、意大利的奥利培帝打字公司三个企业的探索实践，为CIS理论的提出奠定了坚实的基础。第二次世界大战后，欧美等国的大型企业纷纷引入CIS战略，尝试建立一整套具有统一性、完整性的识别体系，以传播正确的企业形象。从1956年到1978年，IBM公司完成了设计、导入、实施、完善企业标志和企业识别系统的相关工作，因而，人们一般把IBM公司开始导入CIS，作为CIS正式诞生的标志。随后，美国的许多公司，如可口可乐公司、麦当劳公司、西屋电器公司、3M公司等纷纷效仿，相继导入CIS。

具体到中国公益慈善事业来说，随着近代戊戌变法等社会运动的开展，一些慈善家完成了由"个人善举"向"社会公益事业"的转变[1]，

---

[1] 莫文秀、邹平、宋力英：《中华慈善事业：思想、实践与演进》，人民出版社2010年版，第77页。

并且进入了该类组织形象传播的萌芽时期。该时期慈善筹集财物的方式更加多样化，慈善活动的组织更加专业化。中国传统的慈善活动，其所带有的公益色彩更加浓厚，在戊戌变法之后，不少民间公益组织开始出现，如戒烟会、新学会、阅报会等，其关注对象已不只是弱势群体，还可能是公益事业。伴随近代慈善活动的兴起，中国慈善事业的发展呈现出专业化和制度化趋势。在清末新政与民国资产阶级改良运动的双重推动下，慈善组织的活动也由个人救济转变到"实业救国"，慈善组织自身也得到较大发展，出现了一批影响力大的慈善组织，例如，上海赈公所、华洋义赈会、中华赈灾基金委员会等，这些组织都开始朦胧地意识到形象建设的重要性，并且在当时民众的心目中，形成了积极的正面形象。新中国成立初期，由于没有及时对慈善事业进行科学定位，加之受战争和政治运动的影响，许多旧有的慈善机构基本处于瘫痪或者解散的状态，慈善事业在相当长的时间内被忽视。1950 年，中国人民救济会议召开后，我国采取"分类处理"的方针，在全国范围内开始正式接受、改造旧的慈善福利救济组织，有些组织被解散或者关闭，有些进行了深刻改组，并允许其继续开展与其办会宗旨相符的慈善救助活动，如中国红十字会、中国福利基金会等，但是在"文革"期间，这两个慈善组织也受到严重冲击，工作人员被下放或者调离，工作停滞长达十余年，也严重影响了该类组织形象的建设与发展。

二　公益组织形象传播的创立时期

党的十一届三中全会召开后，党和国家工作重心转移到以经济建设为中心的正确轨道上来。20 世纪 80 年代，政府着手打破一切由其大包大揽的做法，认为应该允许民间力量发挥应有的作用，承担政府下放的一部分社会福利慈善救济责任，扎实推进公益慈善事业复兴。20 世纪 90 年代以来，中国进一步深化经济体制改革，推动经济体制由计划经济向市场经济转变，极大地解放和发展了生产力，但是，社会贫富差距随之又进一步扩大，关爱弱势群体需要在发挥政府民政等部门作用的同时，充分发挥民间公益慈善组织的作用，这客观上为公益慈善组织的发展提供了基础，公益组织也更加重视自身形象传播，公益组织形象传播步入了一个新的创立时期。

在此时期，邓小平同志提出了贫穷不是社会主义、计划与市场不是社会主义与资本主义的本质差别、允许一部分人先富起来、先富带后富等一系列科学论述，形成了邓小平理论。邓小平非常重视福利工作在我国改革发展稳定中的作用，为社会福利和慈善救济等工作进行了正名。邓小平指出，共同富裕是一个长期的历史发展过程，不会也不可能一步到位。邓小平有关共同富裕的设想是："一部分地区有条件发展起来，一部分地区发展慢点，先发展起来的地区带动后发展的地区，最终达到共同富裕。"① 从邓小平同志的论述中，可以理解为，他虽然没有直接谈到公益，但是其思想里，已经内含有富人帮助穷人、富裕群体帮助弱势群体、见贤思齐、助人为乐、集体主义等公益思想。与此同时，1981 年，改革开放后的第一个基金会即中国少年儿童基金会成立，之后，二十多个由政府各部门批准的基金会纷纷建立，例如，共青团中央成立的中国青少年发展基金会、中国科委成立的中国科技基金会，形成了以中字号命名的、具有公益慈善性质的社会团体，这些社会团体在成立之时，就已经开始注意到组织自身形象建设的重要性。

随后，江泽民同志提出了"三个代表"重要思想，在党的十五大报告中，他提出，要"建立社会保障体系，实行社会统筹和个人账户相结合的养老、医疗保险制度，完善失业保险和社会救济制度，提供最基本的社会保障"。② 他认为要高度重视社会救助工作，要将社会救助纳入社会保障体系，保障困难群众的基本生活权益。他指出"要发

---

① 《邓小平文选》第 3 卷，人民出版社 1993 年版，第 111 页。
② 《江泽民文选》第 2 卷，人民出版社 2006 年版，第 22 页。

扬互相帮助、互相友爱、助人为乐的集体主义精神"①，这与现代公益思想中的大爱之心、互帮互助、扶危济困精神是相通的。这一时期，因1998年的一场水灾，公益慈善得到社会大众的广泛认同，全民齐动员，大家纷纷捐款捐物，兴起了新中国历史上第一场几乎全民参与的公益募捐活动。在该时期，中华慈善总会率先发出赈灾募捐的倡议，并且与中国红十字会、中央电视台联合举办了中国第一个电视募捐专场晚会，极大地调动了普通民众参与公益慈善活动的积极性，也促进了公益慈善组织良好形象的树立。

三　公益组织形象传播的发展时期

胡锦涛同志提出了"科学发展观"这一重要思想，指出要坚持以人为本，树立全面、协调、可持续的发展观，要促进经济社会协调发展和人的全面发展。他强调，"必须在经济发展的基础上，更加注重社会建设，着力保障和改善民生，推进社会体制改革，扩大公共报务，完善社会管理，促进社会公平正义，努力使全体人民学有所教、劳有所得、病有所医、老有所养、住有所居，推动建设和谐社会"②。2004年，党的十六届四中全会将将慈善事业第一次正式写入中央文件，明确要求"健全社会保险、社会救助、社会福利和慈善事业相衔接的社会保障体系"，描绘了建设社会主义和谐社会的总体目标，从根本上确立了公益慈善事业在我国经济社会发展中的重要地位。2005年，党的十六届五中全会召开，党中央更加明确要求，"支持社会慈善、社会捐赠、群众互助等社会扶助活动"，并且要"加快完善社会保障体系"。同年的《政府工作报告》，也清晰地传递了政府"支持发展慈善事业"的坚定决心。同年11月，民政部正式发布《中国慈善事业发展指导纲要（2006—2010年）》，作为新中国成立以来对公益慈善事业做出的第一次规划，该纲要对公益慈善事业的重要作用具有准确的认

---

① 江泽民：《江泽民会见第十一次全国民政会议代表并讲话》，《人民日报》2002年5月28日。
② 《十七大以来重要文献选编》（上），中央文献出版社2009年版，第29页。

识和清晰的描述，该纲要指出："慈善事业奉献爱心的活动，是中华民族传统美德和人类社会文明的重要组成部分。在实现小康目标，落实科学发展观，构建社会主义和谐社会的进程中，大力发展慈善事业，对于组织调动社会资源，调节贫富差距；缓和社会矛盾，促进社会公平；提高公民素质，增强社会责任；营造团结友爱、和谐相处的人际关系；促进社会主义物质文明、政治文明和精神文明建设，具有重要作用。"① 该纲要充分阐释了公益慈善事业在促进和谐社会建设、提高公民文明素质等方面所具有的重要作用，表明了政府高度重视公益慈善事业的态度，认同它在维护社会公平正义与国家长治久安、完善社会保障体系等方面所具有的积极作用，扮演着社会运行"安全网"的重要角色，体现了政府运用现代公益慈善理念发展我国公益慈善事业的新思想。

2006 年，党的十六届六中全会召开，审议通过《中共中央关于构建社会主义和谐社会若干重大问题的决定》，该《决定》提出，"发展慈善事业，完善社会捐赠免税减税政策，增强全社会慈善意识"②。认为要"适应人口老龄化、城镇化、就业方式多样化，逐步建立社会保险、社会救助、社会福利、慈善事业相衔接的覆盖城乡居民的社会保障体系"。③ 说明党已经将公益慈善事业纳入重要的议事日程。同年，在第十二次全国民政会议上，回良玉指出："加快发展慈善事业，有利于良好社会风尚的形成。社会慈善，不仅是鼓励先富帮后富、实现社会互助与政府救助对接的有效措施，更是形成尊重人、关心人、理解人的价值观念的重要途径。扶危济困、乐善好施，是中华民族的传统美德。在新的历史条件下，慈善事业在培育和谐精神、强化和谐意识、建设和谐文化中的积极作用越来越突出。"他要求，"大力培育慈善文化，弘扬慈善精神，提升公众慈善意识，在全社会树立团结互助、

---

① 《十六大以来重要文献选编》（中），中央文献出版社 2006 年版，第 394 页。
② http：//www.china.com.cn/policy/zhuanti/sljlzqh/txt/2006－10/18/content_7252302_2.htm.
③ http：//www.china.com.cn/policy/zhuanti/sljlzqh/txt/2006－10/18/content_7252302_2.htm.

和衷共济、扶贫济困、平等友爱的社会风尚，形成政府支持、社会举办、公众参与的慈善事业发展的新局面①"。回良玉的讲话，进一步明确了公益慈善事业发展的新思路，认识到培育社会慈善文化、弘扬慈善精神的重要性，助推形成了政府支持、社会举办、公众参与公益慈善事业的局面。2007 年党的十七大召开，会议指出，"要以社会保险、社会救助、社会福利为基础，以基本养老金、基本医疗、最低生活保障为重点，以慈善事业、商业保险为补充，加快完善社会保障体系"。这在党的重要文件中，进一步明确了公益慈善事业在完善社会保障体系中的重要作用。

2008 年胡锦涛会见出席中华慈善大会的代表并发表了重要讲话，他强调"慈善事业是改善民生、促进社会和谐的崇高事业。进一步发展中国慈善事业，需要各方面的热心支持和鼎力相助"。他希望"各级各类慈善机构充分发挥自身优势，积极传播慈善文化，不断创新募捐方式，切实管好用好善款，以良好形象取信公众、取信社会"。② 胡锦涛的重要讲话，充分肯定了公益慈善事业在改善民生、促进社会和谐方面的重要作用，对公益慈善组织的形象建设提出了明确要求，要求传播好慈善文化，创新募捐方式，管好用好善款，这些方面也正是公益慈善领域问题易发、多发的地方，这些明确要求为公益慈善组织形象建设指明了方向。2012 年 11 月，胡锦涛在党的十八大报告中指出，要"完善社会救助体系，健全社会福利制度，支持发展慈善事业，做好优抚安置工作"。③ 报告将支持发展公益慈善事业，作为完善社会救助体系、健全社会福利制度的重要内容，进一步凸显了公益慈善事业在我国整个社会救助体系中的重要位置。

党的十八大以来，以习近平同志为核心的党中央高度重视公益

---

① 回良玉：《在第十二次全国民政会议上的讲话》，《中国民政》2006 年第 12 期。

② 刘维涛：《胡锦涛在会见出席中华慈善大会代表时强调，发展慈善事业需要各方支持》，《人民日报》（海外版）2008 年 12 月 6 日第 001 版。

③ 胡锦涛：《坚定不移沿着中国特色社会主义道路前进为全面建成小康社会而奋斗——在中国共产党第十八次全国代表大会上的报告》，《人民日报》2012 年 11 月 18 日第 001 版。

慈善事业的发展，进一步明确公益慈善事业在国家治理能力治理体系中的重要位置，并就如何助推公益慈善事业健康发展做出了一系列重要指示。

2013年，习近平在同全国各族少年儿童代表共庆"六一"国际儿童节时的讲话中，勉励少年儿童，"你们从小就要树立劳动光荣的观念，自己的事自己做，他人的事帮着做，公益的事争着做，通过劳动播种希望，收获果实，也通过劳动磨炼意志，锻炼自己"。该讲话中特意提到，少年儿童应该面对公益的事争做着，号召少年儿童们从小树立公益思想，积极投身公益事业。

2015年，习近平在中央扶贫开发工作会议上的讲话中指出，我们"要研究借鉴其他国家成功做法，创新我国慈善事业制度，动员全社会广泛参与扶贫事业，鼓励支持各类企业、社会组织、个人参与脱贫攻坚"。①

2018年，习近平在打好精准脱贫攻坚战座谈会上发表了重要讲话，他对包括公益组织在内的社会各界开展扶贫工作，给予了充分肯定，他指出，"社会各界广泛参与扶贫，中央企业开展贫困革命老区'百县万村'帮扶行动，民营企业开展'万企帮万村'精准扶贫行动"。这些帮扶力度都很大。他还以四川凉山为例，进行说明，"在四川凉山，中国光彩会组织500多名知名民营企业家参加精准扶贫行动，促成合作项目149个，合同金额2037亿元，向凉山州捐赠公益资金4000多万元"。并且将这种扶贫行动的作用具体概括为，"这些活动既有力推动了贫困村和贫困群众脱贫致富，又弘扬了中华民族扶贫济困的优良传统"。② 可以说，这些扶贫善行是中华民族扶贫济困优良传统在新时代的继承和发扬。同年，习近平在会见香港澳门各界庆祝国家改革开放40周年访问团时的讲话中指出，"今天在座各位，大多数在改革开放初期就到内地投资兴业，从事捐资助学等社会公益

---

① 《十八大以来重要文献选编》（下），中央文献出版社2018年版，第50—51页。

② 习近平：《在打好精准脱贫攻坚战座谈会上的讲话》；《当代党员》2020年第9期。

活动"。① 对港澳访问团从事捐资助学等社会公益活动的爱心善举，表示了充分的肯定。

2019 年，习近平回信澳门街坊总会颐骏中心长者义工组全体成员时，信中提道"看到你们的来信，我想起了十年前在澳门同大家见面的情景。得知你们退休后热心公益事业、生活充实快乐，我很高兴"。② 习近平对澳门街坊总会颐骏中心长者义工组全体成员在退休后，还依然热心公益事业，使生活更加快乐、充实、有意义的做法，予以充分肯定。

2020 年，习近平在谈到社会成员要爱家时，强调要把爱家和爱国统一起来时，还特别提到了要倡导公益理念，指出"要积极传播中华民族传统美德，传递尊老爱幼、男女平等、夫妻和睦、勤俭持家、邻里团结的观念，倡导忠诚、责任、亲情、学习、公益的理念，推动人们在为家庭谋幸福、为他人送温暖、为社会作贡献的过程中提高精神境界、培育文明风尚"。③

近些年来，在促进公益事业发展的系列良好政策环境的助推下，公益组织形象传播步入良性发展时期。此时，不少公益组织也纷纷走入市场，它们需要在竞争中赢得民众的支持，同时，随着民众公益意识的不断增强，公益机构也在不断转变观念和作风。受企业导入 CIS 的影响，公益组织也纷纷导入 CIS 系统，进行形象塑造活动。

例如，河仁慈善基金会，它是由我国知名企业家、福耀玻璃工业集团股份有限公司董事局主席曹德旺先生独家捐资创立，是全国第一家也是唯一一家经由国务院审批、以金融资产（股票）创办的全国性非公募基金会，该基金会登记管理机关为民政部，业务主管单位为国务院侨务办公室。

2011 年 5 月 5 日，在河仁慈善基金会正式成立大会上，曹德旺先

---

① 《习近平会见香港澳门各界庆祝国家改革开放 40 周年访问团时的讲话》，《人民日报》2018 年 11 月 13 日。
② 《习近平回信澳门街坊总会颐骏中心长者义工组全体成员》，《人民日报》2019 年 10 月 8 日。
③ 习近平讲故事：《把爱家和爱国统一起来》，《人民日报》（海外版）2020 年 3 月 12 日。

生和其妻子陈凤英女士，正式宣布向河仁慈善基金会捐赠个人所持福耀玻璃股份有限公司 3 亿股股票，过户当日市值 35.49 亿元。该基金会的命名，来自曹德旺先生的父亲曹河仁，此名称中蕴藏"上善若水，厚德载物"之意。自 2009 年 3 月曹德旺先生提出捐赠股权、设立慈善基金会以来，得到国务院领导与政府相关部委的高度重视，政府有关部委通力合作，打通诸多政策上的堵点，历经两年多的努力，终于助推中国股权第一捐成功实现，这也引发全国公众的广泛关注。该基金会的成立，在中国慈善事业的发展历程中写下了浓墨重彩的一笔，其意义远超河仁慈善基金会成立本身。河仁慈善基金会自成立以来，公益支出已超过 14 亿元，捐赠社会公益慈善项目遍及我国西藏、新疆、云南、四川、甘肃、宁夏、重庆、福建、江西等多个省市，还有邻国尼泊尔等地，项目内容覆盖扶贫、救灾、环保、助学、公益传播与研究等多个领域[①]。

河仁慈善基金会重视高度重视本基金会形象传播，其会徽由汉字"河"与汉字"仁"的精简与提炼组合而成。"河"意指黄河，体现的是"河仁"的厚重、广博、包容；"仁"意指仁义、仁慈，体现的是"河仁"的包容与互助[②]。二者结合则较充分地阐释了河仁慈善基金会的慈与善，即"河仁"的大爱。该基金会还建有门户网站，设有的栏目主要有首页、关于河仁、捐赠人、新闻中心、公益项目、信息公开、志愿者等，及时宣传报道该基金会的工作动态，展示了该组织的良好形象。进入新时代，类似于河仁慈善基金会的公益组织还有不少，它们都普遍重视组织自身的形象建设。

第三节　公益组织形象传播的结构

要实现公益组织形象的有效传播，需要弄清公益组织形象识别系

---

① http：//www.hcf.org.cn/web/.

② http：//www.hcf.org.cn/web/info/296.html.

统的构成，并且处理好该系统中各子系统相互之间的关系。

一　公益组织形象识别系统的构成

仔细分析公益组织的形象，一个完整的公益组织形象识别系统（CIS），是由公益组织理念形象识别系统（MIIS）、公益组织行为形象识别系统（BIIS）、公益组织视觉形象识别系统（VIIS）和公益组织听觉形象识别系统（AIIS）四个子系统组成的。

（一）公益组织理念形象识别系统

公益组织理念形象识别系统（mind image identity system，MIIS）是公益组织运作哲学思想的确立，主要包括公益组织使命、运作宗旨、运作哲学、经营战略、运作方针、行为准则、公益组织价值观等内容。

公益组织理念重点解决公益组织的发展方向和目标的问题，属于思想意识层面，是无形的东西。虽然它是无形的东西，但是，它却是公益组织的灵魂，对公益组织的行为、视觉设计和形象推广，具有支配与统摄作用，对公益组织的发展具有决定性作用。美国 IBM 公司董事长托马斯·小沃森在分析 IBM 公司的成功经验时，认为一个企业在其生命发展过程中，为了适应不断变化的生存环境，必须勇于改变自己的一切，唯一不能改变的就是自己的信念。这种观点，对公益组织也适应，在历史未有之大变局中，公益组织的生存发展，要适应不断变化的当代生存环境，也必须改变自己的一切，但是，唯一不能改变的就是公益组织自身的信念。可见，公益组织理念形象识别系统，在 CIS 中处于核心和灵魂的地位，是导入 CIS 的关键之所在。我们去设计完善的公益组织识别系统，主要依赖于公益组织理念识别系统的开发和设计。例如，李连杰先生于 2007 年 4 月创立的创新型公益组织——壹基金，已经于 2011 年 1 月，作为第一家民间公募基金会落户深圳。该公益组织以"尽我所能，人人公益"作为理念口号，力图打造出一个"人人参与、公信透明、可持续发展"的公益新平台，也正是通过理念口号这一能指符号，确立了其独特的理念识别系统。

（二）公益组织行为形象识别系统

公益组织行为形象识别系统（behavior image identity system，BIIS）是指公益理念形象识别系统的外化和表现。公益组织理念要得到很好的落实执行，必须科学构建起公益组织这一行为主体，并通过主体的具体行为活动，把信息传播出去，以便让民众认识和了解公益组织。公益组织行为包括公益组织内部行为和公益组织外部行为两个方面。公益组织的领导行为、管理行为、招聘行为、服务行为、培训行为、沟通行为等，构成了公益组织内部行为的主要部分；公益组织的营销行为、竞争行为、公关行为等，构成了公益组织外部行为的主要内容。从形式上看，公益组织行为形象识别系统是一种反映公益组织动态过程的设计系统，是公益组织经营管理行为规范化、标准化的具体要求。因而，相对于其他识别系统来说，它较为复杂，实施起来较为困难，但是，它是公益组织形象识别系统真正建立起来的关键所在，也是公益组织的核心竞争力所在，公益组织的各种行为，只有在公益组织理念的指导下，规范、有序、统一、富有特色地开展，才能被民众广泛地识别、认知、接受和认同，从而在民众心目中树立起良好形象。

（三）公益组织视觉形象识别系统

公益组织视觉形象识别系统（visual image identity system，VIIS）是指体现公益组织理念和业务性质、行为特点的各种视觉设计符号，以及其各种应用因素所构成的系统，也是公益组织理念形象系统和行为形象识别系统在视觉上的具体化、形象化。公益组织视觉形象识别系统包括基本要素和应用要素两部分。公益组织的标志、专用字体、标准字体、标准色、吉祥物、组合标志等元素，构成了公益组织视觉形象的基本要素系统。公益组织的办公用品、员工制服、专用车辆、办公环境、公益组织招牌等，构成了公益组织视觉形象识别的应用要素系统。确立了公益组织视觉形象识别系统，公益组织就能及时、准确、鲜明地向社会传播公益组织运作的信息，使得民众在视觉上受到刺激，在不知不觉中接受公益组织的形象信息，从而实现塑造良好公益组织形象的目的。

(四) 公益组织听觉形象识别系统

公益组织听觉形象识别系统 (audio image identity system，AIIS)，是指公益组织利用人的听觉功能，以特有的语音、音乐、歌曲、自然音响及其特殊音效等声音形象，利用听觉刺激传播公益组织理念、品牌形象的识别系统。民众获得的信息，听觉大约占到11%，因此，听觉刺激是建立形象识别系统的非常重要的途径。听觉形象识别系统内容丰富，主要包括以下内容：

1. 主题音乐。这是公益组织形象的基础识别之一，主要包括公益组织团队歌曲、公益组织形象歌曲等。这些歌曲，一方面，可以用于增强公益组织凝聚力，强化公益组织内部员工的凝聚力、战斗力和执行力。另一方面，也可用于向外部民众展示公益组织形象，以此增强民众对其的认同感。

2. 公益组织广告音乐。广告音乐是为公益组织的广告宣传而专门制作或精心挑选的，并在传播媒介上反复播放的音乐艺术形式，包括广告背景音乐和广告歌曲两种形式。广告音乐、广告画面与广告的其他声音相融合，有效地强化了广告的艺术效果和吸引力。

3. 公益组织员工上下班音乐。该音乐主要在公益组织员工上班、下班时作为工作开始或者结束的提示音。

4. 公益组织仪式音乐。公益组织在庆祝会、总结会、表彰会、纪念会、运动会等场合所使用的特定音乐。

5. 公益组织工作背景音乐。公益组织在工作场所所使用的背景音乐，主要是功能音乐，其目的在于以优美、轻松、高雅的背景音乐，来提高员工的工作热情，释放工作压力，平缓工作情绪，使其在轻松愉快的氛围中完成工作任务。

6. 公益组织口号。公益组织口号是为了让受众对该组织的理念、服务有清晰的认知，而概括归纳出来的简明扼要的口号性语句。它往往以简洁的一句话，来展现公益组织的内涵和个性。

7. **公益组织名称**。公益组织名称要念起来朗朗上口，能展现公益组织的个性特点或运作理念等。例如，壹基金的名称，是指"1 人 + 1 元 + 每 1 个月 = 1 个大家庭"的概念，即每人每月最少捐一元，集小成多，集合每个人的力量，可以让小捐款变成大善款，随时帮助社会大家庭中需要帮助的人，并且，"壹基金"这几个字读起来也朗朗上口。

二 处理好 MIIS、BIIS、VIIS 与 AIIS 的关系

要扎实有效地推进公益组织形象传播，需要处理好 MIIS、BIIS、VIIS 与 AIIS 之间的关系，具体来讲，要处理好以下两个方面的关系：

（一）理论建构关系

公益组织形象识别系统包括理念形象识别系统、行为形象识别系统、视觉形象识别系统、听觉形象识别系统四部分。四者相互联系、相互促进、融为一体，它们共同塑造公益组织的新形象，推动公益组织健康发展。

一是在公益组织形象识别系统中，理念形象识别系统处于核心的统摄之地位。公益组织理念属于意识层面，它对公益组织的行为、视觉设计、听觉设计和形象传播，具有引领指导作用。如果没有理念指导，公益组织内部各系统将无法融为一体，既无规范的行为可言，也没有统一的视觉和听觉形象。公益组织形象识别，正是将公益组织的理念贯穿于公益组织的具体运作管理之中，并且运用视觉、听觉设计等多种传播工具进行整合传播，使民众对公益组织产生识别和认同。因而，公益组织理念形象识别设计是导入公益组织形象识别系统的关键，设计出完善的公益组织形象识别系统，并能较好落实，主要依赖于公益组织理念形象识别系统的开发和建立。

二是公益组织理念是抽象的观念，其应用或者实施需要靠人的行为。然而，公益组织仅仅通过职员的行为是无法充分地传播和树立公益组织形象的。在公益组织的行为活动过程中，必须借助于一定的视

觉设计符号、听觉设计符号和一定的传播中介，并将公益组织理念应用其中，形成对广大受众统一的视觉和听觉刺激，才能真正提高受众对公益组织的认知和记忆。在公益组织形象识别系统的四个部分中，MIIS 是居于公益组织形象深层的，并且起着支配另外三个子系统的作用，而 BIIS、AIIS 则体现公益组织的具体做法，VIIS 则体现公益组织的外在形象，这四者共同形成了公益组织的完整形象。

（二）建构具体操作关系

公益组织形象识别系统的具体操作关系，是指公益组织在导入形象识别系统的过程中，选择哪个子系统作为主体内容的问题。

从理论的构成关系可以看出，公益组织在形象识别系统操作中，应该以公益组织 MIIS 的确立为中心，MIIS 的确立是导入形象识别系统的首要前提。只有等 MIIS 确立后，BIIS、VIIS 和 AIIS 才有可能确立，才有可能进入实质性的操作阶段。

公益组织行为形象识别系统的建立，是在公益组织理念建立后，首先要完成的工作。从公益组织内部行为形象识别系统来看，建立独具特色的公益组织和内部管理制度，设计符合公益组织自身特点的运作、交流、评价体系，是公益组织有效运行的前提条件，是公益组织必须做好的工作。从公益组织外部行为形象识别系统来看，公益组织作为服务社会公共利益、关爱弱势群体的部门，其具体的服务方式和服务特色本身就具有较强的识别效应，在提供服务中就能建立独特的组织形象。因而，公益组织必须特别重视自身的行为形象识别系统建设，以实际而富有成效的公益行动来赢得社会大众的认同和支持。

公益组织的视觉形象识别系统，是公益组织理念形象与行为形象识别系统最直观、最生动的体现。加强公益组织视觉形象识别系统建设，是建立在 MIIS 基础之上的又一项重要工作。这项工作在注意力经济时代对任何公益组织都是非常重要的。公益组织视觉形象识别系统是建立组织形象最直观、最方便的途径。在公益组织导入形象识别系统的初期阶段，VIIS 的建构占了重要的分量。在 VIIS 的建构中，基本要素的设计和制作是前提和基础，是应用要素设计与制作的依据，它决定了应用要素设计的内容与方向，应用要素作为基本要素的丰富和扩展，应该将基本要素融入丰富的应用要素之中，才可能充分发挥 VIIS 在公益组织形象传播中的作用。同时，要注意不能简单地把 VIIS 等同于形象识别系统，认为加强了 VIIS 建设，就等于加强了形象识别系统建设。

公益组织的听觉形象识别系统，是利用听觉刺激传播公益组织理念、展现公益组织品牌形象的识别系统。在确定公益组织理念的基础之上，公益组织一方面需要制作展现公益理念的音乐，另一方面也需要选择体现公益组织特点和公益组织个性的声音系统，这些操作在公益组织形象识别系统导入的初始阶段，占据着重要比重。构建起公益组织听觉形象识别系统后，其推广和运用则应用于公益组织形象识别系统的始终。

（三）处理好 CIS 各要素间的相互关系

处理好公益组织形象识别系统（CIS）各子要素相互之间的关系，需要注意以下几点：

1. 不能将 VIIS、AIIS 简单等同于 CIS

公益组织形象建设中，有的公益组织把 CIS 建设简单化，把 VIIS 加 AIIS 等同于 CIS，认为导入 CIS 就是给公益组织起个好名字，就是改变公益组织的标志设计或者色彩、改变办公环境、拍摄公益组织形象宣传片、制作公益组织形象歌曲，因而，在 VIIS 和 AIIS 设计上舍得花钱加大投入，而忽视了公益组织理念系统的构建，忽视了公益组织管理制度和行为规范的建设。在这种情况下，即使 VIIS、AIIS 设计本身很有特色，也难以对公益组织形象的提升产生正面的影响，甚至给受众留下华而不实的印象，产生负面效应。因而，重视 VIIS、AIIS 建设，必须建立在科学的 MIIS 定位基础之上，才有可能行稳致远、健康发展。

2. 加强 CIS 内部各要素间关系的协调

CIS 内部各要素之间必须相互协调，步伐一致。要特别注意防范公益组织的理念形象识别系统，与行为形象识别系统之间相互脱节，理念的要求不能通过行为加以实施，理念往往要提炼为口号，但是，又不能简单地口号化。还要注意防范公益组织的视觉形象识别系统、听觉形象识别系统与理念形象识别系统不一致，防止视觉形象识别系统、听觉形象识别系统内在的各要素不能有效地传播公益组织理念。事实上，我们可以把 AIIS 看作 MIIS 音乐化的表达，VIIS 看作 MIIS 视觉化的表达，BIIS 看作 MIIS 行为化的表达。这些系统各自相对独立，同时又构成为更大的一个形象识别系统，成为大系统中不可缺少的一个子系统。因而，公益组织形象识别的各子系统，必须相互协调，相互配合，且都符号公益组织的理念形象识别系统。

3. 一手抓 CIIS 的设计，一手抓 CIIS 的传播

设计和策划公益组织形象识别系统，为提升公益组织形象奠定了坚实的基础，但是，要真正创造价值，公益组织的组织形象还需要加强传播，扩大其社会影响力。有的公益组织虽然设计了较好的 CIIS，但是，公益组织识别方案，如果只是停留在书面上，没有付诸形象传播和行为传播实践之中，公益组织的理念也就不能内化为员工的理念，公益组织的行为准则也就不能获得员工的认同并自觉遵守，公益组织的视觉和听觉形象识别系统，也就不能被员工所了解和认可。因而，一定要把 CIS 方案策划设计与 CIS 的传播推广有机结合起来，使形象传播方案能够落地见效，有较强的可操作性，以充分发挥公益组织形象策划和设计对公益组织形象传播的推进作用。

第三章　社会转型时期公益组织形象传播现状

在社会转型发展的新时期，公益组织的生存发展尤其是公益资源的获取、公益组织形象建设面临着重大挑战。受市场经济负面因素的影响，一些人士一切向钱看，对公益事业不感兴趣，社会上还存在诈捐、利用公益谋取个人私利等问题，一些公益组织还与社会发展环境不相适应，自身形象传播和民众期待还存在不小差距，加强公益组织形象传播显得非常紧迫，具有重要的现实意义。要加强社会转型时期公益组织形象的传播，首先得开展调查研究，弄清楚公益组织形象传播存在的问题，从而为有针对性地解决问题、提出对策奠定坚实基础。

第一节　社会转型时期公益组织形象
传播的现状调研分析

在当下社会转型时期，为较全面地了解公益组织形象传播的现状，我们选择了全国不同区域高校的学生家长作为调研对象，对社会民众进行了一次较大规模的调查问卷填写，同时赴北京、上海等地，选择了部分具有代表性的公益组织进行深度访谈，掌握了大量的公益组织形象传播的第一手资料，现将本次调研情况深入分析如下。

一 问卷调查现状

（一）问卷调查的目的

本书课题组通过选择不同地域、不同层次的普通高校大学生的家长作为调查对象，进行公益组织形象传播现状的调查研究，以准确把握当代社会民众对公益组织形象传播的认知，准确了解公益组织形象传播的发展态势。

（二）问卷调查的抽样

1. 准备过程

调查方式：本次调查采取通用的不记名的调查方式，运用抽样调查法，获得的第一手调查资料，其典型性、代表性较强。

调查问卷设计：问卷设计主要分为受访者的自然情况、对公益组织行业的认知、对公益组织的总体评价三个部分，具体内容将在后面的调查问卷分析中加以详细说明。

调查对象：当代大学生家长。

调查高校：上海交通大学、中央民族大学、安徽大学、东北师范大学、西安交通大学、江苏警察学院、济南大学、河南师范大学、广州大学、华中师范大学、哈尔滨工业大学、南京师范大学、江西理工大学、景德镇陶瓷大学、江西农业大学、东华理工大学、赣南师范大学、新余学院、上饶师范学院、南昌工程学院等20余所高校。

实施问卷调查者：相关高校的政治辅导员或者班主任。

2. 调查实施。2019年2月至6月，我们组成相关调研小组，分别到中央民族大学、上海交通大学、安徽大学、东北师范大学、西安交通大学、江苏警察学院、济南大学、河南师范大学、广州大学、华中师范大学、哈尔滨工业大学、南京师范大学、江西理工大学、景德镇陶瓷大学、江西农业大学、东华理工大学、赣南师范大学、新余学院、上饶师范学院、南昌工程学院等20余所高校，与学生家长取得联系，进行采样调查，并发送纸质或者电子调查问卷表，然后收回处理。

3. 调查结果。本次调查共发放问卷 3800 份，收回 3723 份，回收率 97.97%，其中有效问卷为 3070 份，无效问卷为 653 份，有效问卷占总回收问卷的 82.46%。

4. 调查问卷的处理。本问卷运用 SPSS Statistics 软件进行数据和频率的处理，从而计算出每个选项所占的比例，然后，根据需要生成条形图或饼状图，为了使生成的图形更加形象美观，小于或者等于四个选项的选用饼状图，大于四个选项的则选用条形图。

（三）问卷调查分析

为方便读者阅读，以下文中调查问卷分析中所提及的所有图表，统一放置于本论文文末的附录二部分，读者可以结合图表进行研读。

1. 受访者的自然情况

本次调查，首先，从附录二图 1 可知，这次调查的对象中，男性占到 53.91%，女性占到 46.09%。可见男性占比略高于女性占比 7.82 个百分点，一般来说，这并不会影响到本次调查的信度和效度。

其次，从附录二图 2 可知，受调查者的年龄分布为，1964 年以前出生的民众占比为 4.2%，1965 年至 1969 年出生的民众占比为 14.85%，1970 年至 1974 年出生的民众占比为 45.05%，1975 年至 1979 年出生的民众占比为 32.96%，1980 年以后出生的民众占比为 2.93%。可见，参加调研的群体，大都是 20 世纪 70 年代出生的，占比达到 78.01%，已经远远超过一半。

再次，从附录二图 3 中可知，民众的受教育程度，学历是初中及以下的占比为 36.25%，学历是高中或中专的占比为 29.25%，学历是大专的占比为 11.56%，学历为本科的占比为 19.64%，学历为硕士研究生及以上的占比为 3.29%。由此可见，学历为大专以下的受调查者占比超过一半，达到 65.5%，整体来讲，接受调查的群体，其学历偏低，这和我国高等教育毛入学率长期偏低的国情是相一致的。

最后，从附录二图 4 受调查者的月收入情况来看，2000 元以下的受调查者占比为 16.03%，2001 元至 4000 元的受调查者占比为 31.66%，

4001元至6000元的受调查者占比为30.85%，6001元至10000元的受调查者占比为12.28%，10001元至20000元的受调查者占比为6.78%，20001元以上的受调查者占比为2.4%。由此可见，受调查者月收入在2001元至6000元之间的群体超过了一半，占比达到62.51%，受调查者群体整体不算富裕。

2. 对公益组织行业的认知

社会民众对公益组织行业的整体认知如何，从我们所调查的结果中可以看出端倪。从附录二图5可知，在受调查者中，对公益组织非常了解的群体占比为5.15%，对公益组织比较了解的群体占比为20.88%，对公益组织一般了解的群体占比为49.9%，对公益组织不太了解的群体占比为20.78%，对公益组织完全不了解的群体占比为3.29%。由此可见，民众对公益组织有所了解的群体占比达到75.93%，而对公益组织不太了解和完全不了解的群体占比则为24.07%。可见当前，还有将近四分之一的民众对公益组织的了解不够甚至完全不了解，而这部分群体正是公益事业的新生力量所在，是公益动员的重要对象，也是公益组织形象传播的重要目标受众。

从附录二图6可知，受调查者中，认为公益组织最重要的职责是从事慈善公益事业的占比为50.75%，认为维护社会公平正义的占比为17.29%，认为扶贫济困的占比为29.35%，认为其他的占比为2.61%。可见，超过一半的民众认为公益组织最重要的职责是从事慈善公益事业。

从附录二图7可知，受调查者中，认为公益组织从业人员的收入非常高的占比为3.62%，较高的占比为17.85%，正常的占比为56.87%，较低的占比为19.25%，非常低的占比为2.41%。可见，略微超过一半的民众自我感觉认为，公益组织从业人员的收入是正常的，认为公益组织从业人员收入偏高的占比为21.47%，而认为收入偏低的占比为21.66%。

3. 对公益组织的总体评价

从附录二图8可知，受调查者中，对公益组织的总体印象非常好的占比 13.19%，较好的占比 47.59%，一般的占比 34.17%，较差的占比 4.2%，非常差的占比 0.85%。可见，民众中对公益组织有好印象的人数占比，超过受调查人群总量的一半，达到 60.78%，民众对公益组织的形象大多数人是充分认可的，但是，我们也要清醒地认识到，还有 39.22% 的民众对公益组织的印象一般或者不好，由此可知，下一步加强公益组织形象传播的必要性和重要性。

民众对公益组织工作表现的评价如何：从附录二图 9 可知，民众对公益组织理念的评价是，认为非常好的占比 28.01%，认为较好的占比 47.88%，认为一般的占比 22.8%，认为较差的占比 1.14%，认为非常差的占比 0.16%。可知，大多数民众对公益组织的理念还是认同的，认为非常好和较好的民众占比达到 75.89%。

从附录二图 10 可知，民众对公益方式的评价是，认为非常好的占比 17.52%，认为较好的占比 43.42%，认为一般的占比 35.7%，认为较差的占比 3%，认为非常差的占比 0.36%。可见民众对公益组织的工作方式认为非常好和较好的民众占比为 60.94%，虽然人数过半，但是所占比例不算太高，仍然还有很大的提升空间。

从附录二图 11 可知，民众对公益组织宣传口号的评价是，认为非常好的占比 23.13%，认为较好的占比 46.64%，认为一般的占比 26.86%，认为较差的占比 1.11%，认为非常差的占比 0.26%。如果将认为非常好的、较好的民众相加，则占比达到 69.77%。由此可知，大多数民众对公益组织宣传口号还是认可的。

从附录二图 12 可知，民众对公益组织工作态度的评价是，认为非常好的占比 18.31%，认为较好的占比 43.68%，认为一般的占比 34.27%，认为较差的占比 3.36%，认为非常差的占比 0.39%。如果将认为非常好、较好的民众相加，则占比达到 61.99%。可见，一方面，我们要看到认为非常好、较好的人数占比已经过半；另一方面，我们也要看到公益组织员工的工作态度，仍然有待改进，下一步要大力提升服务质量，端正工作态度。

从附录二图 13 可知，民众对公益组织工作效率的评价是，认为非常好的占比 14.63%，较好的占比 35.64%，认为一般的占比 41.82%，认为较差的占比 6.94%，认为非常差的占比 0.98%。如果将认为非常好的、较好的民众相加，则占比为 50.27%。由此可见，民众对公益组织工作效率的总体评价并不高，今后还要进一步提高组织的工作效率。

从附录二图 14 可知，在公益组织公平公正方面，认为非常好的占比 15.9%，认为较好的占比 39.38%，认为一般的占比 38.73%，认为较差的占比 5.08%，认为非常差的占比 0.91%。如果将认为非常好的、较好的民众相加，则占比为 55.28%，略微超过受调查总人数的一半。由此可见，民众对公益组织在公平公正方面的总体表现认可度并不高，今后，公益组织还要完善相关制度，使公益组织在公平公正方面做得更好。

在肯定公益组织取得成绩的同时，受调查者也清醒地指出了公益组织队伍建设方面存在的最大问题，从附录二图 15 可知，其中认为整体素质不高的占比 8.79%，认为公益行为不得体的占比 10.23%，认为个别人员不良行为影响整体印象的占比 47.65%，认为与公众交流沟通不够的占比 26.06%，认为其他的占比 7.26%。其中接近一半的民众认为个别人员不良行为影响整体印象。可见，不能轻视个别人员的不良行为，需要加强全体员工的职业道德和法制教育。

在受调查者对公益组织错误行为或违法行为的看法方面，从附录二图 16 可知，认为主要表现为知错犯错、知法犯法的占比 20.13%，认为从业人员也是普通人都会犯错的占比 24.56%，认为从业人员应该是品行高尚的人、不应该犯错误的占比 6.61%，认为公益组织工作压力很大、犯错误也是情有可原的占比 6.91%，认为应该就事论事、视情况而定的占比 41.79%。由此可见，有大约接近一半的受调查者认为对公益组织的错误行为或者违法行为，要就事论事、视情况而定，在深入分析原因之后，才方便表达看法。

4. 形成公益组织印象的来源与原因

在民众是否经常与公益组织接触方面，从附录二图 17 可知，受调查者中选择"是"的占比为 13.65%，选择"否"的占比为 45.24%，选择"偶尔"的占比为 41.11%，将经常与公益组织接触的、偶尔与公益组织接触的民众相加，占比为 54.76%，可见，当代社会政府相关部门、公益组织自身要加大宣传推介力度，动员更多的民众主动走近公益事业、多了解公益组织、主动加入公益行业。

在是否参与过公益组织的活动方面，从附录二图 18 可知，参与过公益组织活动的民众占比 56.61%，没有参与过公益组织活动的民众占比 43.39%。可见，已经有超过一半的受调查者参与过公益组织的活动，这是值得肯定的。同时，我们还要清醒地看到，还有四成多的受调查者从来没有参与过公益组织的活动，民众参与公益活动的人数还不够多。

在个别公益组织的得体行为是否会提高民众对公益组织形象的总体评价方面，从附录二图 19 可知，认为个别公益组织的得体行为能提高民众对公益组织形象的总体评价的占比为 77.2%，认为个别公益组织的得体行为不能提高民众对公益组织形象的总体评价的占比为 11.86%，对个别公益组织的得体行为，能否提高民众对公益组织形象的总体评价持无所谓态度的民众占比为 10.94%。可见，超过七成的受调查者是认为个别公益组织的得体行为，能提高民众对公益组织形象的总体评价。由此可知，个别公益组织的所作所为，对树立整个公益组织的良好形象具有重要作用，我们不能对个别公益组织的所作所为，因为数量少而对其不重视。

在个别公益组织的不当行为是否会降低民众对公益组织形象的总体评价方面，从附录二图 20 可知，认为个别公益组织的不当行为会降低民众对公益组织形象的总体评价的占比为 74.75%，认为个别公益组织的不当行为不会降低民众对公益组织形象的总体评价的占比为 15.34%，对个别公益组织的不当行为是否会降低民众对公益组织形象的总体评价持无所谓态度的民众占比为9.9%。由此可知，有近七成的民众认为个别公益组织的不当行为会降低民众对公益组织形象的总体评价，这再次提醒我们在关注大多数公益组织行为的同时，也不要忽视少数公益组织、特别是实力较弱小的公益组织的行为。

在调查影响公益组织形象的重要因素有哪些时，从附录二图21可知，受调查者认为公益组织的工作态度是否良好这一因素非常重要的占比62.28%，认为重要的占比34.66%，认为无所谓的占比2.78%，认为不重要的占比0.1%，认为非常不重要的占比0.1%。如果将认为非常重要的和重要的民众两者相加，则占比达到96.94%。可见，超过九成的受调查者认为公益组织的工作态度这一因素，在塑造其形象中扮演着重要的角色，我们必须加强公益组织的工作作风建设，改进工作态度。

从附录二图22可知，受调查者认为，公益组织行为是否公平公正这一因素非常重要的占比63.62%，认为重要的占比32.31%，认为无所谓的占比3.65%，认为不重要的占比0.33%，认为非常不重要的占比0.19%。如果将认为非常重要的和重要的民众两者相加，则占比达到95.93%。可见，超过九成的民众认为，公益组织行为是否公平公正这一因素，在公益组织形象建设方面起着非常重要的作用，我们必须加强公益组织行为的监管，促使其公平公正地行事。

从附录二图23可知，受调查者认为，公益组织工作效率是否较高这一因素非常重要的占比47.39%，认为重要的占比46.16%，认为无所谓的占比5.54%，认为不重要的占比0.78%，认为非常不重要的占比0.13%。如果将认为非常重要的和重要的民众两者相加，其占比则达到93.55%。由此可知，超过九成的受调查者认为，公益组织工作效率在公益组织形象建设方面发挥着重要作用，我们需进一步加强公益组织队伍建设，提高其工作效率。

从附录二图24可知，受调查者认为，公益组织自身素质是否良好这一因素非常重要的占比53.65%，认为重要的占比39.48%，认为无所谓的占比 5.73%，认为不重要的占比 0.91%，认为非常不重要的占比 0.23%。如果将认为非常重要的和重要的受调查者两者相加，则占比达到 93.13%。由此可知，超过九成的受调查者认为，公益组织自身素质是否良好在公益组织的形象建设方面起着重要作用，我们需加强公益组织自身素质，提高自身素质和能力。

从附录二图 25 可知，受调查者认为，公益组织的精神面貌是否良好这一因素非常重要的占比 45.86%，认为重要的占比 44.17%，认为无所谓的占比 8.34%，认为不重要的占比 1.24%，认为非常不重要的占比 0.39%。如果将认为非常重要的和重要的受调查者两者相加，则占比达到 90.03%。由此可知，超过九成的受调查者认为，公益组织的精神面貌是否良好在公益组织的形象建设方面起着重要作用，我们需加强公益组织精神文明建设，提高公益组织的精神文明程度，展示该类组织良好的精神面貌。

从附录二图 26 可知，受调查者认为，公益组织的自我包装和宣传这一因素非常重要的占比 26.97%，认为重要的占比 42.08%，认为无所谓的占比 22.93%，认为不重要的占比 6.87%，认为非常不重要的占比 1.14%。如果将认为非常重要的和重要的受调查者两者相加，则占比为 69.05%。由此可知，超过七成的受调查者认为，公益组织的自我包装和宣传这一因素在塑造公益组织形象方面是重要的，虽然与前面几项超过九成的受调查者认为重要的因素相比，其占比较低，但是，我们也不能忽视，公益组织适度的自我包装和宣传这一因素，在塑造公益组织形象方面所具有的重要作用。

从附录二图 27 可知，受调查者认为，公益组织同公众的直接接触和沟通这一因素非常重要的占比 55.41%，认为重要的占比 36.22%，认为无所谓的占比 6.87%，认为不重要的占比 1.04%，认为非常不重要的占比 0.46%。如果将认为非常重要的和重要的受调查者两者相加，则其占比为 91.63%。由此可见，有超过九成的受调查者认为，公益组织同公众的直接接触和沟通这一因素，在塑造公益组织形象方面是重要的。因而，我们应该尽量创造条件，多开展一些精准对接服务对象需求的公益活动，让公益组织能走近公众，开展近距离的接触和沟通。

从附录二图 28 可知，受调查者认为，大众媒体的报道和宣传这一因素非常重要的占比 35.15%，认为重要的占比 46.97%，认为无所谓的占比 13.68%，认为不重要的占比 3.45%，认为非常不重要的占比 0.75%。如果将受调查者中认为非常重要的和重要的人数相加，则其占比为 82.12%。由此可见，有超过八成的受调查者认为大众媒体的报道和宣传这一因素是重要的。因此，我们不能忽视大众媒体的报道和宣传在公益组织形象塑造方面的重要作用，要适度加大公益组织的报道和宣传力度，改变过去长期以来"酒香不怕巷子深""做了好事不留名"的习惯做法，加大公益活动的宣传与报道。

（四）问卷调查的主要结论

通过此次对公益组织形象传播现状的调研分析，我们可以得出以下主要结论：

一是我国普通民众的收入水平整体不高，能投入公益事业的资金总量有限。我国目前还处于并将长期处于社会主义初级阶段，还仍然是一个发展中国家，我国还有超过一半的适龄青年没有读过大学，我国还有相当一部分民众其月收入偏低。2020 年 5 月 28 日，李克强在十三届全国人大三次会议举行的记者会上指出，"我们人均年可支配收入是 3 万元人民币，但是有 6 亿中低收入及以下人群，他们平均每个月的收入也就 1000 元左右，1000 元在一个中等城市可能租房都困难，现在又碰到疫情。疫情过后，民生为要"。① 这也从侧面说明，我们普通民众的收入整体水平不高，个人能投入公益事业的资金也较有限。当然，投入公益事业的资源，除了物质和金钱，时间、精力的投入，也算是重要的投入，现在，随着民众对公益事业了解程度的加深和认

---

① http://www.gov.cn/premier/2020－05/29/content_ 5515798. htm#11.

同度的提高，不少民众除了愿意投入物质和金钱，还愿意投入时间和精力，当然，这种时间和精力的投入，是建立在不影响其正常的学习和工作的基础之上。

二是普通民众对公益组织的认知水平，整体来看，虽然近些年有了较大的提高，但是仍然存在较大提升空间。表现在不少民众对公益组织的整体运作机制和程序深入了解不够，对公益组织的职责认识不清，对公益组织从业人员的辛苦付出与薪酬了解不多，这也从侧面说明公益组织加强自身形象建设的重要性，加强自身形象传播的必要性和迫切性。

三是普通民众对公益组织的总体评价方面，民众对公益组织的总体印象还不算太好。目前，还有四成的民众对公益组织的印象一般或者较差，对公益组织在组织理念、公益方式、宣传口号、工作态度、工作效率等方面的工作表现，还有不少民众认为表现一般或者较差，还有不少民众指出公益组织队伍中还存在整体素质不高、公益行为不得体、个别人员不良行为影响整体印象，与公众交流沟通不够等问题，值得我们深思。

四是在分析民众形成公益组织印象的来源与原因方面，还有不少民众与公益组织接触不多，参与公益组织的活动较少，认识到个别公益组织的得体行为能提高民众对公益组织形象的总体评价，反之，个别公益组织的不当行为，也会降低民众对公益组织形象的总体评价。通过调研，我们还可以认识到，影响公益组织形象的重要因素包括公益组织员工的工作态度、公益组织行为的公平公正、公益组织的工作效率、公益组织的自身素质、公益组织的精神面貌、公益组织的自我包装和宣传、公益组织同公众的直接接触和沟通、大众媒体的报道和宣传等，这些因素都会深刻影响公益组织形象的构建和传播，而这些也正是公益组织加强形象建设需重点关注的内容。今后，公益组织要稳步提升自身整体形象，提升普通民众对其的认可度。

二 深度访谈公益组织

为进一步了解公益组织形象建设方面的基本情况，2019 年下半年至 2020 年上半年，本书课题组深入上海、北京等城市，克服困难，多方联系，成功访谈了上海古宣辉公益基金会、上海振兴江西促进会、北京新浪微公益、上海慈善基金会、上海宋庆龄基金会 5 家公益组织，与相关公益组织负责人进行了深度访谈，获得了本书研究所需的大量一手资料，为较好地完成本书的研究，奠定了坚实的基础。现将课题组访谈相关公益组织的情况简要介绍如下，具体访谈内容还可参考文末附录三：

（一）访谈上海古宣辉公益基金会情况

2019 年 8 月 8 日下午，根据事先约定，本书负责人赶赴至上海浦东新区黑松路 1188 弄明月路 97 号古宣辉公益基金会办公室，与上海古宣辉公益基金会季伟芳理事长开展了一次较深入的访谈，通过访谈，获知了该基金会的一些基本情况，特别是该基金会作为一家成立时间很短的公益组织，在形象建设方面所采取的一些较好做法。

访谈伊始，该基金会理事长季伟芳女士在表达了对本书负责人的欢迎之意后，便简要介绍了一下贵基金会的基本情况。

该基金会成立于 2018 年 2 月 12 日，是由香港华侨华人总商会会长古宣辉先生，授权商会名誉会长兼特别助理季伟芳女士在上海筹建的一个公益慈善组织。自成立以来，基金会始终秉承古宣辉会长的公益慈善精神，积极围绕教育与成长、健康与卫生、社区与生计、灾害救援和社会可持续发展等领域开展各类公益活动，从而全面改善受助人群的生存状况。

该基金会围绕提升专业品质，追求公益项目实效，在公益经营管理的各个细节层面不断探索，在经营公益慈善的道路上可谓日益专业化。该基金会以"播善减贫，成就他人，让善更有力量"为使命，以"经营慈善、笃信管理、方法制胜、职业精神"为信念，将贫困和受灾地区的弱势群体，尤其是妇女、儿童以及这些地区的公共设施和社区基层组织列为服务对象，对他们进行了有效的直接援助。该基金会拥有一支比较专业化的管理和执行团队，是一家积极倡导高效、规范、透明的公益机构。新成立的上海古宣辉公益基金会正努力将自己打造成一家具有国际视野的公益机构，其有效借助自身优势，立足中国，放眼全球，积极拓展国际项目合作与交流。同时，努力加强和推动跨界合作，通过不断探索和实践，致力让该基金会古宣辉会长的爱心事业惠及更多人群。

通过访谈，我们了解了该基金会的核心价值，其具体内容如下：

一是将愿景定位为：构建最值得信任、最值得期待、最值得尊敬的国际公益平台。

二是将使命定位为：播善减贫，成就他人，让善更有力量。

三是将公益事业聚焦于四大领域：健康与卫生、教育与成长、社区与生计、灾害救援。

四是将目标定位为：最好的产品设计；最大限度地瞄准贫困弱势人群；最大限度地提高单位资金的扶贫效益。

五是将业务范围定位为：接受资金、物资捐赠及技术援助；开展各种扶贫济困活动，通过各种渠道募集扶贫资金和物资；资助中国贫困社区进行必要的教育、卫生、环境和文化建设；扶持贫困家庭和人口改善生产生活条件，促进其素质和能力提高；促进中国贫困地区与经济发达地区及海外的联系、交流与培训；按有关规定设立账户，独立核算，对基金的募集和使用进行管理。

六是明确服务对象为：直接援助贫困社区的弱势群体；直接援助贫困社区的公共设施和社区服务；直接援助为贫困社区中的穷人提供技术性服务的专业人士和组织。

作为一家成立时间较短、规模不大的民办基金会，该基金会自成立以来，在形象建设方面做了不少工作。在本次访谈不久前，即2019年5月30日下午，该基金会便举办了古宣辉公益基金会周年纪念暨

2019年第一次理事监事扩大会议，会议在基金会嘉定联络处会议室召开。为了参加此次会议，基金会创始人古宣辉会长和沈永豪顾问专门提前从香港来到上海。会议由基金会理事长季伟芳女士主持并做开场发言，季理事长代表基金会理事会、秘书处总结了过去一年基金会所取得的成绩；严格依据基金会章程，规范项目管理流程、基金会财务支出与费用，并且对基金会未来战略和规划等重点工作进行了逐一介绍。季理事长还要求基金会成员认真学习《慈善法》和《基金会章程》，要严格按照法律法规和章程依法依规开展慈善活动，要求基金会要创新思路，探索增强自身的造血功能；提出要加大专项基金委员会如拥军专项基金委员的建设，积极开展公益项目方面的宣传报道工作；鼓励大家为基金会开展劝募工作，为壮大基金会做出贡献。

在季理事长发言期间，该基金会还举行了简短的基金会荣誉证书颁发仪式，由古宣辉会长和季理事长给获奖者颁发荣誉证书，以表彰一年中为基金会默默付出的各位基金会成员。

会议中基金会各位理事、监事，针对一年中各个项目执行的具体情况展开了讨论，总结了亮点、寻找了不足、汲取了经验。参会人员一致觉得在当前经济形势下，基金会工作仍然稳步推进，管理规范，控制严格，项目做得很多、很实已经很不容易，虽然个别项目出现了一些瑕疵，但也是可以理解，毕竟慈善项目也是项目，只要是项目就存在失败的风险，不可能百分之百成功。对于江西夏令营项目捐赠方拖延善款捐赠的事情，各位理事、监事发表了各自看法，提出哪怕先用基金会资金垫资，也必须坚持完成捐赠江西贫困学生的公益项目，在这个问题上，与会人员通过讨论形成了共识。

会议最后由古宣辉公益基金会主席、香港华侨华人总商会古宣辉会长作总结发言，古会长首先感谢大家在百忙之中来参加今年的会议，感谢大家在一年中为基金会做了很多事、帮了基金会很大的忙。古会长肯定了基金会每位理事、监事、秘书处人员在过去一年中的杰出工作，鼓励大家不忘初心、再接再厉，在未来的基金会工作中发扬优良作风、继承光荣传统，为公益事业多奉献。

一年来，该会开展了一系列活动，极大地提升了本会的形象，主要有：

1. 2018 年 5 月 24 日，香港华侨华人总商会、古宣辉公益基金会一行来到中铁建工集团总部，参加中铁建工集团、香港铜锣湾集团、香港华侨华人总商会战略合作协议签约仪式，整个签约仪式有条不紊，圆满成功，签约三方更是互相勉励：让大家不忘初心，携手合作，同心协力，为早日实现中国梦而努力。会上，香港铜锣湾集团董事局陈×先生被古宣辉公益基金会聘任为名誉会长。陈×先生最早把 MALL 商业理念和营销模式引进到中国，推动了中国现代商贸流通业的改革和发展，事业成功的他不仅积极为国家多做贡献，还热心于公益事业。

2. 资助贫困人士。2019 年 5 月 20 日，家住广东惠州惠东县白花镇皇田村的古××，在家发生煤气爆炸意外，被送往惠州市中心人民医院紧急救治，最后确诊为全身烧伤面积达百分之八十。截至 6 月 13 日，古××在惠州省人民医院接受住院治疗共花费了 15 万多元，除去向亲戚朋友借款，还有一些爱心人士送来的捐款，总共交了 7.03 万元，目前还欠 8 万多元的后续治疗费用。该会及时开展了善款募集活动。

3. 救助生病儿童。2019 年 5 月，香港华人华侨总商会"古宣辉基金会"协同上海振兴江西促进会通力合作，及时救助江西烫伤女孩，谱写了一曲"救死扶伤、大爱无疆、慈善捐助、沪赣一家"的感人篇章。

受助者罗××，女，年仅 9 岁，家住江西省抚州市临川区农村。2019 年 3 月 29 日，她在从电饭煲里盛面条时，不慎将锅子倾倒，左臂和左侧躯干被滚烫的面汤水大面积灼伤。事发后，家人仅用土草方为其做了处理。半个月后，不仅没有好转，反而出现较大面积化脓出水现象。

罗××父亲丧失劳动力，母亲是聋哑人，双方都持有"残疾证"。

因家庭困难，束手无策。村里的好心人就在网上发出"求助信"。罗××同学是幸运的，香港华人华侨总商会荣誉会长、古宣辉会长特别助理、古宣辉基金会（筹）理事长季伟芳女士，在一次偶然上网时，看到了这封"求助信"，便马上决定以香港总商会"古宣辉基金会（筹）"的名义进行帮助，去电邀请其"立即来上海治疗并承担全部费用"。

在香港总商会的全力赞助和上海振兴江西促进会的细致安排下，罗××同学迅速并顺利地入住全国医治烫伤水平最好医院之一的上海交通大学医学院附属瑞金医院。经过一段时间的治疗后，罗××同学康复出院了。

类似这样的事例还有一些，因时间关系，季理事长没有一一介绍，但所有这些善举，都是该基金会尽自己最大的能力，努力做好每一件好事的具体体现。

在形象建设方面，为节约资金，该基金会没有建立自己的网站，但其建立了公众号，会及时发布本基金会的相关信息。此外，该基金会还设计了自身的 LOGO。

在谈到该基金会在形象建设方面的下一步打算时，该负责人将其打算具体归纳为以下几个方面：

一是增强该基金会的造血功能，尽可能让该基金会健康地活下去，并且力争做大。

二是积极与中央统战部、中国侨联、中国民航总局联系，寻求相关方面的支持。

三是搭建好公益事业运营架构，做传统的、稳健的助困、助学等活动。

四是在法律法规允许的范围内，积极创新公益模式，引入商业模式，整合社会资源，用于公益事业，将公益事业与商业模式有机结合，使公益事业可持续发展。

通过交流，本课题负责人感觉到上海古宣辉公益基金会作为一家成立时间不长的基金会，在推进公益事业方面，是积极担当有作为的，虽然其目前在普通民众心目中形象和知名度都不算高，但是，相信其通过努力，一定能在民众心目中树立起更加良好的公益组织形象。

（二）访谈上海振兴江西促进会情况

2019 年 8 月 9 日下午，经过事先预约，本书负责人来到上海市静安区延安中路 847 号锦延大楼二楼上海振兴江西促进会办公室，对上海振兴促进会马仲器会长进行了访谈。课题负责人的造访受到马会长的欢迎，访谈实现了预期的目标。

马仲器会长首先简要介绍了上海振兴江西促进会的基本情况。该会成立于 1988 年，初名上海振兴江西研究会，后更名上海振兴江西促进会，该会由江西省驻上海办事处领导，第一任会长由办事处田启松主任兼任，2018 年，上海市社会团体管理局评定该会为 4A 级中国社会组织。

该会成立至今已有 30 余年。根据章程规定，上海振兴江西促进会每五年换届一次，因第五届理事会（2012—2018 年）成功结束后，为了更好地顺应新形势和新要求，所以第六届理事会延期至 2018 年 6 月召开。该会主要组织架构分为会长、副会长、秘书部、会员等。其成员主要由当年从江西上山下乡回上海的部分知青、从江西来上海发展的企业家、机关领导、群众构成，以"立足上海、服务江西"为社会宗旨，以"把促进会建设成一流的社会社团"作为社会目标。

上海振兴江西促进会第六届理事会第一次会员代表大会暨六届一次理事会，于 2018 年 6 月 30 日下午在上海召开。本次会议以选举新任促进会会长、副会长、理事为主要任务；同时回顾了过去六年，促进会为沪赣发展所做的奉献工作以及展望未来 5 年的促进会工作建议。马仲器先生顺利当选为新一届理事会会长。

该会自 1988 年成立以来，队伍不断壮大，目前，该会下设的委员会已达 8 个，分别为：1. 沪赣医疗健康促进委员会；2. 沪赣心理健康与咨询工作委员会；3. 沪赣文化与旅游工作委员会；4. 旅沪客家联谊工作委员会；5. 知青工作委员会；6. 教育与培训工作委员会；7. 金融工作委员会（访谈时已初定于 2019 年 11 月成立）；8. 信用体系委员会。此外，还挂靠了一些江西有关地、市、县的区域委员会。现在，该会需要支付报酬的工作人员仅 3 名，其他都是兼职工作人员，不需要支付任何报酬。当然，公益组织要生存下去并且有所作为、发展壮大，经费保障是基础。该会的日常经费来源，主要有：一是会费，现在的标准是，每个常务理事收取 10000 元，每个副会长收取 30000 元，每个工作委员会收取 20000 元，每位会员收取 100 元；二是江西省驻沪办补贴一部分房租；三是以商养会等。

在介绍完该公益组织的基本情况以后，马仲器会长向本书负责人简要介绍了促进会在自身形象建设、形象传播方面所做的具体工作。

马仲器会长深情回顾了上海振兴江西促进会成立 30 余年来，该会在江西贫困地区的扶贫帮扶工作所取得的累累硕果，帮扶实效可谓有目共睹，这也为促进会的形象建设提供了有力支撑。在江西省委、省政府以及上海市委、市政府的大力支持和关心之下，在赣沪两省市有关部门的具体指导下，促进会有效推动了沪赣两地经济、科技、文化、教育、卫生等领域的交流和合作。

2019 是新中国成立 70 周年，该会就开展了很多有意义的活动，这些活动在该会的公众号上都有报道。例如：

2019 年 7 月 16 日至 7 月 20 日，上海振兴江西促进会到寻乌县，开展了慈善公益活动。具体内容可参见附录四的公众号文章《与爱同行——情系东江，梦萦寻乌》；

2019 年 7 月 27 日，该促进会到奉新开展了大型义诊和"让爱回家"大型公益活动，具体内容可参见附录四的公众号文章《"让爱回家"关爱留守儿童心理健康大型公益活动——奉新行，圆满成功》；

2019 年 6 月 27 日至 30 日，该促进会又来到长征集结出发地于都县，陈毅三年游击战争所在地之一大余县，举行开展"不忘初心、牢记使命"主题活动，致敬长征，反哺第二故乡，加强沪赣两地产业对接，为第二故乡经济社会发展建言献礼，具体内容可参见附录三公众号文章《新长征路上再出发 上海捐赠 800 万抗洪救灾物资》。

通过这些年的工作，该促进会深刻认识到，公益组织是中国特色社会主义事业的重要组成部分，公益组织的工作是党的工作的一个重要部分，必须毫不犹豫、旗帜鲜明地坚持党对公益组织的全面领导。这就要求该会进一步推动党组织在上海振兴江西促进会中的全覆盖，做好基层党建工作，努力总结过去 30 多年的办会经验，顺应改革开放新形势，全力发挥知识青年的骨干作用，继续加强促进会内部规范管理。该促进会以把自身建设成一流的公益组织为目标，大力提升沪赣两地的再发展，通过发挥促进会的模范带动作用，来振兴长三角各地各县的促进会，为中国的社会公益慈善事业发展"添砖加瓦"①。

该促进会成立以来，高度重视本会自身形象传播，目前，该促进会的会徽设计为：南昌的八一大桥造型、上海的南浦大桥造型融合组成的一幅图。同时，还建立了该促进会的网站——沪赣促进网，网站后台是设在上海市政协，此外，还创办了该会的内部刊物《桥》，用于内部交流。

下一步，该促进会将按照"专业化定位、市场化运作、企业化管理、规范化建设"的总要求，大力发展新的公益模式，积极探索"商业＋公益＋互联网"路径，推动政府、营利机构、非政府组织通力合作，不断加强顶层设计，做到"人无我有、人有我优、人优我转、转而再优"，努力实现以商养会，实行该会的可持续健康发展。今后，该促进会还将每年不定期举办会员活动日，每年开好一次会员大会，每年开好两次理事会，努力做到"以作为争地位""以担当树品牌"，做到依靠社会办组织、办好组织为社会。同时认真办好网站和《桥》杂志，扩大社会知名度、美誉度和认同度，进一步树立该促进会良好的社会形象。

---

① 新华社十九大报道组：《新时代　新思想　新目标　新征程：新华社十九大报道精品集》，新华出版社 2018 年版，第 603 页。

通过访谈，本书负责人感受到上海振兴江西促进会成立 30 余年来，依靠科学的定位、积极主动的作为已经建立了较好的组织形象，并对其的发展前景充满期待。

（三）访谈北京新浪微公益情况

2019 年 9 月 17 日下午，根据事先约定，本书负责人来到北京市海淀区新浪总部大楼，在总部大楼的一楼咖啡厅和新浪微公益负责人杨光，以及工作人员陈勇翔、杜娟，进行了一次较深入的访谈。

杨光首先欢迎本书负责人作客微公益，并简要介绍了该公益组织。据其实质来说，微公益组织是致力于推进"以微博之力、让世界更美"的网络公益平台，也是一个基于新媒体、新技术的社会化公益服务平台。该公益组织持续整合新浪网和微博的传播资源，深度挖掘微博里的名人明星、公益组织、爱心企业、政府、媒体等账号资源，把最透明、最可靠的公益信息呈现给爱心用户，努力成为公益资讯最丰富的内容平台、公益组织最忠实的劝募平台、微博网友最信任的透明平台、求助者和施助者最通畅的沟通平台。该公益组织力图通过不断完善社会化参与、社会化激励、社会化传播、社会化监督等运营机制，逐步培育微博用户理性健康的公益态度和行为习惯。

该公益组织在形象建设方面开展了不少工作，首先其明确了微公益的发展定位：人人可参与，人人可公益；其次该公益组织明确了本组织的发展愿景：以微博之力，让世界更美；此外，该公益组织还明确了本组织的使命：提升公益效率、降低公益门槛、增加公益透明、培育公益文化。

微公益平台自 2012 年 2 月上线以来，先后推出了"个人救助、品牌捐、微拍卖、转发捐助"四款产品，这些产品的相继重磅上线，最大化动员了社会公益力量，为公益组织提供了完美的线上合作平台。微博平台超 4.46 亿名网友的爱心力量汇集起来，形成了一股强大的社会力量，一定程度上实现了个人、企业、公益组织的三方共赢。

截至 2018 年 12 月，微公益平台上线六年多来，累计发起 32452

个公益项目，累计筹款超过 4 亿元，其中在雅安地震发生 72 小时内，筹款便超过 1 亿元，地震期间，微博还开放地震灾害寻人数据，与百度、搜狗、360 等合作方实现信息互通，以此提升寻人和救灾工作效率，从而实现了国内大型互联网公司首次在灾难救援方面实现数据互通。

微公益平台成立以来，致力于开拓"社会化劝募"新局面，已完成 131 个国内知名公募机构的网络劝募官方授权，已经上线了 305 个品牌公益项目，基本覆盖了国内知名的公益项目，总捐款人次超过 1014 万人，总共超过 3 亿人次开始通过微博传播正能量、扩散微公益，时时刻刻影响 4.46 亿微博用户行动起来。

微公益平台旗下诞生了一批品牌项目，例如，2016 年 1 月，星光公益联盟（Star Alliance for Public Welfare），在"2015 微博之夜"盛典上正式宣布成立。新浪董事长兼首席执行官、微博董事长曹国伟与黄晓明、海清、李晨以及联合国儿童基金会驻华大使花楠，共同开启了星光公益联盟，共同倡导今后将依托微博平台，积极发挥自身社会公众影响力，一起推动中国公益事业发展。

微博作为最具公众影响力的中文社交媒体，自诞生以来，一直致力于推动中国公益事业传播与发展，一系列全民公益活动在微博兴起表明，微博融合了网络互动、媒体传播、公众舆论和社会参与的力量，让越来越多的旁观者变成公益参与者，从而让公益成为一场流行运动[1]。

目前，新浪已经拥有 6000 多个公益账号，200 多家公益组织有官方微博，长期项目有 600 多个。平台的搭建提高了公益效率，增强了公益透明度。该公益组织重视话题的运用，例如其能结合不同的主题日，如爱耳日、世界艾滋病日、世界环境日、阿里 9·5 公益日、腾讯 9·9 公益日，做一些公益策划，开展公益产品传播活动。该公益组织

---

[1]　陈一丹、吴朋阳、周子祺、马天骄：《中国互联网公益》，中国人民大学出版社 2019 年版，第 433 页。

既重视短期公益项目的传播，如自然灾害、疾病救助等，也重视长期公益项目的传播，通过榜单机制、投票机制等，促进长期项目的活跃度。该公益组织充分发挥新浪信息平台的优势，积极构建公益组织的良好形象，重视加强与 64 个垂直业务方、其他公益组织，以及与 20 多个地方新浪网站的结合，关注社会热点事件，关注弱势群体的保护。另外，微公益能积极帮助其他公益组织积极应对舆情危机，做舆情分析报告，积极辟谣，化解负面信息，帮助公益组织化解信息不全、不对称带来的压力。

作为信息服务提供平台，微公益虽然有时会有一些广告投放、官方微博账号购买费、服务外包购买费的收入，但是这块数量很少。该公益组织办好微公益平台的主要目的是，促进中国公益事业健康快速发展，此外，也通过网络公益事业，提高用户活跃度，提升平台传播影响力，提高平台社会价值。

面对社会转型发展的新时期，微公益作为网络公益事业的引领者，已经明确了下一步的工作打算。未来，微公益将继续以互联网公益先行者的姿态，联动政府机构、公益机构、名人明星、专家学者、企业、媒体和爱心网友，携手汇聚跨界新力量，影响激活公益心能量，提供更加丰富、专业的公益传播方案，打通更加便捷、透明、富有趣味的公益参与渠道，构建更加深入人心的公益品牌，与社会各界一起携手，以微博之力，让世界更美！

在微公益负责人杨光深入介绍该公益组织之后，其工作团队的其他成员还做了一些补充。

其团队成员陈勇翔谈到，新浪微公益是《慈善法》颁布后，全国首批具有募捐资格的公益组织，每年年中、年末都要向民政部汇报 1 次工作。现在微公益开发的公益项目主要有：

1. 一起捐，主要面向明星、大 V、网红等，让其粉丝在其号召下，一起捐款，让有影响力的人，影响更多人。例如，杨洋代言的公益项目——山村幼儿园计划，这类项目就没有时间限制，可长期参与。

2. 月捐，主要面向广大网友，号召网友每月定期捐款。

3. 单笔捐。重视话题词的运用，在账号引出话题，通过话题引出专业内容，例如，星光公益联盟，就产出了不少的公益专业内容。

此外，微公益团队成员杜娟还做了一些补充介绍，谈到新浪微公益还重视将公益与游戏相结合，提升公益活动的趣味性，以提高网民参与度，不断提升网民的活跃度。例如，该公益组织开发的《森林驿站》游戏项目，每天就有 50 多万人参与；《熊猫守护者》游戏项目，每天更多达 100 多万人参与。

通过访谈，本书负责人感受到新浪微公益作为网络公益组织的领军组织之一，其发展定位较精准、形象建设有特点、品牌形象知名度较高、发展潜力较大。

（四）访谈上海慈善基金会情况

2020 年 1 月 15 日下午，本书负责人根据事先约定，来到上海市黄浦区明天广场万豪酒店 39 楼，与上海慈善基金会法律顾问马仲器先生进行了一次深入访谈。马先生在表达对来访者的欢迎后，简要介绍了上海慈善基金会的基本情况。

上海慈善基金会是一家由上海市政协、上海市文明办和上海市民政局发起，经上海市社会团体登记机关核准登记、具有公开募捐资格的慈善组织。自 1994 年 5 月成立以来，始终坚持"安老、扶幼、助学、济困"的宗旨，奉行"依靠社会办慈善、办好慈善为社会"的理念，以及"人人可慈善、行行能慈善"的信念，致力于发掘慈善资源，实施慈善救助，传播慈善理念，举办了形式多样的慈善活动，广泛动员民众和团体参与，以实现"聚社会之善、成社会之爱"的目的。

近些年来，上海慈善基金会还分别荣获上海市文明单位、5A 级社会组织等荣誉称号。

上海慈善基金会自成立以来，就高度重视自身的形象建设、形象传播工作，并且卓有成效地做了大量的工作，以在社会公众面前树立良好的公益组织形象。

1. 上海慈善基金会在自身形象传播方面，主要做了以下工作：

（1）起好名字

古人云，名不正，则言不顺。慈善公益组织的名称很重要。目前，该基金会负责人认为公益慈善组织大体可以分为三类：

一是非营利性社会团体，如总会、协会等社会团体，其实行会员制，其业务主管单位是民政部社会组织管理局（社会组织执法监督局）；

二是慈善基金会，业务主管单位是中国人民银行，定性为准金融机构，资金可以运作、投资；

三是草根慈善组织和民办非企业单位，其业务主管单位是民政部社会组织管理局（社会组织执法监督局）。

为了实行慈善事业的可持续发展，获得持续的财富支撑，该公益组织最终选择将组织注册为基金会，取名为上海慈善基金会，并对名称进行了注册，现在已经是著名商标，无形资产产值经评估已达到30亿元。在基金会下面，设有78个具体的慈善项目，如"蓝天下的至爱""美滋润心""天使知音——关爱来自星星的你"等，每个项目名称都已经注册。

（2）设计好会标LOGO

上海慈善基金会（简称SCF）的LOGO（可参见附录五图1），是1994年面向社会公开征集而来的。当时开展的这次会标公开征集活动，既为该基金会做了广告，又实实在在地征集到了LOGO，可谓一举两得。现在使用的会标，是从800多个应征稿件中脱颖而出的，得到了评选专家的高度认可，后经过公示，最终正式确认，并且一直沿用至今。上海慈善基金会会标基本色为红色，基本图形为"心"形，由一只鸽子和一个地球构成。红色体现热情、温暖，"心"形表示爱心，鸽子象征仁慈、吉祥，地球代表世界，"SCF"是"SHANGHAI CHARITY FOUNDATION"（上海慈善基金会）的缩写，该会标的寓意是：让爱心飞进千家万户，使世界充满友爱温暖。

（3）注册好上海慈善网域名

上海慈善基金会高度重视域名保护，成立伊始，便立即申请注册了官网域名——http：//www. scf. org. cn/，从而拥有了规范的网络域名。

（4）创作好音乐 LOGO

上海慈善基金会成立后，重视听力形象传播，组织专家创作了会歌——《蓝天下的至爱》，并且申请了著作权。

（5）创办好有刊号的杂志

上海慈善基金会于 2004 年，委托上海人民美术出版社出版该会会刊——《至爱》，该杂志具有正式刊号，办刊宗旨定位为：播撒爱，温暖心。

《至爱》杂志是中国第一本慈善公益类专业期刊，2019 年是其创刊 15 周年。编辑部成员是由 5 位女性组成的"娘子军"。《至爱》团队组建以来，担负起大力普及慈善理念、深入传播慈善文化的重任，伴随着上海慈善事业的发展而逐步成熟。团队始终保持专业性和公信力，努力打造公益媒介品牌，传递社会正能量，大力宣传有关社会慈善公益的政策法规及创新理念；深入传播慈善公益文化，致力于拓宽慈善公益精神的宣传广度，促进慈善公益精神的宣传深度。

近几年，在出版社综合改革中，《至爱》团队不忘初心，潜心本职，真抓实干，不断进取，利用业余时间或工作间歇参与各类社会志愿服务工作，被评为 2016 年度集团先进集体、2017—2018 年度集团"五一巾帼文明岗"，2018 年受聘为复旦大学附属儿科医院行风建设监督单位，编辑部主任陶晨获 2017 年度宣传系统志愿服务先进个人，展示了"新时代娘子军"的风采。

2. 上海慈善基金会在组织形象的内涵建设方面，重点抓好了以下工作：

（1）规范化运作，塑造形象

上海慈善基金会重视内部治理体系建设，现任理事长为陈铁迪女士，理事长、副理事长和理事共 23 人。理事会下设募捐委员会、救助委员会、宣传文化委员会、资产管理委员会四个专业委员会和众仁服务中心。这些部门之下分设筹款工作部、对外联络部、慈善物资管理中心、医疗工作部、慈善教育培训中心、宣传文化部、《至爱》杂志社、慈善事业发展研究中心、资产管理部、众仁花苑、众仁乐园、金山众仁护理院和众仁儿童康复中心。基金会在全市 19 个区县设立了分会。2004 年年底，该会成立了专业的慈善义工总队。

基金会还设有审计室、监事会、法律顾问团、会计顾问团等机构，重视发挥"4 个师"（即律师、会计师、审计师、评估师）的作用，对业务和财务工作进行认真监督检查。每年由独立的审计机构对基金会的财务进行专门的审计检查，并通过《解放日报》将审计结果向社会公布。

捐款人可通过网站等各种渠道查询捐赠资金的使用情况，也可获取受助人的名单和通信方式进行直接联系。现在该基金会还通过了ISO 9000 国际质量体系认证。

基金会还建立了自己的办公 OA 系统，规范慈善合同审批，实现慈善合同审签制，相关合同必须有财务部门意见、法务部门意见后，秘书长才会签批。

（2）开展慈善活动，创造形象

一是上海慈善基金会重视慈善营销活动。该基金会善于抓住社会热点、名人公益等社会时尚话题，开展慈善募捐活动。

例如，近些年开展的影响力较大的活动有，超女慈善演出会、加油好男儿、中国达人秀、东方天使、世界小姐慈善晚会、费玉清演唱会、周立波慈善婚礼等，倡导消费慈善、娱乐慈善、体育慈善，让慈善与社会新时尚同行，传播社会正能量。

二是打造了一批社会认可度高、影响力大的品牌慈善项目。上海慈善基金会紧贴社会需求，创建了 75 个大类的慈善项目，并依法正式登记为服务商标。

例如，"蓝天下的至爱"，该品牌诞生于 1995 年，作为上海慈善领域历史最为悠久的项目之一，经过二十多年的实践，已成长为集规律性和互动性、成长性和品牌性、传播性和系统性为一体的慈善项目，并获得多项荣誉，在全国都产生了深远的影响。2007 年，被中华慈善总会评为"中华慈善事业突出贡献奖"；2012 年 4 月，"蓝天下的至爱"正式在上海市工商局进行商标注册；2017 年，荣获上海市著名商标；2018 年，"蓝天下的至爱"进入了上海 150 个"上海文化"品牌建设重点项目之一；2018 年 6 月，"蓝天下的至爱"慈善晚会荣获了全国最佳公益节目奖；2018 年 9 月，"蓝天下的至爱"慈善活动获得上海年度"十佳公益项目"的殊荣。历届的"蓝天下的至爱"系列慈善活动都得到了上海市委、市政府以及社会各界的大力支持。通过年复一年的项目运作和品牌激励，"蓝天下的至爱"把全社会的爱心传递给最困难、最需要帮助的群体，已成为上海城市温度最直观的体现方式。

又如，"点亮心愿"贫困老人眼疾患者复明手术，该品牌宗旨：资助白内障及其他眼疾患者手术费用，联合眼专科医院提供专业治疗，使老人重见光明，提高生活质量。该品牌内容：由张瑞芳、秦怡、叶惠贤等著名艺术家和社会知名人士共同发起，资助上海 60 周岁（含）以上家境贫困的老人。2007 年 1 月本项目荣获"中华慈善事业突出贡献奖"。该品牌成效：2001 年至今共资助 32300 人，累计支出 8579 万元。该品牌资助标准：每位白内障患者给予 1000 元至 3200 元的资助，其他眼疾患者视情况酌定。具体执行单位为上海市慈善基金会。

此外，还有"忆起舞动年华"关爱认知障碍老人、"纯真儿童"安全教育项目、天使知音——关爱来自星星的你、手拉手月捐助学、"眼镜哥哥"关爱大病儿童爱心行动、微心愿 365 扶志资助 120 位城市困境儿童等品牌项目，都在各自专业公益领域受到欢迎。

新时代慈善公益事业正蓬勃发展，迫切需要一大批基础理论扎实、社会治理能力强、有奉献精神的专业人士能够参与这项事业，基金会也期待高校能够早日开设公益慈善本科专业，积极培养一大批适应新时代公益慈善事业需要的公益慈善高级专门人才。

通过访谈，本书负责人感受到，上海慈善基金会作为一家区域性的公益组织，能主动作为、社会影响力较大，在上海市民心目中树立了良好的形象，特别是该组织负责人能够站在公益事业后继有人的高度，希望高校能够开设公益慈善类本科专业培养专门人才，这是非常难得的，当前，在开设该类专业暂时不具备条件的情况下，可以考虑在传媒类、公管类等专业中开设相关选修课，以培养公益事业需要的复合型人才。本书负责人也相信，今后该组织在形象建设与传播方面能取得新的更大的业绩。

（五）访谈上海宋庆龄基金会情况

2020 年 1 月 17 日下午，本书负责人根据事先约定，来到上海市静安区陕西北路 369 号上海宋庆龄基金会办公楼，与上海宋庆龄基金会副秘书长杨晔先生开展了深度访谈。

杨副秘书长首先表达了对本书负责人来访的欢迎之意后，简要介绍了上海宋庆龄基金会的基本情况。

该基金会是由宋庆龄先生所创办的中国福利会发起的，于 1986 年成立的一家公募基金会。自成立以来，该基金会始终秉承宋庆龄先生的公益慈善精神，积极围绕教育、文化、医疗卫生和社会可持续发展领域开展各类公益活动，从而全面改善受助人群的生存状况。

该基金会拥有一支专业化的管理和执行团队，是一家积极倡导高效、规范、透明的公益机构。本着对妇女儿童事业的特别关注，上海宋庆龄基金会已经在妇幼保健、助学助教、儿童文化等方面设立了多个项目基金，足迹遍布全国各大省、直辖市、自治区。变革发展中的上海宋庆龄基金会也是一家具有国际视野的公益机构，其有效借助自身优势，立足中国，放眼全球，积极拓展国际项目合作与交流。同时，该基金会努力加强和推动跨界合作，通过不断探索和实践，致力让宋庆龄先生的爱心事业惠及更多人群，最终推动社会的全面发展。

在简要介绍上海宋庆龄基金会基本情况后，杨副秘书长还应约就该基金会在形象建设、形象传播方面所开展的工作做了介绍，具体来说，该基金会主要开展了以下工作：

一是高度重视该基金会的品牌管理。经有关部门批准，全国共有7家宋庆龄基金会，而上海宋庆龄基金会只是其中一家，因地处上海，故取名上海宋庆龄基金会。上海宋庆龄基金会成立伊始，便高度重视形象建设，及时导入 CI 形象识别系统建设，设计了基金会 LOGO（可参见附录五图 2），该基金会还及时注册了规范的网络域名。创办了内刊《改变》，及时报道该基金会最新的动态，目前，该刊物还没有取得正式刊号。

二是制定了基金会《章程》，加强了信息透明度建设。上海宋庆龄基金会高度重视组织内部治理体系建设，明确了组织架构，制定了内容丰富、操作性强、运作规范的基金会《章程》。该基金会重视信息披露工作，每年及时通过自身官网披露相关公益信息，或者在政府指定的渠道"慈善中国"公布相关信息。目前，该基金会的收入来源，大约三分之一来自企业捐赠，三分之一来自高净值人士捐赠，三分之一来自股权捐赠分红。2011 年，民企上海中静集团有限公司捐赠其 97.5% 的股权给基金会，价值 3.9 亿元，上海宋庆龄基金会因此成为全国第一家接受股权捐赠的公募机构。2012 年开始，该基金会也做互联网公益，但是收入占总收入的比重很小，目前还小于 0.5%。该基金会资金的去向，实行 DAF 制，主要按捐赠人的意愿安排资金去向。

该基金会重视管理队伍自身建设，重视公益文化传承，每年都会开展理事成员培训。该基金会建立了完善的组织架构，重视内部监督，注重发挥监事的作用。该基金会秉持专业人士做专业事的原则，加强了专业监督和咨询工作，该基金会设置了五个专业顾问委员会，即提名委员会、项目咨询委员会、信誉管理委员会、资产运营监督委员会、薪酬委员会。该基金会内设事业发展部、项目管理部、运营管理部，具体工作在秘书长领导下开展。

目前，上海宋庆龄基金会运营的项目有五大类：

一是可持续发展类，包括农民创业接力棒计划、公益人才培养项目、野生救援亲子环保项目、民间公益组织资助计划。

二是教育类，包括4C儿童互助、师徒制青年职业发展、嘉公益、萤火虫计划、东亚银行助学金计划、社会助学项目、晨兴助学金、"爱心助我高飞"儿童教育服务项目、学前教育培训计划、铺路石助学项目、青聪泉自闭症儿童关爱项目、快乐课桌。

三是文化类，包括宋庆龄爱心书库、小小木偶团、"来自大山"少数民族文化交流项目、小小辩论赛、宋庆龄流动少年宫。

四是医疗卫生类，包括上海宝贝之家、新肾儿、母婴平安、微笑百分百、点亮眼睛。

五是其他类，项目有泉公益等。

这些项目的深入实施，有力地提升了上海宋庆龄基金会的社会形象，提高了该基金会的知名度和美誉度。下一步，我们将继续传承宋庆龄先生的公益理念，办好现有的公益项目，同时，积极寻找新的合作伙伴、研发新的公益项目。

通过访谈，本书负责人认为，上海宋庆龄基金会发展定位有特色，对妇女儿童公益事业特别关注，公益活动成效显著，在公益组织形象建设与传播方面也取得了不小成绩，也相信其今后能取得更好的业绩。

（六）访谈主要结论

通过访谈以上相关公益组织，在公益组织的形象建设与传播方面，我们大致能够得出以下主要结论：

1. 各公益组织无论实力大小都很重视自身的形象建设，重视加强自身的品牌管理。

2. 各公益组织都认识到名正言顺的重要性，重视给自己起一个贴切的、能传播自身公益组织文化的名字。

3. 绝大多数公益组织都重视自己的LOGO建设，并且有一定实力的公益组织都愿意在LOGO建设方面投入设计研发费用，公益组织在现有的 LOGO 建设方面取得了积极的成绩，并且重视公益组织 LOGO 的品牌保护，有的还进行了正式的商标注册。

4. 各公益组织都很重视本组织网络域名保护工作，除少数实力较弱的公益组织外，大多数公益组织都拥有了正式注册的规范的网络域名。

5. 有些实力较强的公益组织还很重视听觉形象建设，拨出专项经费，组织专家创作了本组织的会歌。

6. 带有官方背景的公益组织和具有一定实力的民办公益组织，都重视形象传播平台建设，建有自己的门户网站，并且大都重视网站内容更新，有的公益组织还创办了自己的杂志，为传播本公益组织形象提供了丰富的传播平台。

7. 访谈的公益组织都认识到"有为才有位"，都能积极开展符合自身发展定位的相关公益活动，并且取得了与自身实力相吻合的优良成绩。但是，整体来看，公益组织的动员能力有待提高，公益活动的实效有待提升。

8. 各公益组织的公益人才队伍建设水平高低不一，公益人才普遍较缺乏，实力较弱的民办公益组织其公益从业人员的薪酬还偏低，难以吸引和留住高素质公益人才。

9. 在看到成绩的同时，我们也要清醒地认识到，公益组织形象建设与民众的期待还有差距，公益组织内部治理能力和治理体系还有待加强，其形象建设与形象传播的整体水平还有待提高。

第二节　社会转型时期公益组织形象传播存在的问题及原因分析

回顾新中国成立以来尤其是改革开放以来，我国公益事业所走过的不平凡历程，我们在看到公益事业取得巨大成绩、公益组织形象传播取得较好成效的同时，也要清醒地看到社会转型时期我国公益事业发展、公益组织形象传播存在的突出问题，结合调查问卷，深入查找问题存在的原因，从而为公益组织形象的构建和传播提供有益借鉴和参考。

一 社会转型时期公益组织形象传播存在的问题

社会转型时期，在看到我国公益组织形象传播取得丰硕成果的同时，我们也要客观地看到，一些公益组织的违法违规案件仍然时有发生，这些都极大地影响了公益组织的形象建设与传播。在前期调研的基础上，我们发现其形象传播存在的问题主要有：

（一）有些公益组织的劝募存在问题。公益领域客观上存在捐赠资源相对紧张的现实，众多公益组织往往习惯于将目光聚焦大型企业或者少数富人、名人。近些年，借助互联网技术直接面向社会公众劝募的微公益，一定程度上解决了劝募成本大、风险高的问题，取得了一定的效果，但是，其实际成效还是远低于预期。现在实行的《公益事业捐赠法》，其可操作性较小，覆盖面不广，对捐赠的激励作用有限，在社会捐赠的主管部门、发起募捐的资格和情形等方面没能明确界定，导致不少公益组织直接向企业家要捐助，或者通过道德绑架间接施压，存在不讲条件、不分时机、不考虑承受能力的劝募，或多或少影响到企业的正常发展，难以充分调动企业的公益积极性。

（二）有些公益组织存在诚信问题。公益事业得到蓬勃发展的同时，少数公益组织不诚信的问题也时有曝光。例如，"郭美美事件""罗尔事件""施乐会网络置顶事件"等，都对公益事业的健康发展带来重大影响。诚信问题不但事关公益组织形象建设问题，在某种程度上，也是决定公益组织生死存亡的大事。一些规模大的公益组织受到负面事件的影响，其筹款能力长时间都难以恢复到正常水平，一些小的草根公益组织，受到不诚信事件的影响，甚至面临关门停业的风险。

（三）有些公益组织内部治理能力不足。当前，我国许多全国性的、大型的公益组织，均脱胎于政府行政体制，体制较僵化，行政化色彩较浓，内部激励约束机制尚未建立，目标使命不够明确，难以跟上公益事业发展步伐。许多来自民间的草根公益组织存在小、散、弱的特点，管理经验不足，可持续发展能力弱，人力资源紧张，制度化建设落后，内部治理结构不科学，专业化水平较低，从业人员素质有待提升，公益项目运作与执行能力低。整体来看，无论是全国性的，还是草根性的公益组织，其内部治理能力整体都显得不足。这些不足主要表现在：

一是有些公益组织对形象建设缺乏长远规划。长期以来，公益组织秉承"做了好事不留名""酒香不怕巷子深"的工作理念，往往只重视扎实做好公益工作，而忽视自身形象建设。习惯性认为只要开展好公益活动、做好公益工作，自然能获得好的名声，自然能树立好的形象，因此，无论是公益组织的普通员工还是公益组织的领导层，长期以来都存在着这种习惯性思维，导致不少公益组织的形象建设与传播处于自发性的状态，缺乏长远规划和切实举措。

二是有些公益组织的形象建设体系没能系统性构建。公益组织的形象建设需要系统性地思考与谋划。处在社会转型时期的当下，相当一部分公益组织的形象建设，还停留在只是简单地给公益组织起个好名字，有些具有一定规模、一定实力的公益组织，还会抓好自身的官网建设，并且定期更新，但是对公益组织的理念识别系统建设、行为识别系统建设、视觉与听觉识别系统建设缺乏深入、系统的思考，有些甚至根本没有思考，更谈不上建设。因而，这都严重阻碍了公益组织形象建设系统的构建，也影响了公益组织形象的传播。

三是有些公益组织形象建设与传播的投入不足。在公益组织形象建设与传播方面，除少数规模较大、综合实力较强、重视自身形象建设的公益组织外，其他大多数公益组织对自身组织形象建设与传播的投入不足，对公益组织的理念识别系统建设、行为识别系统建设、视觉识别系统建设与听觉识别系统建设的时间、精力、经费投入都明显不足，与近些年公益组织的快速发展不相匹配，也和我国近些年公益事业的发展不相适应。

四是有些公益组织内部管理有待加强。近些年公益事业的快速发展，也带来了不少发展中的问题，其中突出表现在公益组织自身建设存在问题。例如，有些公益组织存在财物支配使用不够规范，甚至产生违纪违法问题，有些公益组织人员素质不高，失信行为时有发生，有些公益组织工作效率偏低，在遇到突发紧急事件时救助不力、行动迟缓。此外，有些公益组织待遇偏低，吸引不到优秀人才加入公益事业，有些公益组织人才流失较严重，有些公益组织社会动员能力较弱，公益活动吸引力不够，有些公益组织规章制度建设不够完善，组织内部的现代化治理体系和治理能力有待提高。

（四）有些公益组织形象传播的方式方法创新不够。长期以来，不少公益组织在形象传播方面，传播方式方法创新不够，不能与时俱进，还习惯于传统的线下宣讲会、报告会、平面海报等宣传方法，不太习惯于拥抱互联网，运用互联网思维，开展线上公益组织形象传播。公益组织形象传播的方式方法较陈旧，不能综合地运用好声、光、电、图等更富感染力的传播形式，不能广泛运用好多媒体、VR等技术，导致与当代受众特别是青年一代受众心理上有距离。

二 社会转型时期公益组织形象传播存在问题的原因分析

仔细分析社会转型时期公益组织形象传播存在的问题，主要与以下原因有关：

（一）公益组织对形象建设与传播的重要性整体认识不足

公益组织对形象建设缺乏长远规划，公益组织的形象建设体系没能系统性构建，以及公益组织形象建设与传播的投入不足等问题之所以存在，和当下公益组织对形象建设与传播的重要性整体认识不足密切相关，不少公益组织还认为形象建设可有可无，没能认识到形象建设对扩大公益组织的知名度、美誉度方面具有的重要作用，对吸引公益资源具有的重要作用，对吸引广大志愿者具有的良好推动作用。这种短视行为，自然影响到公益组织对形象建设重要性的认识，导致不少公益组织认为自身形象建设与传播可有可无，在公益事业的整体布局中无足轻重。

（二）公益组织的整体实力不足

改革开放以来，尤其是党的十八大以来，我国公益组织的整体实力伴随着我国经济实力的增长得到了极大提升，例如，壹基金、中国红十字会、中华慈善总会、中国扶贫基金会、李嘉诚基金会、宋庆龄基金会、中国儿童少年基金会、中国妇女发展基金会、中国残疾人福利基金会、中国青少年发展基金会等一大批公益组织，其整体实力都得到极大的提高。在看到一些公益组织整体实力得到提高的同时，我们也要清醒地认识到，与党和政府的要求相比，与我国公益事业的发展需要相比，与弱势群体的期待相比，还有较大的差距，不少公益组织还存在人员规模小、公益财物资源供给不足、经济实力弱、服务公益事业能力不足等问题，这需要引起公益行业和社会各界的高度重视。

（三）公益组织形象传播专业人才缺乏

近些年来我国公益组织虽然更加重视自身的形象建设与传播，但是该类组织普遍缺乏传播专业人才，导致自身的形象传播体系还没能完整构建，传播的创新性不足。大多数公益组织只是建立了简单的组织视觉识别系统，但组织的理念识别系统、行为识别系统、听觉识别系统没有构建起来，有些规模较小的公益组织，甚至没有建立视觉识别系统。有些公益组织虽然建设了理念识别系统、行为识别系统、视觉识别系统、听觉识别系统，但是各系统相互之间没有形成合力，没能成为一个有机的整体，存在各唱各的调的情况。同时，公益组织从业人员还存在能力不足问题，一些公益组织工作人员不善于运用传播手段，尤其是新媒体传播手段，还存在内部治理体系不完善、内部治理水平不高的问题。此外，还存在工作的规划性不够、执行力不足等问题。之所以存在这些问题，这和公益组织形象传播专业人才缺乏是密不可分的。今后，需进一步加强公益组织形象传播专业人才队伍建设，为该类组织的形象传播提供坚强的人才保证和人力资源支撑。

第四章 推进社会转型时期公益组织理念形象的传播

第一节 明确社会转型时期公益组织理念形象传播系统的构成、传播依据和运作逻辑

公益组织理念是公益组织价值观的集中体现和表达，是公益组织运作风格和价值追求的直观综合体现，是公益思想的概括表述，建立一个完备的公益组织形象识别系统，首先依赖于公益组织理念形象识别系统的建立和完善。

一 明确社会转型时期公益组织理念形象识别系统的构成

公益组织理念形象识别系统（MIIS）由确定公益组织发展方向的目标层面、为公益组织发展提供动力支撑和价值准则的精神层面，以及体现公益组织运作特色的文化层面内容构成。

（一）明确公益组织理念形象识别系统的目标层面内容

公益组织理念形象识别系统的目标层面内容，体现在公益组织哲学基础之上的公益组织宗旨与使命。

公益组织哲学是指一个公益组织为其运作活动方式所确立的价值观、态度和行为准则，是公益组织工作理念的一种抽象反映。其内容通常由公益组织运营的指导思想、基本观点和行为准则所构成。例如，

公益组织与社会关系的观点，公益组织与外部利益相关者（捐赠者、受助者、技术服务提供者、政府部门等）关系的观点，公益组织与雇员关系的观点，公益组织内部工作关系的观点等。公益组织哲学对每个公益组织来说，都应该是根据自身实际情况而有所差异的。

公益组织使命是指公益组织在社会发展中所承担的角色与责任，主要明确公益组织的基本性质和存在理由，说明公益组织的运营领域、运营思想，反映公益组织管理者的价值观与组织想要树立的形象，揭示本组织和同行组织的差异化、个性化，为组织目标的确立与发展战略的制定提供依据。组织使命主要包括两部分内容：组织哲学和组织宗旨。

公益组织宗旨是指公益组织现在和将来应从事什么样的事业活动，以及应成为什么性质的公益组织。公益组织的宗旨确定之后，该组织就必须确保在任何一个发展阶段，都不能偏离该宗旨，宗旨作为公益组织的根本思想和发展线路的综合表述，是公益组织制定各项制度和决策的基本依据。公益组织宗旨陈述了公益组织未来的任务，而且要阐明为什么要完成这个任务，说明完成这个任务的行为规范是什么。因而，公益组织宗旨要回答两个基本问题：一是公益组织是干什么的和按什么原则干的；二是公益组织应树立和展现什么样的形象。因此，公益组织一般可以从三个方面界定自己的宗旨：一是受助者需求，即公益组织要满足受助者哪一方面的需求。二是目标服务群体，即公益组织需要满足的对象是谁，由此决定了公益组织需要覆盖的领域。三是公益组织满足对象需求的方式，即公益组织采用什么样的方式和活动，来满足顾客的需求，由此决定了公益组织的运营行动的重点将考虑哪些方面。如果公益组织能够清醒地认识到这三个问题，公益组织对自己的宗旨也就认识非常清楚了。

例如，老牛基金会将自己的愿景宗旨定位为，"为人类的健康生活和平等发展做出贡献"，认为自己的使命是，"教育立民族之本，环境立生存之本，公益立社会之本"，以环境保护、文化教育及行业推动为该会的主要公益方向。深圳壹基金的愿景宗旨定位为，"尽我所能，人人公益"，该会搭建专业透明的公益平台，专注于灾害救助、儿童关怀与发展、公益支持与创新三大领域，致力于成为中国公益的开拓者、创新者和推动者。广东省国强公益基金会以"希望社会因我们的存在而变得更加美好"为宗旨，致力于资助高中教育、职业教育、短期技能培训等教育扶贫事业，扩大弱势群体受教育机会，提高其人文与科学素质，资助贫困地区、贫困村改善民生、发展生产；资助博物馆、展览馆等精神文明传承项目；资助紧急灾害救助以及灾后恢复与重建；资助贫困地区与经济发达地区的交流与合作等领域。华润慈善基金会的宗旨为：常怀感恩之心，不忘回馈大众，构建和谐社会。该基金会以各种方式回馈社会，每年在赈灾、扶贫、助学及环保等领域捐资过亿元，积极履行华润作为央企的社会责任，为统筹管理华润集团慈善公益事业，提高慈善公益活动的社会效益，体现华润的责任与担当，该基金会于2014年5月被国家民政部评为全国5A级基金会，2015年12月被国家民政部授予"全国先进社会组织"荣誉称号。中国扶贫基金会以"播善减贫，成就他人，让善更有力量"为宗旨，以不断发现并促进解决社会问题为己任，视捐赠人、志愿者和一切爱心人士为解决社会问题的伙伴，不断改革创新，广泛动员社会力量，参与脱贫攻坚。中国扶贫基金会以习近平新时代中国特色社会主义思想特别是扶贫开发重要战略思想为指导，深入学习贯彻党的十九大精神，紧紧围绕贯彻落实中央关于打赢脱贫攻坚战的重大决策部署，在国务院有关部门的领导和支持下，致力于健康扶贫、教育扶贫、产业扶贫、救灾扶贫、公益伙伴支持、国际扶贫和扶贫倡导等领域的工作，建立了完整、系统、科学的项目管理制度，稳步推进各领域项目实施。以捐一元、善行者、善行100、公益未来、大爱无国界国际义卖活动、精准扶贫行业交流会等活动为抓手，广泛动员社会力量参与脱贫攻坚；以关爱贫困地区留守儿童为目标的童伴妈妈项目在四川、贵州等多省成功推广；启动实施了为建档立卡贫困户家庭主要劳动力提供住院补充医疗保障的顶梁柱保险项目；开展了新长城助学、爱心包裹、爱加餐、灾害救援等品牌扶贫项目，继续让贫困人群受益；百美村宿、善品公社等创新扶贫项目稳步发展并有效帮助贫困人口脱贫致富；在国际舞台上，积极响应国家"一带一路"倡议，助力推动构建人类命运共同体，在欠发达国家和地区继续开展扶贫公益项目，传递中国减贫经验，讲好中国扶贫故事。而中国青基会则将自己的宗旨定位为，"通过资助服务、利益表达和社会倡导，帮助青少年提高能力，改善青少年成长环境"，多年来，该会基于共同使命、共同价值观、共同的道德标准以及共同行动，已经与全国37家地方青基会形成全国青基会共同体。

（二）明确公益组织理念形象识别系统的精神层面内容

明确公益组织理念形象识别系统的精神层面内容，主要是指明确公益组织的价值观、公益组织精神和公益口号。

1. 公益组织价值观。价值观是人们关于价值的观念，关于什么是最重要、最贵重、最值得追求的观点和评价标准。价值观也是主体的主观意识对价值的筛选，是价值主体对自身需要的定位，是人们在社会实践中，对事物的根本观点和总的看法。迈克尔·希特认为，"价值观决定了什么是好什么是坏，什么是对什么是错，因而它不仅能引导行为，还是你所见到的行动的源泉"①。

公益组织价值观是一个公益组织在长期发展过程中，对运营目标和手段所持的基本信念和根本看法，是经过公益组织全体员工达成一致的有关公益组织意义的终极判断，是公益组织行为的价值取向。公益组织价值观是公益组织文化的核心和基础，是公益组织选择事业行业、确定自我长期奋斗目标和经营战略的依据，是公益组织吸引优秀人才、不断保持奋斗精神的力量源泉，为全体员工提供了共同的思想意识、思维方式、精神理念和日常行为的准则，是公益组织建立自己

---

① ［美］迈克尔·希特：《管理学》，贾良定等译，高等教育出版社2009年版，第107页。

的业绩评价体系的基本原则。可见，公益组织价值观影响公益组织的方方面面，即包括提供什么公益服务、如何吸引公益资源和志愿者、如何对待受助者等。可见，公益组织的价值观就是一套深层次的信仰，它能够激励公益组织员工持续为之奋斗。

例如，老牛基金会的价值观是"渡人渡己、心怀感恩、树人树木、责任天下"。马云基金会的价值观是，"客户第一，团队合作，拥抱变化，简单，专业，诚信"。这些都已经成为各自基金会员工所广泛认可并自觉信奉的价值观。又如，成立于 1981 年 7 月 28 日的中国儿童少年基金会（简称中国儿基会），是新中国成立后的第一家国家级公募基金会，该会细分的价值观分为三个层面，第一个机构层面的价值观为：前瞻而高远、求真而务实、强大而持续；第二个伙伴层面的价值观为：共生、专业、服务；第三个团队层面价值观为：担当、奋进、高效。这些价值观已经得到基金会机构、合作伙伴、团队成员的广泛认同。

2. 公益组织精神。公益组织精神是现代意识和公益组织个性相结合的一种共同体意识，也是公益组织全体员工共同一致、彼此共鸣的内心态度、思想境界和理想追求。这种精神是公益组织内部员工群体心理的主导意识，体现着公益组织的精神风貌与风气，是公益组织员工健康人格、向上心态的外化，是公益组织运营宗旨、价值准则、管理理念的集中展现，也是公益组织价值观的集中彰显。它构成了公益组织文化基石，具有激励员工积极性、创造性的促进作用，同时也有增强公益组织活力的重要作用。

公益组织精神和公益组织价值观的区别之处在于："价值"是关系范畴，"公益组织价值观"是关于"公益组织对象的哪些属性能够满足公益组织的什么需要"的总体看法；而"公益组织精神"则是状态范畴，描述的是一个公益组织全体员工的普遍的主观精神状态。塑造公益组织精神，主要是对思想境界提出要求，强调人的主观能动性。通常来说，公益组织精神主要包括人道主义精神即树立扶贫济困意识，主人翁精神即树立参与意识，团结协作精神即树立协作意识，敬业精神即树立奉献意识，创新精神即树立进取意识，服务精神即树立服务至上意识。

与公益组织精神相联系的是公益家精神，公益家精神是公益组织精神的人格化，是公益家在长期的运营管理活动中形成的思想、价值观、品格、作风等个人素质的集中体现。一般来说，公益家应该具有博爱的奉献精神、履行社会责任的担当精神、注重绩效的实干精神、追求卓越的进取精神等。

3. 公益口号。公益口号是公益组织理念识别系统的重要构成要素之一，是将公益组织品牌的内涵、运营的特色、公益组织的价值取向融会贯通，运用精练概括的语言，描述公益组织的形象，反映公益组织追求的价值理念。通过公益组织富有特色的口号，可以向受众传播公益组织的精神理念和价值追求。公益组织口号是公益组织形象的最简洁生动、最传神有效的表达工具。人们通过一句简单的标语口号，就能对公益组织留下深刻的印象。

公益口号，可以根据各公益组织的特色，根据各自所想表达的诉求，提炼出符合公益组织个性特征的公益口号，使受众通过公益口号了解公益组织，参与公益事业。例如，马云公益基金会的公益口号是，"打造可托付、可参与、可持续的公益组织"，其还对所关注的四个公益领域，都起了各具特色的公益口号。一是企业家精神领域。其公益口号是，"让企业家成为社会经济中的科学家和艺术家"。二是女性领导力领域。其公益口号是，"女性的力量让世界更美好"。三是教育领域。其公益口号是"让每个孩子成为最好的自己"。四是医疗环保领域。其公益口号是"天更蓝、水更清、身体更健康"。这一组生动传神的公益口号，很容易吸引受众的注意。

又如，万科公益基金会的公益口号是"面向未来，敢为人先"，其关注对未来影响深远的议题，以"可持续社区"为目标，大力推动环境保护和社区发展，给受众留下了深刻的印象。而壹基金以"尽我所能，人人公益"为公益口号，致力于搭建专业透明的公益平台，其专注于灾害救助、儿童关怀与发展、公益支持与创新三大领域，努力于成为中国公益的开拓者、创新者和推动者，其公益口号也给受众留下了良好而深刻的印象。此外，爱佑慈善基金会的公益口号是"给生命一次机会，给孩子一个未来"，爱佑慈善基金会始终坚持专业化、规范化，追求慈善透明以及结果可度量。爱佑儿童医疗在大病患儿救助领域深耕十六年，不断升级、探索方法论，目前爱佑儿童医疗通过医疗救助、爱佑三级医疗干预体系、人文医疗三大方面，瞄准贫困家庭重大疾病患儿"看不起""治不好""痛苦大"这三大核心问题，积极开展各类项目，致力于系统化解决中国重大疾病患儿所面临的主要问题。截至 2020 年 12 月底，累计救助超过 70000 名家庭经济困难的大病患儿。爱佑慈善基金会坚持创新并不断摸索系统化解决社会问题的模式，不断尝试适合中国公益慈善行业发展的理念和手法，以丰富的项目实践、结合独特的慈善方法论，为中国公益慈善事业的发展做出了积极的贡献，该会通过卓有成效的工作业绩和形象生动的公益口号，在社会上树立起了良好的公益组织形象，因而，该会曾三次获得民政部最高奖项"中华慈善奖"，被民政部授予"全国先进社会组织"称号、曾获《福布斯》中国慈善基金会排行榜第一名、责任中国"公益组织奖"，并连续多年获得中基透明指数满分。

（三）明确公益组织理念形象识别系统的文化氛围层面内容

要明确公益组织理念形象识别系统的文化氛围层面内容，主要指要明确以下内容：

1. 公益组织风格。公益组织风格是一个公益组织区别于其他公益组织的个性特征，是公益组织在长期的运营行为中表现出来的内在品质，也是公益组织形象赖以形成的基本要素。公益组织风格的内在品质主要表现在公益组织信誉、公益组织管理运营方式、公益组织竞争优势和公益组织文化等方面。公益组织的运营风格是理念识别的重要组成部分，是公益组织理念的延伸。

公益组织信誉是公益组织风格的关键组成部分。其信誉是公益组织在其运营活动中所获得的社会上公认的信用和名声。公益组织信誉好表示公益组织的行为得到社会的公认和好评，例如，信守诺言、服务质量高、工作效率高、严格履行合同等；而公益组织信誉差，则表明公益组织的行为在公众中印象较差，例如，善款使用不当、工作效率低下、服务态度较差、不信守承诺等。良好的信誉是公益组织最有价值的无形资产，是公益组织立足社会求得发展、获得竞争优势的有力工具。因而，致力于树立良好的信誉是公益组织理念设计应着重解决的问题。

公益组织的管理活动都是通过一定的管理模式来进行的。公益组织管理模式是公益组织在管理理念指导下，为实现其经营目标而组织资源、运营公益活动而建构起来的基本框架和方式，其包括管理方法、管理模型、管理制度、管理工具、管理程序等。公益组织管理模式可以分为：借鉴公务员管理方法、依靠科层制管理而实现的公务员化管理模式；主要依靠朋友情谊的内聚功能实现对公益组织管理的友情化管理模式；主要强调以人性的内在作用为基础的人情味来处理公益组织中的管理关系的温情化管理模式；以规范的规则推动公益组织管理活动的制度化管理模式；以愿景管理、工作责任分工、薪酬设计、绩效管理、招聘、员工培训、职业生涯规划七大系统的建立和完善为基础的系统化管理模式。可见，不同的管理模式，造就了公益组织不同的个性特征，社会转型时期，现代化的公益组织应该建立在制度化、规范化的基础之上。

形成不同的竞争优势，是公益组织风格的重要表现。公益组织竞争优势是公益组织在品牌、运营效率、公益项目开发、组织结构等方面，所具有的各种有利条件而构成的优越性，是公益组织竞争力形成的基础和前提条件。公益组织可借鉴鲍尔的企业竞争优势观点，该观点认为企业竞争优势体现在成本优势、增值优势、聚焦优势、速度优势、机动优势[1]。公益组织也应该重视差异化竞争，在公益市场中努

---

① 曾凡海：《企业形象策划与设计》，清华大学出版社 2016 年版，第 137 页。

力形成相对竞争优势：一是成本优势，这种优势能够让一些公益组织以更低的成本提供服务；二是增值优势，这种优势能够让一些公益组织提供给吸引人的服务；三是聚焦优势，这种优势能够让一些公益组织更恰当地满足特定弱势群体的需求；四是速度优势，这种优势能够让一些公益组织比同行提供更快捷的服务；五是机动优势，这种优势能够让一些公益组织比同行更快地适应变化的行业需求。这些优势，具体到每个公益组织来说，可能只具有一个优势，也可能具有多个优势，甚至还可能不具备任何一个优势，这些不同的竞争优势，构成了公益组织不同的个性特征。

2. 公益组织作风。公益组织作风是公益组织在长期的公益筹款、公益运营等实践活动中，形成的一种群体性作风，是公益组织内在本质的生动反映，是公益组织在各种活动中所表现出来的工作态度和行为处事风格，是全体员工在公益组织发展过程中长期积累并形成的工作态度和行为风格，是全体员工在长期的公益组织发展过程中积累并形成的精神状态。公益组织作风是公益组织的一种文化氛围，甚至是形成的一种行为习惯，它往往通过公益组织员工的所言所行展现出来。表面看起来，公益组织作风看不见、摸不着，但是它却深深地影响着公益组织的发展方向、运营行为。树立良好的公益组织作风，能够协调公益组织的组织与管理行为，有助于建立科学、规范的公益组织运行秩序，提升公益组织员工的工作品位，达到提升该类组织工作效率与经济效益的目的。例如，壹基金在突发事件发生后形成的"快速反应、马上行动"的作风，就展现了该公益组织独具特色的精神品格。

二　把握好社会转型时期公益组织理念形象传播的依据

要抓好社会转型时期公益组织理念形象的传播，需要公益组织领导和相关人员把握好以下其传播的依据：

（一）把握好社会转型时期的新时代特征

当今我国正处在社会深刻变革的新时代，也是一个转型发展的新时期，这个时代是公益组织发展所处的重要外部环境。因而，公益组织只有顺应社会发展的新趋势，才能行稳致远，不断成长进步。

在社会转型时期，公益组织确立公益理念，要重点把握好以下时代特征：

1. 社会主义市场经济体制稳步建立。改革开放以来，我国确立了以经济建设为中心的发展思路，明确了社会主义市场经济的发展定位，正稳步推进社会主义市场经济体制改革与建设，充分发挥市场在资源配置中的基础性作用，推动社会由计划经济体制向社会主义市场经济体制转型，这种转型，也引起了公益整个行业的深刻变革，激发了公益组织的活力，推进了公益事业的发展。

2. 经济全球化加快。国际社会的分工与合作，国际贸易规则的建立和完善，各国之间经济上的相互依存和合作不断加强，经济全球化趋势越来越明显。经济全球化的发展，带来了生产要素的跨国流动，生产资源的跨国配置，国与国之间、地区与地区之间相互融合的趋势加快，各国经济的相互依存度也日益加深。虽然近些年美国国内保守势力抬头、贸易保护主义盛行，出现了反全球化的力量，加上 2019 年年底新冠肺炎疫情暴发，导致逆全球化的力量有所增长，但是全球化的整体趋势没有改变。当前，公益事业的国际交流与合作也日益深入，公益组织也要具有国际视野，善于借鉴国际经验，不断强化自己的国际竞争力。

3. 新技术的快速迭代。自第三次技术革命以来，以信息技术、生物技术、新能源技术和网络技术为代表的新技术革命步伐明显加快，网络经济发展迅猛，世界经济进入了新经济时代。不少公益组织主动适应新技术革命发展潮流，主动拥抱互联网，纷纷开设官网，开通网络捐赠，架起捐赠者与受助者之间的桥梁，极大地方便了捐赠者了解求助信息、及时奉献爱心，也极大地方便了受助者发布需要帮助的信息，加强两者之间的直接对接与交流。

4. 新发展理念日益深入人心。党的十八大以来，在我国改革开放的新征程上，产生了新时代的指导思想，即习近平新时代中国特色社会主义思想，新发展理念日益深入人心。新发展理念内涵丰富，更加重视政治、经济、文化、生态环境建设，更加突出全面、协调、可持续发展，越来越重视人的发展和保护公民个人的权利和利益，提倡关心人、爱护人、尊重人。在人员流动更加频繁，公益组织人员来源地越发丰富多元，如何使来自五湖四海的员工能够凝聚在一起，能够和谐相处，成为公益组织价值的增值之源，依靠的途径还得是"文化管理"。文化管理的核心在于贯彻新发展理念，坚持以人为本，它是一种以人为中心，在尊重人、理解人、关心人的基础上，以塑造共同价值观为手段的管理模式。公益组织要通过组织内共同价值观的整合、塑造，来凝聚、约束、激励公益组织员工的思维和行为，使公益组织形成文化合力，提升认同感和执行力，并最终提高组织的内在竞争力和凝聚力。

5. 创新发展步伐加快。创新是一个时代永恒的主题，尤其是在政府鼓励"大众创新、万众创业"的新时代，创新、创业成为新时代的主旋律。创新是人类进步的阶梯，是社会进步的本质特征和独特品格。人类文明进步所取得的丰硕成果，无不与技术创新、科学发明、思想解放密切相关。可以说，人类的文明发展史，就是一个从低级向高级、从简单向复杂、从原始向现代进化的历史，是一个不断创新发展的历程。当今世界正处在百年未有之大变局，理念的创新、制度的创新、科学技术的创新，成为社会发展进步的动力源和推进器。面对竞争日益激烈的公益市场，公益组织要跟上时代发展步伐，加快体制机制创新，深化内部治理体系创新。

（二）中华民族的独特文化

在漫长的历史发展潮流中，不同的民族形成了不同的民族文化和价值理念。我国的公益组织应着眼于中华民族的优秀传统文化、民众心理、理想信仰之现实，建构起与中华民族传统文化相吻合的组织理念，以使公益组织的运营思想，能够迅速扎根于普通民众内心。中国传统文化内涵丰富、内容博大精深，传承至今，其核心思想内容主要包括："一是天人之学——天人和谐的探索精神；二是道法自然——顺应自然的辩证法则；三是居安思危——安不忘危的忧患意识；四是自强不息——生生不息的奋斗精神；五是诚实守信——进德修业的立身之本；六是厚德载物——做人做事的根本原则；七是以民为本——中国古代政治思想精华的体现；八是仁者爱人——超越自我的大爱精神；九是尊师重道——传道授业解惑的教育理念；十是和而不同——博采众长的会通精神；十一是日新月异——与时偕行的革新精神；十二是天下大同——指向未来的理想之光。"① 这些传统文化的精华，在当代社会仍然具有极高的实用价值，可以融入公益组织理念体系之中，作为公益组织在运营活动中的价值追求和行动准则。可以说，中国公益组织的理念构建应立足于传统文化和当代生活的交集之上，展现和谐、仁爱、道义、信用、革新、大同的民族特征和价值追求。

（三）公益行业特征

公益组织理念的建立要立足于公益组织所关注的领域，针对关注领域的技术状况、公益市场状况、从业人员素质、捐赠者的意愿、受助者的特殊需求等，来建立自己的理念。例如，北京市企业家环保基金会，致力于资助和扶持中国民间环保公益组织的健康成长，打造企业家、环保公益组织、公众共同参与的社会化保护平台，共同推动生态保护和可持续发展，它以环保公益行业发展为基石，聚焦荒漠化防治、气候与商业可持续、生态保护与自然教育三个领域，形成了专注环保公益事业的鲜明特征。而中国青少年发展基金会则通过资助服务、利益表达和社会倡导，主要致力于帮助青少年提高能力，改善青少年成长环境，形成了其专注我国青少年发展尤其是青少年教育的鲜明特征，并且获得民众的广泛认可。总之，公益组织在进行项目运作时，必须充分把握自己所处行业的当前特征和未来发展趋势，在科学分析

---

① 张恺芝：《中华优秀传统文化核心理念读本》，学习出版社 2012 年版，第 159 页。

现实状况的基础之上，构筑起和公益事业长远发展规划相匹配的组织理念体系。

三 把握社会转型时期公益组织理念形象传播的运作逻辑

在社会转型时期，公益组织理念形象传播需遵循一定的内在运作逻辑，具体来说，公益组织领导和相关人员需把握好以下几个环节：

（一）确定公益组织理念的诉求点

公益组织理念是一个包含内容非常丰富的体系，但是，每一家公益组织，都可以以某些方面为重点，构建自己的理念体系，从而形成了公益组织理念的各自独特之处。根据公益组织理念的侧重点的不同，我们要善于根据自身需要，选择以下各类理念诉求点中的某一个子类别：

一是明确侧重于对内还是对外。有些公益组织，公益理念侧重于以内部员工为主要对象，如以"创新、崇德、团结、进取、人道、博爱、奉献"等作为自己的工作理念，有的以"弘扬正气、奉献爱心、扶危济困、和谐共生"作为自己的工作理念，其侧重点在于对内，主要以内部员工为诉求对象，表达了对员工的要求和希望。在公益实践中，经过一段时间的浸染，也是组织内大多数员工的内化价值追求；而有些公益组织，以"尽我所能、人人公益""面向未来、敢为人先"作为自己的工作理念，该类理念更多地以外部的潜在志愿者、捐赠者、政府、爱心人士作为访求对象，呼唤其加入公益事业，共同促进公益事业的发展和壮大。

二是明确侧重于公益组织理念体系的某个侧面。一般来说，公益组织理念总是有意地突出理念体系的某一个方面，专注于某一个方面，由此形成公益组织的理念特色，并形成公益组织理念特色的核心。例如，中国青少年发展基金会将工作理念概括为，"通过资助服务、利益表达和社会倡导，帮助提高青少年能力，改善青少年成长环境"，强调的是其公益服务对象是专注于青少年。马云公益基金会的工作理念是，"成为有理想，有理念，有方法，有原则的新公益组织"，其始终秉持"公益心态，商业手法"理念，坚持开放透明原则，近些年，专注于实施马云乡村教育计划、马云教育基金、非洲创业者基金、中国女足支持计划及其他环保医疗资助项目，目标是致力于培养面向未来的乡村教育家、企业家，助力乡村儿童、年轻创业者和女性的发展成长，这就进一步明确了公益事业努力的方向。中华思源工程扶贫基金会秉承的是"饮水思源、回报社会"的理念，在社会各界爱心人士、企业和媒体的参与下，始终紧紧围绕贫困地区的教育培训、医疗卫生、抗灾救灾、助残济困、帮幼敬老、文化环保等多个领域开展公益事业，先后启动实施了"思源救护""思源教育移民计划""芭莎慈善""思源助学""思源天使妈妈""思源爱的分贝""思源沼气"和"思源水窖"等扶贫项目，建设了民政部指定的慈善组织互联网公开募捐信息平台——帮帮公益平台，并在商务部指导下牵头启动由18家电商企业、爱心企业共同发起的中国电商扶贫联盟，开设了思源农特馆，平均每年帮扶困难群众100多万人次，为改善贫困地区人民群众生产生活条件、全面建成小康社会、实现中华民族伟大复兴做出了积极的贡献。因此，公益组织领导者要根据自身实际，明确侧重于公益组织理念体系的具体哪一个侧面。

（二）明确公益组织理念形象的基本构成要素

从系统论的角度来说，公益组织理念形象包括公益组织宗旨、目标、使命、运营方略、组织精神、组织道德、组织口号等多个方面。但是，在公益组织形象设计方面，并不是每个公益组织都需要设计公益组织理念的方方面面，而是有所选择地，突出其中的若干方面。因而，有些公益组织的理念形象体系比较完整，而有些公益组织的理念形象体系则只有其中的某几个方面。所以，在进行理念形象设计时，要根据公益组织自身的条件和所处的具体环境、组织形象建设重点等内容，明确重点设计的相关理念要素。对选择为公益组织的理念要素，要给予准确恰当的解释，在此基础上，可以通过联想、隐喻、拟人等表现手法，延伸其内涵，使得其和理念设计的初衷相一致，建立在独特内涵基础上的公益组织，也必须具有区分度，能和其他公益组织区别开来。

（三）明确公益组织理念形象的传播方式

在确定了公益组织理念形象传播的内容后，则需要思考如何用准确、贴切、传神的文字符号，将内容有效地传播出去。公益组织在进行理念形象传播时，应把握好以下传播原则：

一是体现公益组织公益性的特点，而不能体现任何营利性；

二是语言文字符号使用要规范化，而不能存在语法、标点、文字等方面的错误；

三是适当使用修辞手法，理念内涵要丰富，影响要积极，能传播正能量，而不能传播任何负能量；

四是传播语义指向清楚、明确，而不能产生任何歧义；

五是传播语句简洁凝练、新颖，符合组织发展定位，而不要拖沓、陈旧，与公益组织的发展定位相脱离甚至背离。

（四）明确公益组织理念形象的内部认同方式

公益组织理念形象明确之后，还需进一步思考如何让内部员工知晓、认同该理念。因此，需要策划多样化的公益组织理念形象认同方式，使公益组织理念形象一步步走进组织成员内心，变成员工的行为规范和自觉追求。

我们可根据公益组织自身的特点，科学选择以下公益组织理念形象内部认同方式中的一种或几种，进行理念形象的传播：

一是理念口号物化。公益组织通过借助标语、宣传橱窗、电子显示屏等载体，传播组织理念口号，或者将理念口号印制在材料纸、茶杯、纪念品或者材料袋外表上，使理念口号对员工或参观访问者形成强烈的视觉冲击。

二是活动强化。公益组织可以开展以本组织理念为主题的演讲会、征文比赛、辩论会、座谈会、文体活动、游园等活动，使员工在活动中增强对理念的理解和认同。

三是榜样示范。公益组织要善于发挥先进员工的榜样示范、带动引领作用，做好践行公益组织理念优秀人物的选树工作，达到选树一个人带动一群人的效果。

四是重复强化。公益组织可以借鉴国外一些企业的做法，在每天上班前，由公益组织会长或者秘书长带领员工一起朗诵理念口号或者公益口号，进行适当的重复强化。

五是策划好公益组织理念的对外传播方式。为了使普通民众知晓和接受公益组织的新理念，公益组织必须策划有效的组织理念对外传播方式和路径。要适应分众化、碎片化传播的新形势，在利用好传统媒体进行理念传播的同时，还要善于运用好"两微一端"、抖音、快手等新媒体，进行更加广泛的分众传播。我们不仅要利用好新媒体进行传播，还要对各类媒体的信息进行充分整合，开展整合营销传播。同时，我们还要在利用大众媒体开展公益组织理念传播的同时，善于将媒体传播和公益组织的公关宣传活动、公益活动有机结合起来，打造一个全方位、多层次、形式多样化的公益组织理念传播体系。

第二节　明确社会转型时期公益组织理念形象的定位

公益组织理念形象是该类组织核心思想的集中体现，是该类组织运行的依据所在。因而，公益组织理念形象定位是否准确、科学，不仅直接影响到公益组织行为形象识别系统、视觉形象识别系统、听觉形象识别系统的构建与实施，还影响到公益组织的健康运行，公益组织领导者要抓好本组织的理念形象定位，需抓好以下几项工作。

一　遵守社会转型时期公益组织理念形象定位的原则

在公益组织形象设计中，公益组织理念形象是其核心所在，它决定了公益组织形象设计的方向和特色。公益组织的理念形象定位如何，可谓至关重要，它决定了公益组织理念形象识别体系的科学性、整体性和方向性。在设计公益组织理念形象定位时，要善于遵循以下原则：

（一）富有个性原则

公益组织形象策划的首要目标是提高形象识别度。而公益组织的识别度是否高，其又与公益组织的特色紧密相关，只有区别于普通的同类组织，才能说具有个性。在形成个性化特征时，首先要明确两个问题：一是我是谁，即明确自身现在是一家什么样的组织，掌握本组织的实然态；二是我应该是谁，即明确本组织的未来发展方向，把握本组织的应然态。明确了上述两个问题，就要针对公益组织诉求，从公益组织个性和行业特征上明确组织理念形象。例如，壹基金的"尽我所能，人人公益"的理念形象，中国红十字会的"人道、博爱、奉献"的理念形象，都既体现了公益行业的特点，又展现了各自不同的价值追求。因而，公益组织理念形象定位要突出个性特色，这是公益组织形象策划达到预期目标的基础条件。

（二）以人为本原则

以人为本是科学发展的重要内涵，社会要以人为本，就需要始终坚持以人民为中心。公益组织必须善于将以人为本的公益理念融入工作之中，不断激发公益组织员工的积极性、主动性和创造性，良好的公益组织理念及有效实施，将会使所有的公益组织员工得到尊重、理解和信任，为公益组织科学发展创造良好的工作环境和氛围。

（三）加长"长板"原则

公益组织理念形象识别是一个复杂的系统工程。公益组织在进行自身理念形象定位时，要做好理念形象形成中相关要素的深入调查，并针对调查结果进行科学和理性的分析，从而找到一个既能对公益组织形象进行指引，又能促成公益组织形成鲜明特色的理念体系。原来传统社会，人们重视如何补齐短板，而在网络社会，人们是要想办法如何扬长避短，加长自身的"长板"，使自己的优势更加突出。公益组织可根据自己已有的优势，加大创新力度，加强内涵建设，将自己的优势充分发挥出来。

（四）与时俱进原则

公益组织进行理念形象定位，必须充分考虑时代发展特征、发展潮流，认清发展大势。只有符合社会发展的趋势和潮流，做到与时俱进，公益组织才能获得民众的普遍赞誉和高度认同。如果逆历史潮流而动，最终只能导致公益组织事业发展受损。因此，公益组织要落实新发展理念，主动融入我国政治、经济、文化、社会、生态建设之中，牢固树立人类命运共同体思想，实现公益组织的全面协调可持续发展，使理念形象定位能契合时代发展潮流，具有鲜明的时代感。

（五）贴近现实原则

公益组织理念形象的定位要有特色、富有个性，还需立足于公益组织实际，充分发挥公益组织的优势、克服其不足，使公益组织理念形象贴近公益现实，具有可操作性。只有从公益市场现实出发，结合自身实际，这样的定位才能被广泛地认可和接受，并成为指导和支配公益组织发展的强大动力。现在公益市场竞争非常激烈，公益组织吸取资源的能力差异较大，公益组织的形象定位要符合自身实际，不能过高，也不能过低，否则都会制约公益组织的发展，影响公益组织形象的塑造。当然，公益组织形象定位也可以有适度的超前性，能用发展的眼光看问题。

（六）彰显民族性原则

公益组织在进行组织理念形象定位时，必须充分考虑民族精神、民族习惯和民族特征，具体来说，在中国的公益组织则必须考虑中华民族的民族精神、民族习惯与民族特征等。中华民族深受儒家文化的影响，引导民众"修身、齐家、治国、平天下"，使得不少中国公益组织具有一种强烈的爱国情怀和责任担当。例如，中国青少年发展基金会明确其工作宗旨是，通过资助服务、利益表达和社会倡导，帮助提高青少年能力、改善青少年成长环境。该会于 1989 年 10 月发起成立的希望工程，弘扬了社会文明新风尚，有效地改善了贫困地区的教育事业、助推了贫困青少年的健康成长，该公益项目也成为我国社会参与最广泛、最富影响力的公益事业之一。

二　明确社会转型时期公益组织理念形象定位的类型

公益组织理念形象的个性化，决定了公益组织之间的形象具有差异，因此，不同的理念形象定位必然导致公益组织形象定位的不同。由于各公益组织所处的环境条件不同、各自的追求不同，因此，也必然具有不同的理念形象定位类型。在社会转型发展的新时期，公益组织要根据自身实际，将以下理念形象中的某种类型作为自身的类型定位。

（一）目标导向型定位

目标导向型定位是指公益组织在运营过程中，明确其设定的目标和精神境界为公益组织理念。其中还可以再细分为具体目标型、抽象目标型公益组织。具体来说，具体目标型公益组织其定位具体、实在，例如，中国青基会明确自身的具体目标是——帮助青少年提高能力，改善青少年成长环境；而抽象目标型公益组织在表述其目标时语义相对抽象，例如，老牛基金会，则将自身目标定位为——为人类的健康生活和平等发展做出贡献。

（二）和谐团结型定位

和谐团结型定位是指公益组织将团结和谐作为公益组织理念的重要内涵之一，以特有的语言表达和谐团结的运营风格。这种定位有助于培育公益组织内员工的团结协作精神，促进公益组织内部形成团结和谐的工作氛围，更好地调动员工工作的积极性、主动性、创造性，也有利于获得社会各界的广泛认同。例如，韩红基金会，将自身发展定位为——弘扬正气、奉献爱心、扶危济困、和谐共生。

（三）市场营销型定位

市场营销型定位是指公益组织强调自己所服务的对象，即服务对象的需求，以尽自己的能力、使服务对象的需求得到满足作为自己的运营理念。例如，深圳壹基金的公益理念是——"尽我所能、人人公益"，表达了该组织全心全意投入公益事业、并希望通过自己的善举带动更多的社会爱心人士投入公益事业，实行人人公益的目标。

（四）创新开拓型定位

创新开拓型定位是指公益组织能与时俱进、开拓创新，运用好新技术、新资源，推动公益事业转型升级。例如，腾讯公益慈善基金会作为互联网行业第一家企业设立的公益基金会，现已成长为中国最有影响力的公益基金会之一，其一直"致力公益慈善事业"，并提出"公益2.0"概念，强调人人可公益、大众可参与，用网络平台来连接广大网民的爱心、用技术使公益更加简单快捷，让公众与公益实行互动，并成为民众日常生活的一部分。

（五）优质服务型定位

优质服务型定位是指公益组织强调为服务对象提供优质服务，以优质服务求得自身的生存和发展。这种理念在各行各业都极为普遍。例如，中国扶贫基金会将自身的价值观定位为——服务、改变、阳光、坚韧，其中将"服务"放在价值观的第一位。

三 掌握社会转型时期公益组织形象理念定位的检验标准

公益组织理念定位明确之后，其是否符合公益组织形象建设的整体要求，要善于运用以下标准进行检验。

（一）把握公益组织理念形象识别标准

具体来说，公益组织要做到以下几点：

1. 公益组织理念要能反映组织的公益特征。公益组织理念首先要能反映该组织是从事什么行业的，要能让受众清晰地知道该组织从事的是有利于公共利益之事，而不是别的商业行为。通过组织理念识别组织的事业领域，也是理念识别的重要功能。公益组织理念是否具有这种识别性，是检验其形象的重要标准。

2. 公益组织理念要能反映组织的个性特征。通过组织理念，受众能够清晰地认识到，这是一个积极进取还是相对保守的公益组织、是一个综合性公益组织还是一个专业性公益组织、是一个社会责任感高的公益组织还是一个社会责任感不高的公益组织等。

3. 公益组织理念要能反映组织的核心竞争力。公益组织理念不仅要让受众知道其工作内容是什么，还要让普通民众知道该公益组织工作成效如何。因而，作为公益组织理念的设计，要反映出公益组织的营销、运营方面的独特能力，能彰显出自己的品位、风格，能展现公益组织的绩效、成长性、规模、实力等综合性的机能。

（二）把握公益组织理念形象塑造标准

一个好的公益组织理念定位，除了要具备形象识别功能，还必须具有形象塑造的强大功能。判断公益组织形象塑造是否到位，我们善于运用以下两条标准来检验：

1. 看其能否提升公益组织的内部凝聚力。作为一个公益组织来说，组织理念要能提升本组织的内部管理水平，增强本组织的核心竞争力。一是能够作为公益组织经营的指导思想，对公益组织的经营活动具有导向、指导作用，能够成为公益组织确立运营宗旨、运营目标、发展方向和各种规章制度的现实依据和理论基础。二是能够对公益组织员工的行为进行调节和规范。调节和规范的依据就是公益组织制定的各项规章制度。公益组织理念作为公益组织文化的重要内容，对公益组织员工的言行具有重要的规范和调节作用。三是能够使公益组织员工，始终处在公益组织理念这一组织文化的浸染之中，时刻意识到自己处在公益组织这一集体之中，从而不断增强公益组织对员工的凝聚力、号召力和感染力。

2. 看其能否提升公益组织的外部影响力。从公益组织外部来说，公益组织理念要能提升本组织的传播效果，提高公益组织的影响力。一是能够使公益组织内外部、上下级等方方面面，都保持良好形象，使运营风格具有鲜明的统一性、协调性，形成形象建设合力。二是能够通过独具特色的理念形象系统来展现公益组织的独特性，并使公益组织理念形象系统成为传播过程中辨识度高的内容。

第三节　社会转型时期公益组织理念形象的凝练

社会转型时期公益组织理念形象的凝练，是建立在公益组织理念清晰定位的基础之上进行的，公益组织理念的文字表达是公益组织理念形象定位的符号化传播和呈现，具体来说，要做好以下几项工作。

一　做好目标层面公益组织理念形象的凝练

做好目标层面公益组织理念形象的凝练，需要抓好以下相关工作：

（一）规划好公益组织使命

公益组织使命是公益组织所有经营活动的目标指向，是公益组织终极责任的集中表现，反映了公益组织存在的价值，是公益组织社会态度和核心价值取向的反映。因而，合理地确定公益组织使命是公益组织管理者的重要职责。

公益组织在思考其使命时，必须考虑清楚以下三个问题，这才有利于帮助公益组织合理地确定其使命：

一是回答"公益组织应该做什么"的问题。回答该问题可以使公益组织知道自己的职责，体现了一种责任和担当，也明确了在社会分工中自己的定位。

二是回答"公益组织能够做什么"的问题。回答该问题可以使公益组织知道自己面临的社会发展环境。社会中存在哪些领域需要公益组织介入，并让其发挥不可替代的作用，政府公益政策环境的变化，社会转型期民众心态的变化等，都意味着发展环境的变化。

三是回答"公益组织能将什么做得更好"的问题。回答该问题体现了某一公益组织的独特能力、个性特点与优势所在。这种独特能力展现了公益组织所具有的独特优势和专业素质，包括将自己和其他公益组织区分开来的吸引公益资源的能力、在某一公益领域的竞争能力。这种优势能够为公益事业发展做出独特的贡献，并且不容易被竞争对手超越或者模仿。

公益组织的职责、社会发展环境、独特优势三个要素，决定了公益组织努力的方向。但是，事实上，公益组织的使命还需要更加具体化、精细化。根据戴维有关企业的观点，企业可以从 9 个方面设定其使命，即客户、产品或服务、市场区域、技术水平、增长或盈利、经营理念、自我认知、人力资源、社会责任[①]。公益组织也可以借鉴企业的相关做法。一是确定公益组织的业务范围，即确定公益组织是干什么的；二是确定公益组织的发展思路，即明确发展方向。公益事业具体领域的界定，可以使公益组织找到自身在社会中存在的价值和意义，把握公益组织的定位。这样，公益组织员工就能清楚地知道自己所在组织的性质、工作内容和工作价值。

通常，公益组织要明确自身的运营范围，具体来说要明确领域范围、服务对象范围、地理范围三个方面。行为范围是说在宽广的公益行业，公益组织涉足哪一个或哪几个领域；服务对象范围是指公益组织决定服务的具体目标对象；地理范围是指公益组织决定公益服务业务开展的具体区域，如是城市还是乡村等。

公益组织决定发展方向时还需注意遵循两个准则：一是遵循"边界准则"。明确公益组织自己活动的边界，检视自己是否涉足偏离公益组织发展方向的领域、自己不擅长的领域，从而使发展方向更加聚焦、发展目标更加准确。二是遵循"形势准则"。能充分认清公益组织所面临的新形势新变化，不断反思自己是谁、自己为什么出发，做到不忘来时路、走好当下路、明确未来路。

科学规划好公益组织使命，还必须考虑好以下几个因素：

---

① ［美］F. R. 戴维：《战略管理》，李克宁译，经济科学出版社 2001 年版，第 82—83 页。

一是推进公益服务供给侧改革。从公益组织的使命和服务内容来看，公益事业是一项不断满足受助者内心需要的过程，而不仅仅是一个简单给钱给物的过程。公益组织要善于结合新形势，加大供给侧改革，创新公益产品，满足多样化的公益需求。

二是公益组织使命必须符合实际。公益组织使命应该是为组织提供创造性的发展空间，内涵要丰富，也要切合公益实际，特别是要切合社会转型发展的实际，不要泛泛而谈。公益组织使命的形成，是在公益组织和社会环境之间的互动中形成的，是要解决公益组织的主观意愿和现实可能之间的矛盾。只有公益组织能胜任而又能被现实社会所接纳的社会责任，才可能成为公益组织的使命。

三是公益组织使命必须具备制约性。恰当的组织使命，不仅能够明确规定公益组织应该做什么，还应该明确该组织不应该做什么。例如，中国青少年发展基金会的使命定位为，通过资助服务、利益表达和社会倡导，帮助青少年提高能力，改善青少年成长环境。该公益组织这一使命定位，就将有关非青少年的公益事业排除在外，而专注于提高青少年能力，改善青少年成长环境。该公益组织自1989年3月成立以来，作为全国性的、非政府非营利性社会团体，一直铭记使命，做到有所为、有所不为，取得了良好业绩，2018年被民政部评定为5A级基金会。

四是公益组织使命要能体现公益组织的个性。在竞争激励的公益市场上，公益组织要想有所作为，就必须在使命的设定上，展现公益组织的个性，善于结合特定公益组织的具体情况来设定公益组织使命，从而使其具有针对性和个性特征。例如，中国残疾人福利基金会是一家经国务院批准于1984年3月15日成立的全国性公募基金会。该基金会将自己的使命定位为"弘扬人道、奉献爱心、全心全意为残疾人服务"，工作理念是"集善"，即集合人道爱心，善待天下生命。工作目标是努力建设成为公开、透明、高效率和高公信力的慈善组织。该基金会自成立以来，高举人道主义旗帜，大力倡导扶残助困的良好社会风尚，积极开展募捐活动，筹集资金，努力改善残疾人康复、教育、就业等各方面状况。在邓朴方会长的领导下，培育了"扶贫类项目""集善嘉年华""康复类项目""教育类项目""就业类项目""文体类项目""生活类项目""无障碍建设类项目""预防类项目"等一批有社会影响力的公益项目，推动了中国残疾人事业的发展，该基金会的使命就体现了其为残疾人服务的鲜明个性。

五是公益组织使命要能具有激励性。科学理性的公益组织使命，能够准确清晰地表达公益组织对今后发展的理念，使公益组织员工能够在工作过程中，体会到所从事公益事业的价值和意义，增强工作的自豪感和认同感。此外，公益组织成立初期，领导层要善于倾听民意，广开言路，吸纳民智，经过反复讨论修改后，最后由公益组织领导通过会议形式决定，并借助内外部宣传，及时公布周知，增加组织内外部员工的认同。

例如，成立于1993年4月27日的中华环境保护基金会，是经民政部登记注册的中国第一家从事环境保护公益事业的全国性公募基金会。该基金会的使命是定位为"广泛募集、取之于民、用之于民、保护环境、造福人类"，具有很强的激励性。在该基金会使命口号的激励下，广大爱心人士，围绕生态文明建设，在环境污染防治、生态环境改善、生物多样性保护、绿色发展、水资源保护等领域，积极投身该公益组织开展的"中华环境奖""环保嘉年华""环境项目资助""生态扶贫""绿色物流""安全饮水援建工程""资助大学生环保活动""环境公益诉讼及培训"等一系列公益项目活动，取得了显著的环境和社会效益，多个项目荣获中国慈善奖。同时，该公益组织还获得了一大批荣誉，如2005年获得联合国经社理事会"专门咨商地位"；2010年被民政部授予"全国先进社会组织"，被环境保护部评为"2010年度先进集体"，2013年在民政部组织的全国性基金会组织评估工作中获得"5A级"荣誉；2015年被北京市人民政府度授予"首都环境保护先进集体"；2016年被环境保护部评为"先进集体"，被民政部首批认定为"慈善组织";2017 年被环境保护部直属机关党委评为"两学一做"学习教育"先进党组织";2018 年荣获中央国家机关工委"中央国家机关部门社会组织党建工作优秀案例",被生态环境部直属机关党委评为"先进党组织";2019 年获得联合国环境规划署(UNEP)咨商地位。在最具权威性的全球智库排名报告——美国宾夕法尼亚大学"智库研究项目"(TTCSP)研究编写的《全球智库报告2017》中,中华环境保护基金会是中国 4 家入围全球最佳环境政策智库榜单之一的组织。

(二) 明确公益组织愿景

在人类群体活动中,很少有像共同愿景这样的东西能够发出这么强大的力量。公益组织愿景在公益组织员工身上,体现出一种强大的感召力,从而把员工紧紧地团结在一起。公益组织愿景是建立在公益组织的各项公益活动和对组织文化深入理解的基础之上的,同时,必须对员工的深层需求和价值观有充分了解。一个成功的公益组织愿景应该是在公益实践活动中,由公益组织资源和能力、员工意愿和追求、个人兴趣和直觉、组织所处环境共同作用所形成的产物。

公益组织愿景的形成,大致可以分为以下几个步骤:

一是个人愿景产生。公益组织愿景是由一个个鲜活个体的愿景组合而成的,个体愿景的最大公约数就形成了公益组织愿景。个体的发展力量往往来源于内心的愿景,因而,公益组织要鼓励员工培育个人愿景。每个人都有自己不同的兴趣爱好,有不同于别人的愿景,公益组织愿景需要做的求同存异,来源于个体愿景又超越个体愿景。

二是个人愿景和公益组织愿景交融。个人愿景要和公益组织发展的使命目标结合起来,才能形成公益组织的共同愿景。个人愿景需要进行自我超越,将个人的理想追求和公益组织的发展目标有机结合起来、融进公益组织的事业发展之中,只有这样,个人理想才可能实现。员工个体也只有认识到个人与公益组织命运紧密相连,个人愿景和公益组织愿景的交融才会更加顺畅。

三是管理者和员工分享愿景。公益组织愿景的提出，常常是管理者深入思考后对组织今后发展的一种设想。管理者的设想能获得大多数员工的理解、认可和接受，是形成公益组织共同愿景的前提条件。管理者要善于和员工互动，积极传播自己有关公益组织的设想和规划，同时虚心征求员工的意见建议。这样，一方面，使公益组织愿景得到完善，更加切合实际，并使公益组织愿景逐渐内化为员工的自我追求；另一方面，也提升了员工行为价值，使员工不再仅仅为生计而工作，而是为个人安身立命的公益组织而奋斗。

四是个人主动传播公益组织愿景。在公益组织愿景完全被员工所认可接受后，公益组织愿景就会成为个体奋发进取的原动力，个体就会自觉地融入公益组织的事业发展之中，而且会在不同场合主动向他人传播公益组织愿景，传播公益组织的良好形象，从而使得"每个人都有一个最完整的组织图像，每个人都对整体分担责任，不仅只对自己那一小部分负责"。[①] 这样员工个体的精神境界也得到升华，综合素质也得到提高。

公益组织愿景规划设定好之后，要用文字的形式将其固化下来，以便让公益组织内部员工和外部民众所知晓。公益组织愿景的表述文字要简洁明了，通俗易懂，具有号召力、感染力和可操作性。

（三）明确公益组织目标

公益组织目标是组织的发展方向和终极目的，公益组织的运营活动总是要围绕着特定的组织目标开展，服务于组织目标的实现。在公益组织创办初期，就要明确组织发展目标。在组织目标的规划设计方面，要注意把握好以下几个环节。

1. 做好前期的调查研究。没有调查就没有发言权。要明确公益组织发展目标，就必须进行公益组织内外部环境的调查研究，摸清公益组织当前所面临的挑战与机遇，所遇到的困难，自身所拥有的优势和

---

① ［美］彼得·圣吉：《第五项修炼——学习型组织的艺术与实务》，郭进隆译，上海三联书店1998年版，第245页。

不足，公益市场的变化情况，社会转型时期志愿者、捐赠者、受助者心理变化情况，明确自己有没有核心竞争力，自己的核心竞争力是什么，从而为明确公益组织目标奠定坚实基础。

2. 走好民主决策程序。公益组织目标的明确过程，也是一个民主决策的过程。在制定公益组织目标的过程中，首先，要开展公益组织目标确定方面的大讨论，充分听取广大内部组织员工的意见和建议；其次，要采取"走出去、请进来"相结合的方式，广泛听取相关专家、学者的意见和建议，做到自下而上与自上而下有机结合，发扬民主优良作风。这样，既调动了广大公益组织员工的参与性、积极性，又提高了决策的民主性、科学性。

3. 制定科学的公益组织目标。公益组织目标要科学，就必须回答好"本组织是什么组织、应该是什么组织、将来是什么组织"这三个问题，准确把握公益组织的应然和实然状态，从公益组织的根本性质、责任使命上去谋划和制定公益组织目标。公益组织目标要相对完整、全面，最好能形成一个体系。在内容方面明确公益组织的思想道德目标、社会效益目标等；在性质方面，公益组织要做到定性目标与定量目标相结合；在要求方面，公益组织要明确哪些目标是必须实现的目标、哪些是争取实现的目标等；在时间方面，公益组织还可以明确哪些是长远目标、哪些是中期目标、哪些是短期目标等。

4. 构建目标实现的保障支撑体系。再好的公益组织发展目标，如果没有强大的保障支撑体系，也不可能实现。公益组织目标要实现，关键在于，一要有充足的人力、物力、财力，保障公益组织目标的实现；二要善于将公益组织目标具体化，结合公益实际进行内容分解、责任到部门、落实到人；三要有检查纠偏的机制，能够及时解决目标实现过程中偏离方向的问题。

（四）明确公益组织运营方针

运营方针是以公益组织的运营理念为思想基础，依据公益实际情况为公益组织实现运营目标而提出的一种指导方针。科学地设定公益组织的运营方针，能有效地利用各种资源，有计划地开展运营活动，较好地解决公益"怎么做"的问题，从而实现组织的运营目标。

公益组织在制定运营方针时，需要考虑并且遵守以下原则：

一是合法性原则。公益组织的运营方针要遵守国家法律法规，遵守社会公序良俗，尊重公益事业发展规律。

二是个性化原则。公益组织的运营方针，要善于彰显自己的个性和优势，树立品牌意识，形成品牌效应。

三是创新原则。公益组织要善于结合形势发展变化，特别是社会转型时期公益事业发展变化的新形势，不断创新，适时适度调整自己的运营方针和策略。

四是一致性原则。公益组织需要根据形势变化调整自己的运营方针和策略，但前提是，运营方针的核心内涵要相对稳定，大体上保持一致，不能频繁变动，确定后的运营方针要在组织理念的指导下，长期坚持下去。

五是公益性原则。公益组织优先要考虑的是公共利益，公益性是其行业的鲜明特征，公益组织制定的运营方针，需要体现公益行业的特色，善于将服务对象的利益放在首位，把服务对象利益放在第一位的公益组织，也必将得到广大民众的支持和拥护。

二　做好精神层面公益组织理念形象的凝练

（一）明确公益组织价值观

要塑造好富有个性的公益组织形象，需要明确公益组织的价值观，厘清公益组织价值观设计的依据和原则。

1. 弄清公益组织价值观确立的依据和原则。确立公益组织价值观时，要依据以下内容：一是社会价值观。公益组织的价值观念会带有当下社会价值观的烙印，必须反映社会的价值要求，能够契合社会主流的价值准则。二是公益组织领导者的价值观。从一定意义上说，某个公益组织的价值观就是该组织领导者价值观的外化。三是公益组员工的个人价值观。对于一个公益组织来说，全体或者大多数组织员工的价值观，对该组织价值观的确立将产生重大影响。

在具体制定公益组织价值观时，需要遵守以下原则：一是和公益组织最高目标相一致原则，公益组织的具体价值观不能和公益组织最高目标相冲突，而要服从服务于公益组织最高目标的实现；二是充分反映公益组织领导者的价值观，能将公益组织领导者的价值观融入公益组织价值观之中；三是与公益组织大多数员工的价值观相结合，公益组织的价值观要主动将公益组织大多数员工的价值观融入其中；四是与社会主义市场经济体制相适应，公益组织的价值观要与社会主义市场经济体制的价值取向保持一致；五是和社会主义核心价值观相一致，做到公益组织的价值观是社会主义核心价值观在公益组织中的具体体现。

2. 遵守公益组织价值观制定的程序。在制定公益组织价值观时，通常要按以下程序进行。

第一步，在深入分析社会主义核心价值观的基础上，根据公益组织的最终目标，初步提出公益组织的核心价值观，并在公益组织领导层和普通员工中，开展全面而深入的研讨。

第二步，确定公益组织的核心价值观以后，再进一步提出公益组织的主导价值观。

第三步，将公益组织价值观和公益组织文化进行深入融合，根据公益组织自身特点进行语言上的凝练，形成准确、清晰、通俗而全面的公益组织价值观的表述话语。

第四步，在公益组织内部广泛开展宣传活动，以获得绝大多数员工的支持和认可。

（二）加强公益组织精神的培育

公益组织精神是其公益组织形象的集中体现，因而，加强公益组织形象建设，必须重视公益组织精神的培育。公益组织精神是随着组织的发展而逐渐沉淀下来的群体意识，是对公益组织现有理念意识、行为习惯、活动方式中积极因素的提炼和概括。因而，在尊重广大员工的价值理念、坚守公益组织核心价值观、恪守社会主义核心价值观的前提下，公益组织要从以下三个方面做好组织精神的培育工作。

1. 明确具有个性化的公益组织精神。所谓具有个性化的公益组织精神，往往是公益组织优良传统、时代特征与公益组织特色的有机结合。公益组织要能提炼出契合自己特点的组织精神，需要把握好以下几个环节：

一是公益组织文化的传播。公益组织要面向组织内外部员工，借助传统媒介和新媒体积极传播组织文化，浓厚公益组织文化氛围，加深受众尤其是内部员工对组织文化的理解和认同。

二是公益组织精神提案的征集。公益组织要善于广泛发动本组织员工，参与公益组织精神提案的征集。公益组织要积极运用好员工讨论法、专家咨询法、典型分析法、会议决策法等有效的方法，开展好组织精神提案征集工作。

三是确定公益组织精神。公益组织在经过自下而上、自上而下多个来回，反复讨论公益组织精神之后，需采取民主集中制的办法，来确定公益组织精神。在确定公益组织精神时，要有国际视野、全局眼光，善于将公益行业的共性特征和公益组织自身的个性特征紧密结合起来。公益组织的个性可以千差万别，但是，从共性的角度来看公益组织精神，应该以"提供一流服务、创造一流效益、打造一流职员"为主线，来培育公益组织精神。具体内涵可包括以下内容：博爱奉献、实事求是、开拓创新、勇于竞争、团结协作、艰苦奋斗、爱岗敬业、诚实守信、清正廉洁、追求卓越等。公益组织确定好组织精神之后，还要用适当贴切传神的语句将组织精神表达出来，精神命名可以用"公益组织名称＋精神"的方法，也可以采用比喻命名等方法。

2. 加强公益组织精神的传播。公益组织精神确定之后，要被组织内员工所认可，需要加强传播。要善于借助多种传播媒介，开展丰富多彩的传播活动，从而使员工能从思想上认同组织精神，从行动上实践组织精神。传播的路径较多，但重点要做好以下几项工作：

一是组织领导行为示范传播。公益组织领导能够主动把组织精神融入组织的运营管理过程之中，体现在管理的方方面面，以上率下，做好践行组织精神的表率。

二是做好公益组织精神的媒介传播。公益组织要善于发挥传统媒介和新兴媒介的作用，尤其是网络媒介的作用，做好公益组织精神的媒介传播。要重视公益组织网络建设，把公益组织精神的内容作为网络建设的重要内容，加大传播力度。同时，发挥宣传册、内部期刊等传播资料的作用，协同做好公益组织精神的传播。

三是发挥榜样带动作用。公益组织要及时选树在传承和弘扬公益组织精神方面的先进典型，加强典型人物事迹的传播力度，发挥好榜样的示范带动作用。

四是做好教育培训工作。公益组织精神的教育培训工作要日常化、持久化、常态化，善于将相关内容融入新入职员工的培训、员工的年度教育培训内容之中，融入日常的公益事业之中，从而使员工将组织精神内化于心、外化于形。

五是做好公益组织精神的物化工作。公益组织精神是抽象化、概括化的精神文化，公益组织要善于将其物化，通过组织的规章制度体现出来，通过组织的宣传标语、组织旗帜、文化衫等载体展现出来。

（三）提炼好公益组织口号

公益组织口号是公益组织使命和组织理念的浓缩化、感性化、形象化的表现形式，是将组织的特色用语言符号生动精练地表达出来。个性化、精练化的口号能传神地传播组织的精神理念。

公益组织口号的提炼，要体现组织的运营理念、历史传统、运营风格、运营方针和组织文化，并且在组织内部达成共识。因而，制定公益组织口号，前提是公益组织首先要明确组织理念的定位，在综合各方面意见和建议的基础上，用精练的文字将组织理念凝练好并且开展有效传播。公益组织口号要力争做到准确、生动、简洁、有亲和力。

如壹基金的口号——"尽我所能、人人公益"，就非常通俗易懂，朗朗上口，又言简意赅。

三　凝练好文化氛围层面公益组织传播理念

凝练好文化氛围层面公益组织传播理念，具体来说要做好以下几项工作：

（一）培育公益组织风格

公益组织风格是公益组织在长期的历史发展过程中，形成的具有特定组织内涵的个性特征。公益组织风格的培育不是一朝一夕之事，需长期坚持下去，久久为功，重点抓好以下几个方面工作：

1. 构建公益组织的信誉体系。公益组织的信誉是公益组织在公益运营活动中所积聚的社会公认的信用和名声，也是公益组织的无形资产，是公益组织核心竞争力的体现，决定着公益组织的生存和发展。

塑造良好的信誉体系，是每一个公益组织必须思考的重大现实问题，因为这直接关系到能否可持续地吸收到良好的公益资源。当前构建信誉体系，公益组织可以考虑从以下几个方面着手。

一是明确公益组织信誉的基本价值取向。公益组织信誉是将获得社会民众公认的声誉作为直接目的。因而，公益组织应该以利益相关方需要的是否满足，作为是否践行组织宗旨的衡量标准，而不能以组织自身利益的最大化作为衡量标准，这是建立公益组织信誉的基础。

二是构建公益组织信誉过程管理的体系。公益组织的服务、财务、员工言行等环节都和组织声誉密切相关，都会对组织声誉产生重大影响。因而，公益组织要加强公益环节的全链条管理，形成工作闭环，提升服务质量和水平、增强公益事务尤其是财务的透明度，处理好和外部利益相关者的关系，争取在社会上形成良好的声誉。

三是培育公益组织员工的诚信意识。公益组织的良好信誉是建立在组织员工的诚实守信基础之上的。因而，公益组织员工必须时刻树牢诚信意识，认识到自己的言行不但关系到个人形象，还关系到整个公益组织的形象和信誉，深刻认识到公益组织信誉事关公益组织的生死存亡，必须将其放在第一位。

2. 构建个性化的公益组织管理模式。公益组织管理模式是公益组织为实现其运营目标，而开展公益运营活动的基本框架和运作模式。公益组织的管理模式不同，其个性特征也必然不同。

从公益行业发展趋势上看，公益组织应建立制度化、规范化、系统化的管理模式，同时，为避免工作的呆板，适当地增加一些友情关系、亲情关系，浓厚公益组织的人文氛围。在构建个性化的管理模式时，必须坚持以人为本，关心人、爱护人、尊重人，努力做到以下几点：

一是始终以公益组织的价值观为导向。管理模式是公益组组织价值观在公益组织身上的具体体现，公益组织的价值追求，需要依靠一定的管理活动才能实现。

二是设计好公益组织运营流程，完善公益组织制度体系，并且使其和公益组织理念相一致。

三是从公益组织和公益行业的现实出发，建立好符合公益组织员工特点、技术水平、行业特征和政策环境的管理模式，使公益事业贴近民众现实生活，在力所能及的范围内，尽可能满足国家、社会、个人的公益需要。

3. 构建公益组织的文化模式。公益组织文化是公益组织个性特征产生的土壤，一个具有独特文化的公益组织也一定是个性鲜明的公益组织，构建公益组织文化模式，可以从以下几个方面发力。

一是重视战略文化。公益组织的发展战略是引领组织发展的指挥棒，事关公益组织发展的方向。公益组织发展战略需要获得公益组织内部员工的充分认可，才能发挥重要的导向引领作用。公益组织要重视并依靠战略文化建设，提升工作的凝聚力、向心力、战斗力。

二是加强制度文化建设。制度建设是管长远、打基础的工作，是公益组织文化建设的重要内容。公益组织要致力于构建科学的决策机制、运行机制、保障机制、沟通传播机制，不断规范公益组织行为，构建和谐进取的公益组织文化。

三是加强人本文化建设。人力资源是社会第一资源，公益组织长期以来待遇不高、工作压力大，在倡导发扬艰苦奋斗优良传统的同时，公益组织要加强人本文化建设，关心员工，尊重员工，改善员工的工作、生活条件，提高员工的工资福利水平，做到既靠事业留人、感情留人，也靠适当的待遇留人，增强员工对公益组织的归属感、认同感，不断调动员工工作的积极性、主动性、创造性。

四是加强团队文化建设。个人的力量是有限的，个人只有融入团队之中，才可能发挥更大的作用。公益组织要加强团队文化建设，将员工合理配置在合适的不同的工作团队，加强团队内部员工之间、团队与团队之间的协同合作，不断在公益实践中打造出色的公益团队。公益组织也可适时对业绩突出的公益团队进行表彰，发挥榜样的示范带动作用，营造和谐干事的团队文化氛围。

五是重视特色文化建设。每个公益组织都有各自不同的特点，其关注的公益领域、各自的综合实力、汲取公益资源的能力、组织的传统等都千差万别，公益组织要重视挖掘自身的特色，结合自身的独特历史、运营特点，加强组织特色文化建设，形成各自的比较竞争优势。

（二）培育公益组织作风

良好的公益组织作风是公益组织优良文化的集中体现。公益组织员工的言行反映着公益组织的作风，影响着公益组织形象。衡量一个公益组织文化是否健康的标志，就是看该公益组织的作风如何。公益组织作风构成的核心元素，就是在运营活动中所体现出来的风气。因而，培育公益组织的良好作风，是增强公益组织核心竞争力、塑造公益组织良好形象的现实要求。公益组织作风的培育，需要把握好以下三个环节。

一是深入调研公益组织作风建设的现状。公益组织要加强作风建设，首先得了解自身作风建设的现状如何，还存在什么问题，了解的方式可以通过访谈、问卷调查、召开座谈会、现场观察等形式进行，了解要尽可能全面、深入。

二是深入分析公益组织作风建设存在问题的原因。发现公益组织作风建设存在的问题之后，公益组织要组织专业人员，深入分析问题之所以存在的原因，特别是涉及体制、机制的深层次原因。

三是做好公益组织作风问题的整改工作。面对公益组织作风建设存在的问题，在找出问题的原因之后，公益组织就要立即行动起来，领导班子要带头进行整改，完善规章制度，加强检查督促，做到立行立改，并建立作风建设的长效机制。公益组织要重点在抓好领导班子、建好公益队伍、提升公益实效、做到清正廉洁上下功夫，努力培育团结协作、艰苦奋斗、严谨细致、民主公开、廉洁高效、创新进取的组织文化，同时，结合各自公益组织的实际，加强具有自身特点的作风建设。

第五章　社会转型时期公益组织行为形象的传播

第一节　社会转型时期公益组织行为形象传播系统的构建原则与运作逻辑

一　明确社会转型时期公益组织形象行为传播系统的构建原则

在社会转型时期，公益组织形象建设面临极大的挑战，在引入CIS的操作过程中，完善公益组织的行为形象传播系统是树立独特组织形象的关键。公益组织在具体构建行为形象传播系统时，需要遵循以下原则：

一是坚守公益组织的理念。公益组织理念识别是公益组织形象定位和传播活动的开始，也是公益组织CIS策划的指引。公益组织理念对公益组织政策的制定、公益组织活动的开展和公益组织形象的传播具有统领作用。构建起一个完整的公益组织识别系统，主要依赖公益组织理念识别系统的确定和完善。在公益组织理念确定之后，公益组织的行为价值取向也就确立了，这也是公益组织规章制度建立的逻辑起点。因而，建立公益组织行为传播系统，必须坚守公益组织理念，将理念融入行为之中。

二是以公益市场为中心。公益市场是公益组织活动的中心，公益组织的一切活动都要围绕公益市场来开展。如果某一公益组织要想从社会吸取更多的公益资源，就需要研究公益市场，在服务领域干得更加出色，靠优质服务来与其他公益组织竞争，并最终赢得民众的支持。因而，公益组织在建立行为传播系统时，需要落实服务导向、竞争导向原则，使自己的行为围绕着拓展公益市场这一中心而开展。

三是以提升服务质量为抓手。公益组织行为传播系统的核心是依据公益组织理念，规划设计公益组织的组织架构和运营管理流程，建立公益组织的各项管理制度，促进公益组织管理的制度化、规范化、标准化，提升全体员工的责任感、使命感，其目的在于提高决策效率、管理效率、服务效率，从而不断提升服务质量，提高公益组织的工作绩效。

四是以内在统一为要求。公益组织形象行为传播导入 CIS，就是为了构建统一、协调的形象传播体系。这就要求，一方面，公益组织的理念、行为、视觉、听觉形象要协调、一致，形成形象传播合力；另一方面，理念、行为、视觉、听觉等公益组织形象识别子系统内部，各构成要素也要协调、统一。具体到行为传播系统来说，从领导者的传播行为到一般员工的传播行为，从公益组织的内部传播行为到公益组织的外部传播行为，公益组织必须在同一理念的统摄下，按照各自的分工来开展传播行为。

五是以创新为路径。公益组织行为传播的目的之一，是树立具有统一性、独特性和公益性的组织形象。统一性是指公益组织的形象是一个统一的整体，独特性是指公益组织的行为体现出和其他公益组织不同的特征，具有自身的个性。鲜明的个性特征是公益组织形象识别的依据和基础所在。这种独特性的产生要以创新为路径，在坚持公益性的前提下，敢于突破，设计出有别于其他公益组织的公益方式、公益行为，使受众通过公益组织的行为传播来了解该组织、认可该组织。所谓公益性是指公益组织的所作所为是为了实现公共利益，在社会转型发展的新时期，要实现好公益性也必须不断创新公益方式方法。

二　确立社会转型时期公益组织行为形象传播系统的运作逻辑

社会转型时期公益组织行为形象传播系统的运作，需要遵循一定的内在逻辑来开展。这一内在逻辑主要包括，在明确公益组织理念的基础上，建立好行为准则，传播好行为准则，并且落实好行为准则，以促进遵守行为准则的常态化。

一是建立行为准则。公益组织在明确组织理念之后，在引入行为识别系统的过程中，要将组织理念制度化为一系列行为制度，这是能否实现行为目标的关键。公益组织的行为准则，要根据公益组织的业务领域、工作要求制定。公益组织不同，其提供的公益服务不同，民众对其的要求也不尽相同。制定公益组织行为准则，内容涉及诸多方面，从言语规范、个人仪容、人际行为、上下班时间、安全注意事项等，都必须进行详细规定。在制定行为准则时，一方面，要遵守公益组织理念的要求，另一方面，也要充分考虑公益行业特点，结合公益组织自身实际，例如，公益组织管理者和员工素质、现有技术条件、组织规模等，制定科学、合理、操作性强的准则。

二是建立传播行为准则。行为准则建立之后，公益组织要通过多种网络、宣传栏、宣传册、杂志等传播媒介，加大传播投入，加强传播力度，进行广泛的传播、解释和强化，通过传播使受众明白行为的目的、价值和意义，使得公益组织员工理解、认可并接受，并且在各自的工作岗位上自觉遵守。在传播行为开始之前，公益组织还要制定好传播的准则，把握好传播的时、度、效，并且在传播的实际操作过程中，不断完善传播准则。

三是落实行为准则。行为准则制定之后，能否发挥应有的作用，关键看落实。在具体的落实过程中，公益组织要做好以下相关工作：一是行为准则的修订完善工作，准则是否符合实际，是否科学、是否具有可操作性，需要在公益实践中接受检验，公益组织管理者要及时收集执行的意见、建议，对准则加以改进。二是要完善行为准则的配套措施，建立奖惩机制，并且及时有效执行。三是加强执行准则的检查督促，公益组织要定期、不定期地开展检查，细化检查内容、检查方式，发现问题及时处理，并强化检查结果的运用。四是发挥榜样的示范带动作用，公益组织要通过评先评优等活动，选树出执行准则好、工作业绩好的榜样，并且通过表彰、宣讲、奖励等活动，带动其他人员也认真遵守准则。

四是促进遵守行为准则常态化。公益组织要通过反复的宣传、教育，促进全体员工遵守行为准则常态化，发挥准则的刚性作用，树立遵守准则的鲜明导向，使得遵守准则成为常态，成为一种习惯。公益组织要站在文化建设的高度，使管理准则最终成为一种制度文化，推动公益组织内由传统的"人管人"变成"制度管人"，由"制度管人"走向"自我管理"，做到遵守行为准则常态化、规范化。

第二节　社会转型时期公益组织内部行为形象传播系统的构建

抓好社会转型时期公益组织内部行为形象传播系统的构建，需要重点抓好以下几项工作。

一　构建好社会转型时期公益组织的管理体制

公益组织的管理体制，决定了公益组织的运作方式和公益组织员工的行为方式，是形成公益组织特色文化的关键，是营造良好干事创业氛围的前提，因此，该体制是塑造公益组织形象的有力推进机制。构建社会转型时期公益组织的管理体制，需要做好以下工作：

（一）选择合适的公益组织机构

在具体的公益组织形式下，组织机构不同，公益组织的决策方式、运作方式、信息传播方式也就不同。因此，公益组织机构的选择，也是公益组织行为传播系统的组成内容，是公益组织识别系统的有机组成部分。

通常来说，公益组织的组织机构就是指公益组织领导层以及各构成部门之间的相互关系。在社会活动中，任何一个组织机构大体上都包含以下系统：

一是决策系统。该系统决定公益组织发展的方向、决定涉及公益组织发展的其他重要事项。

二是权力系统。该系统保证公益组织决策能正确、有效地执行，并对拒不执行者进行惩戒。

三是激励系统。该系统通过奖惩等措施，不断激励全体员工自觉地为公益组织的发展贡献力量。

公益组织的结构是指公益组织的基本框架。公益组织形象设计的重要内容之一，就是设计合理的组织机构。公益组织因规模、实力、员工、技术条件等方面的不同，而需要构建与之相匹配的组织结构。因而，公益组织需要根据自身条件，在综合分析各种结构类型的优缺点之后，合理地选择组织结构类型。

公益组织要根据自身的实际，选择以下组织结构类型中的某一种作为自己的组织结构：

1. 直线制。早期的公益组织往往采用这种类型，该类型公益组织的指挥和管理职能由公益组织的行政领导人执行，不设特定的具体职能部门。这种组织机构形式单一，权责分明，领导集中统一。但是，权力高度集中，并要求管理人员知晓各种专业知识，具备较强的业务能力，因而适用于员工较少、规模较小、实力较弱的公益组织。

2. 职能制。该类型的公益组织是指在直线制基础上，设置了专门的职能机构、配备了专职人员的公益组织。在该制度下，管理职能不集中于公益组织的领导身上，而是由各职能部门去负担，由职能部门去指导基层组织开展相关活动。这种制度适合于规模较大、技术复杂、实力较强、分工较细的公益组织。但是，要注意防止政出多门，使基层组织不知所措的问题。因而，实现职能制的公益组织要加强综合协调能力，做到为了共同的目标而开展活动。

3. 直线职能混合制。直线职能混合制吸收了直线制和职能制的优点，它一方面按照集中统一的原则设置直线行政领导人，另一方面又按照分工管理原则设置各级职能机构或者人员。公益组织的最高领导层行使命令、指挥权，职能部门行使指导权、监督权，各级领导人分别行使相应的指挥权。这种组织形式，一方面具有直线制和职能制的优点，另一方面又克服了职能制多头领导的缺点。但是，这就要求公益组织领导者具备较高的综合协调能力。这种组织形式适合于中小规模、技术较为简单的公益组织。

4. 事业部制。事业部制是指在公益组织里面按业务范围、地域范围等划分事业部或分会，事业部或分会自主运营，独立核算。事业部制是一种将集权和分权相结合的公益组织管理制度。总会制定基金会的发展战略、工作规划，各事业部拥有独立的运营决策权，这使得总会的高层管理者有可能摆脱日常事务的干扰，集中力量开展重大决策的研究。事业部制适合规模大、实力强、运营范围广、涉及地域大的可以相互独立进行的公益组织。事业部制的公益组织的主要缺点是，职能机构重叠，管理运营费用较高，各部门相互协调较困难。

公益组织因选择不同的组织机构形式，从而拥有不同的信息沟通方式、决策运营体系，因此在决策行为、运营行为、管理行为等方面也表现出不同的特点。公益组织要根据自身的实力、规模的大小、地域的不同等现实情况，选择适合自己的公益组织形式，这也是公益组织形象传播系统的基础。

（二）科学构建公益组织部门结构

公益组织的部门化是指根据一定的标准，将若干单位整合在一起的过程。部门化是社会分工越来越复杂的表现，是社会分工精细化的体现。部门的划分，目的在于明确公益组织中各项任务的分配和责任的归属，推动权责一致，分工明确。部门划分也是公益组织形象传播的有机组成部分，其划分方式决定了公益组织的运营方式和效果。公益组织的部门化可以根据不同的标准，进行选择安排，内容有职能部门化、服务部门化、地域部门化、流程部门化等。

（三）合理设计管理范围

管理范围包括管理幅度、管理层次，其中管理幅度是一名管理人员所能够直接领导、指挥和监督的下级人员或者下级部门的数量和工作内容，而管理层次是指公益组织的纵向等级结构和层级数目。管理幅度与管理层次是影响公益组织结构的两个决定性因素。管理幅度指向公益组织的横向结构，管理层次指向公益组织的纵向结构，这两者相加，构成了公益组织的整体结构。在公益组织整体条件不变的情况下，管理幅度与管理层次通常成反比例关系。也就是说，管理幅度加宽，那么管理层次则变少。反过来，管理幅度变窄，那么管理层次变多。因此，较大的管理幅度就有可能管理层次较小，较小的管理幅度就有可能管理层次较多。管理场次多，管理幅度小，公益组织的组织结构就呈现"金字塔"式。反过来，则呈现"扁平化"式。"金字塔"式结构管理严密，分工明确，上下级之间容易协调。但是，该形式管理层次多，权力较集中，信息沟通时间长，工作的时效性、精准性较差，下级人员的积极性、创造性较低。"扁平化"式结构则沟通交流快捷，下级人员拥有较多的自主性、创造性，工作满意感强。但是，该形式中上级管理者对下级的监督不足，上下级协调性较差。综合考虑，公益组织在设计行为识别系统时，必须认真考虑管理幅度的大小、管理层次的多少，以保证公益组织运转高效、有序。

（四）合理制定权力清单

权力清单是公益组织的上级委托授权给下级的具体权力，使下属在一定的内外部监督之下，有与其责任相当的自主权和行动权。权力清单的明确，为下级组织的干事创业提供了制度保障。权力清单的制定，其基本依据就是目标责任，要根据下级公益组织承担任务的大小合理授权。权力清单的制定，要遵循以下原则：（1）首要原则。也就是说权力清单规定的权力必须是下级在实现目标中最需要的，并且能够履行的权力；（2）按责授权原则。公益组织在制定权力清单时，要以责任为前提，授权同时要明确其职责，使下级明确自己的责任范围和权限边界；（3）动态调整原则。公益组织制定的权力清单要根据形势的变化发展，根据目标责任的调整变化，及时进行动态调整。

（五）构建公益组织管理规范的内容

公益组织管理规范是公益组织管理中各种法规、条例、标准等的总称，是全体员工共同的行为准则。该规范既是公益组织机构形象建设的继续和细化，也是公益组织机构正常运行的保证。公益组织管理规范的内容，主要包括公益组织管理的制度体系和公益组织管理的标准体系。

1. 建立公益组织管理的制度体系。公益组织管理的制度体系，是公益组织员工在公益活动中共同遵守的法规和准则的总和，是公益组织赖以生存和发展的体制基础，也是员工的行为规范和公益活动的体制保障。良好的公益组织后面有着一整套健全的管理制度在规范性地执行。管理制度体系建设是公益组织行为识别系统的基础，它以一定的标准和规范来调整公益组织内部的生产要素，调动员工的积极性、创造性、生动性，提高公益组织的整体绩效。

2. 建立公益组织管理的标准体系。公益组织管理的标准体系，是公益组织开展公益活动必须遵守的质量标准体系。这套质量标准体系是保证公益活动质量的重要基础，全体公益组织员工都要自觉有效地遵守。

二　构建好社会转型时期公益组织环境行为形象系统

公益组织管理规范有序、环境和谐，不但能使员工心情愉快，还能提高员工的幸福感、归属感、满足感，提高工作效率，同时能使公益组织在民众心中树立起良好的形象，使公益组织行为突破单纯的做善事、办好事的层次，而上升到提高自我修养的境界。因而，要加强社会转型时期公益组织环境行为形象系统的构建，重点做好以下工作：

（一）构建好公益组织的物理环境

1. 营造好公益组织的视觉环境。公益组织要正常开展工作，必须具备一定的物理办公场所。在办公场所里，要营造良好的室内光线、照明、色彩、装饰等，并且与周边环境相协调。一个富有吸引力的视觉环境，是公益组织文化品位的具体体现。

办公环境的主色调会影响人们的情绪、态度和行为，如蓝色能带给人平静安宁的感觉，紫色能给人带来优雅高贵的感觉。因而，对公益组织的内外部环境进行布置，对于员工的行为管理具有重要的作用。

办公环境的照明设计关系到公益组织员工的身体健康、工作效率。合理安全高效的照明环境有利于提升员工的工作效率，有利于促进员工的身心健康。公益组织要依据我国现行的《建筑电气设计技术规程》，科学设定用光标准，合理安装照明设备，避免光线过明、过暗或者刺眼。

办公环境的布局也会影响公益组织员工的态度和行为，各种办公设施、用品摆放有序，布局合理，能使人心情愉悦，从而提高公益组织员工归属感、自豪感，提升其工作效率，促进公益组织树立良好形象。

2. 营造好公益组织的听觉环境。公益组织听觉环境的营造，是指公益组织对工作环境中的音响控制、音乐应用等方面的设计。公益组织应有意识地进行声音控制，特别是控制好噪声污染，营造一个舒适、高雅、安静的工作环境。

3. 营造好公益组织的温度、湿度和嗅觉环境。营造良好的温度、湿度、嗅觉环境，是公益组织环境建设的重要内容。温度过高、湿度过大、办公场所有异味，都会使公益组织员工感到不适，影响身体健康。一般来说，夏季空调温度设置不低于26摄氏度，冬季空调温度设置不高于20摄氏度，这样，一方面节能，另一方面又舒适。湿度控制在60%—70%比较恰当。室内还可以利用花卉香料、盆景等，营造一个清新的嗅觉环节。

（二）营造好公益组织的人文环境

抓好公益组织人文环境的营造，主要应抓好以下工作：

1. 优化公益组织的领导方式。领导是公益组织内的核心人物，是公益组织运行的顶层设计者，也是公益组织文化氛围的主要营造者，领导的行为直接关系到公益组织形象的优劣。中外许多优秀公益组织的事例提示我们，优秀的公益组织领导者是组织成功的关键。

公益组织领导者的领导作风是形成公益组织文化氛围的基础。领导者的作风大致可分为三种类型，即民主作风、专制作风和放任自流的作风。民主型领导作风工作效率最高，不但能取得预期的工作成绩，成员间关系也融洽，工作积极性高，具有自觉性和创造性；专制型领导作风的工作效率低于前者，通过严格高压的管理虽然也能达到工作目标，但是员工常常以自我为中心而缺乏责任感，容易相互推卸责任，领导在和不在工作效率大不一样。放任自流的领导作风工作效率最低，只能达到社交目标而完不成工作目标。因而，公益组织领导者的领导作风有好、中、差之分。公益组织领导者如果奉行最佳的民主型领导作风，就完全有可能营造良好、和谐的干事创业文化氛围。

领导是一种技能，是一门科学，更是一门艺术。领导者要不断地提高自己的领导水平，提升领导才能，不断提升以下领导艺术：

（1）识人用人的艺术。主要包括：一是识别人才的艺术。首先，能够在公益组织内部及时发现、识别出优秀的人才，同时，能够在人才招聘的过程中，发现优秀的人才并且积极吸引其加盟公益组织。其次，能够人岗相适。领导者要能知人善任，把合适的人才安排到适合发挥其作用的岗位上，实现其才能与岗位的相互匹配。再次，要能适时使用。人才的成长发展是有规律的，要注意及时、大胆、果断地使用人才。最后，要能适度使用。领导者用人时，要注意关爱长期在重要岗位超负荷运转的人才，防止"鞭打快牛"，避免人才的超负荷工作。二是用人所爱的艺术。公益组织领导者在使用热爱公益事业的人才时，要善于发现该人才具有某一方面的爱好，知人所爱、帮人所爱、成人所爱，充分调动人才开展工作的积极性、主动性。三是用人所变的艺术。在公益组织员工的职业生涯中，人的特长、兴趣爱好都有可能发生转移，领导者要及时发现这种转移，并且有可能的情况下，及时调整其工作岗位，以使其与新岗位更加适合。

（2）行使权力的艺术。行使权力是管理者治理组织的基本职责所在，管理职能发挥的效果主要取决于权力运用艺术水平的高低。公益组织在加强制度建设，将权力关进制度的笼子后，管理效益如何，主要取决于行使权力的艺术水平的高低。公益组织管理者行使权力，重点需注意以下几个方面：

一是用权规范化。公益组织领导者要知道权力的边界在哪里，主要的权力有哪些，自觉在权力范围内规范化用权，做到工作到位而不越位、错位。二是用权实效化。公益组织领导者要在行使权力时，加强行使权力的绩效评估，树立绩效导向，做到用权适度、及时、有效。三是重视发挥公益组织领导人格魅力的作用。领导权力的行使，往往带有制度刚性的一面，带有强制性，下级必须服从上级。公益组织的领导行使权力是履行岗位职责的需要，是必要的。但是，公益组织领导也要加强个人人格修养，发挥人格魅力的作用，调动公益组织员工的工作积极性。

（3）授权的艺术。公益组织要选择合理的授权方式，根据岗位职责、任务分工、下级能力等，确定下放的权力，做到集权与分权有机结合，授权合理适度，同时加强监督检查，督促下级正确行使好授予的权力。

（4）科学决策的艺术。科学决策是实施领导的核心，决策艺术是领导艺术的重要内容。公益组织领导者要加强学习，提升决策的科学化水平，尽量减少决策失误。具体来说，要努力做到以下几点。一是加强调研。公益组织领导者能深入公益活动的一线开展调查研究，把一切决策都建立在对事实充分掌握、深入研判的基础之上。二是广泛听取民意。公益组织领导者要在深入调研的基础之上，广泛听取民意，吸收好的意见和建议，充分发扬民主，优化决策方案。三是加强决策的落实。公益组织领导者的决策一旦做出，公益组织就要完善保障措施，切实抓好落实。

（5）有效激励的艺术。公益组织要完善激励措施，善于调动员工工作的积极性、主动性和创造性。一要及时激励。公益组织要制定适合本组织的激励措施，细化操作方案，并且根据激励政策，及时进行激励。二要适度激励。公益组织制定的激励政策，要注意适度性和可操作性，在荣誉的授予、奖金的发放、物资的奖励等方面，把握好激励的度，做到一方面能发挥出应有的激励作用，另一方面又能做到具有可持续性。三要丰富激励手段。公益组织因各自的实力、规模差异较大，可采用的激励手段也有所差异。因此，公益组织要结合各自实际，丰富激励手段。目前，激励的手段有很多，例如，目标激励、榜样激励、竞赛激励、责任激励、物质激励、奖金激励、关怀激励等物质和精神激励，公益组织要合理地选择激励手段，从而，形成以精神激励为主、物质激励为辅的较完善的激励机制。

2. 优化公益组织的沟通行为。公益组织在运营活动时，如果组织内的沟通渠道畅通、便捷，就能形成一种良好的工作氛围。

公益组织沟通的途径通常包括正式沟通和非正式沟通。所谓正式沟通，是指公益组织内部根据规章制度的要求进行的信息传播与交流。例如，召开会议、出版报纸期刊、官方网站发表消息通知、设立邮箱电话、正式的谈话等。所谓非正式沟通，是指公益组织通过正式规章制度与组织程序以外的各种渠道进行信息的传播与交流。例如，聊天、开展文体活动、聚会等。

公益组织沟通行为的优化，要注意做到以下几个方面：

一是科学设置沟通目标。公益组织内部的交流沟通目标，设置要科学，整体目标就是提高员工的满意度、认同度、归属感，从而推动公益组织战略目标的实现。

二是营造良好的沟通氛围。公益组织领导要带头营造良好的沟通氛围，鼓励员工积极交流沟通，从有利于组织发展、事业发展的角度，畅所欲言，因此，公益组织要善于营造一个良好的沟通氛围，促进员工间的交流与合作。

三是改进沟通的方式方法。公益组织沟通从内容上看，大致可以分为战略决策沟通、业务信息沟通、情感沟通、制度沟通、组织文化沟通等。所谓战略决策沟通，是指公益组织围绕战略的讨论、制定、执行而开展的沟通。战略决策信息只有在组织内部得到广泛而深入的传播交流，得到员工的理解和认同，战略决策的执行才有可能。战略决策的沟通方式可以多种多样，除了传统的口头交流、通告宣传、战略研讨，还需要发挥网络等新媒体的作用，改进沟通的方式方法，提升沟通的有效性。除了做好战略决策沟通，公益组织还要认真做好业务信息沟通、情感沟通、制度沟通和组织文化沟通等。

四是构建完备的信息传播网络。公益组织内部的信息传播，一般包括链形、环形、"Y"形、轮形和全通路形。所谓链形信息传播是指由上至下的命令式链条型信息传播，员工主要听从上级组织的指挥，员工参与程度较低；所谓环形信息传播，是指信息的传播者与受众处在平等的地位，没有明显的领导者，成员的满足度较高；所谓"Y"形信息传播是指，多个上级组织向下级组织传播信息，传播的集中化程度高，解决问题的速度快，但是，成员的满足度较低；所谓轮形信息传播是指信息传播由中心人物做出，其他员工接受中心人物的信息，并且执行，信息传播集中化程度高，中心人物承担着主要的沟通和反馈工作；所谓全通路形信息传播是指公益组织内允许所有的成员相互传播信息，平等交流气氛浓厚，但是有时冗余信息过多，容易造成混乱。因而，公益组织应根据实际情况，搭建多渠道的信息传播网络。公益组织内正式的业务或工作指示信息传播，应该以上下级信息传播为主，而组织内部门相互之间或者员工相互之间的信息传播，则可以开展一些工作经验交流，组织一些跨部门、跨职能的交流探讨。

3. 优化公益组织的文化活动。公益组织文化是公益组织长期孕育、传承，并为组织成员共享的一套价值观、共同愿景、使命和思维方式，是公益组织中被广泛接受的思维方式、道德观念和行为准则。

其具体包括物质文化、行为文化、制度文化和精神文化。公益组织物质文化是指公益组织物质设施的形态；公益组织行为文化是指公益组织的员工在公益运营活动中所表现出来的行为特征；公益组织制度文化是指公益组织的制度设计和员工的行为规范，包括公益组织的领导体制、组织机构、管理制度、明文规定的行为规范和长期形成的工作习惯等。公益组织精神文化是指公益组织在运营过程中形成的群体意识、价值理念和理想追求，其集中表现为公益组织精神，展现着公益组织鲜明的运营思想和个性风格，反映着公益组织的群体意识。公益组织文化作为一种文化已经渗透在公益组织一切活动中，是公益组织形象的灵魂所在。开展公益组织的文化活动，其目的在于通过丰富的文化活动，进行公益组织内共同价值观的整合、塑造，来凝聚、引导、激励、约束公益组织员工的思想和行动，提升公益组织的感召力。

借鉴企业文化的分类，可以将公益组织文化分为强力型公益组织文化、策略合理性公益组织文化、灵活适应型公益组织文化等三种类型[①]。在强力型公益组织文化中，几乎每一个层级的管理者，都具有一系列基本一致的共同价值观和运营策略，公益组织新员工也会很快接纳这些价值观和运营策略。这些公益组织也大都具有独特的运营理念和模式。策略合理型公益组织文化产生于对强力型公益组织文化的批判之中。如果公益组织文化要想对公益组织的运营业绩产生积极的影响，就要团结公益组织员工，调动公益组织员工的积极性、主动性。策略合理型公益组织文化要主动适应公益组织运营环境，采取科学、恰当的策略开展公益活动。灵活适应型公益组织文化能够使公益组织灵活适应公益市场运营环境的变化，并在这一适应过程中，超越其他组织的文化。这种公益组织文化提倡团结、信任，员工之间相互支持，能够及时发现和处理问题，彼此相互信任，具有排除各种困难、迎接各种挑战的决心和信心，工作热情较高、主动创新意识强、勇于改革。

---

① 曾凡海：《企业形象策划与设计》，清华大学出版社 2016 年版，第 187 页。

优化公益组织文化，需要抓住以下几个工作环节：

（1）开展公益组织文化现状的调研。

（2）明确公益组织文化建设的目标。

（3）根据公益组织文化现实状况，进行公益组织文化的定位，明确公益组织文化建设的类型。

（4）进行公益组织文化的凝练与设计。

（5）选择恰当的方式进行公益组织文化的传播。公益组织文化传播的方法，主要包括：编印公益组织文化手册，对公益组织理念、形象等公益组织文化进行有效传播；运用新媒体等传播手段对公益组织文化进行传播，以便员工在较短时间内对组织文化有深入了解；建立和完善公益组织文化网络，例如，座谈会、表彰会、演讲会、新闻发布会等；加强公益组织的实物传播网络建设，例如，公益组织的纪念品、建筑物、办公环境、宣传橱窗、电子显示屏等。

（6）加强公益组织制度文化建设。制度是公益组织文化的重要载体，要结合公益组织运营实际，建立和完善公益组织制度，使公益组织制度规范化、制度化、有形化，从而推动公益组织文化的发展。

（7）培育公益组织文化习俗。公益组织文化习俗是公益组织长期约定的、传承的仪式、典礼、行动习惯等，是公益组织员工在长期的公益活动中形成的习惯性做法。它是组织全体员工自觉遵守的规范，是软约束，而不是规制化的硬约束。当公益组织的价值理念和行为规范变成员工的一种信念、一种习惯时，员工和公益组织所倡导的价值理念相吻合的行为就是一种完全自觉的行为，这是公益组织文化建设的一种应然状态，是一种追求目标。

公益组织文化的习俗化，一方面表现为公益组织员工行为的自觉状态；另一方面也表现为公益组织形成惯例的礼仪活动，如新员工入职仪式、升国旗仪式、退休员工欢送仪式、公益活动启动仪式等。这些都是营造公益组织文化氛围、使员工产生组织认同的重要载体。

三　构建好社会转型时期公益组织管理行为形象系统

(一) 构建好公益组织员工选聘行为系统

公益组织员工选聘是公益组织根据人力资源建设计划和工作具体要求，从公益组织内部和外部吸收人才的过程。组织员工招聘包括员工招募、甄选和聘用等内容。公益组织最重要的资源是人力资源，招聘是公益组织获得人力资源的重要途径。从行为系统构建的角度来看，公益组织选聘员工，除了要遵循人员招聘的一般原则和程序，还应该注意公益行业招聘方式的独特之处。

1. 明确公益组织员工选聘的一般标准。公益组织员工选聘的一般标准，就是应聘者有履行岗位职责、完成工作任务的能力。由于公益组织不同岗位的工作具有不同能力和个性特征的要求，因而，选聘员工的具体标准要看岗位的特殊要求而定。一般的标准是，具有良好的思想道德素质，身心素质，具备和岗位相匹配的学历、资历、业务能力。现实生活中的公益组织选人标准，因综合实力、关注领域等存在差异而有所不同，但是在选聘员工过程中，都应该遵循一般的共性原则：

(1) 德才兼备原则。选聘公益组织员工首先要考察其思想品德如何，做到以德为先，品德良好，才干突出，德才兼备。

(2) 好中选优原则。公益组织在员工选聘中，要引入竞争机制，实现田忌赛马的方式，在对应聘者进行全面综合考察的基础之上，好中选优，选出合适的入围者。

(3) 公平公正原则。招聘员工要公开透明地进行，保证程序公开，执行程序到位，提供公平公正的竞争环境。

(4) 人岗相适原则。公益组织有不同于一般社会组织的地方，公益组织内部各工作岗位也有其不同的职责、使命和特点，因而，公益组织在人才选聘时，要遵守人岗相适的原则，把合适的人才聘用到合适的岗位上。

2. 公益组织人才选聘的行业特色标准。公益组织人才选聘，还应遵守本行业的特色标准，主要有：

（1）富有爱心。从事公益事业，需要具有特别的爱心，能够善解人意，能够体谅到弱势群体生活的不易。

（2）具有奉献精神。在社会转型时期，我国公益事业发展不平衡，公益组织实力差别较大，有些公益组织支付给工作人员的报酬长期偏低，广大公益事业从业者不计报酬，敢于奉献，广大志愿者不需要报酬，加盟公益事业，都体现了良好的奉献精神。

（3）具有耐心。公益事业是一项需要长期坚守的事业，广大公益组织员工保持做好公益工作的战略定力，久久为功，扎实推动了我国公益事业的健康平稳发展。

（二）构建起公益组织员工考评行为系统

公益组织对员工进行考评，构建科学的员工考评行为系统，对于提升员工素质、提高工作效率、规范员工行为、塑造组织形象具有重要的促进作用，具体要做到以下几点：

1. 设计科学的考评体系。对公益组织员工进行考评，需要依据科学的考评标准，建立科学的考评体系。考评具有重要的导向作用，通常来讲，公益组织对员工的考评，可以从工作过程评价和工作成果评价两个方面开展。工作过程评价，主要是对工作行为的规范性进行人与人之间的相互比较和对照评价标准的绝对评价。而工作成果评价，主要是对工作取得业绩的相互比较和绝对评价。在引入公益组织形象识别系统的过程中，要特别注意不能只简单地看结果，而是要在看结果的同时，重视公益组织员工行为过程评价，具体包括，员工的工作态度、积极性、主动性、创造性，员工的合作态度和团队精神，员工日常履行行为准则的情况，员工的工作效率等。

2. 选择恰当的考评方法。在明确了科学的考评体系后，选择科学的考评方法，是推进考评工作有序进行的关键。具体来讲，公益组织可以采用以下几种方法：

（1）直观评估法。也就是一种印象评估法，即根据考评者对公益组织员工的日常接触和观察，由考评者凭个人主观判断进行评价的方法，这种方法简便易行，但是容易受到考评者个人主观情绪的影响，科学性有待提高。

（2）自我评估法。也就是由公益组织员工对自己的工作表现、取得的业绩及存在的问题，进行一种自我评价的方法。

（3）指标测量法。也就是通过各种测评指标，对公益组织的工作运营状态进行测评评分，然后汇总确定考核结果的一种考核方法。

（4）事实记录法。也就是将公益组织取得的工作绩效实事求是地记录下来，以最后累积的结果进行评价的方法。

3. 遵守规范的考评原则。公益组织在考评员工的过程中，需要遵守以下考评原则：

（1）标准先行性。公益组织应该在考评之前，组织工作专班制定切实可行的考评体系，明确考评标准，做到标准先行，并与公益组织员工进行深入交流，以获得绝大多数公益组织员工的支持和配合。

（2）员工参与性。考评绝不能只是领导的事，考评者的事，还应该让普通员工也有参与的机会，有发言权、一定的考评权，提升公益组织员工的参与性。

（3）程序规范性。考评前，公益组织就要设定好规范的考评程序，考评组要严格按照考评程序开展考评工作，做到公开、透明、公平、公正，尽量减少考评者主观情绪的影响，使考评规范有序。

（4）数据可靠性。考评有一些可以定性评价，但是，绝大多数指标还应该是靠事实说话，用数据说理，做到定性与定量相结合。在考评过程中，要特别注意数据来源的可靠性，做到数据准确可靠，令人信服。

（三）构建好公益组织员工的激励行为系统

影响公益组织员工工作效能的因素，主要有两个：一是公益组织员工自身的工作能力；二是公益组织的激励措施。在员工工作能力基本确定的情况下，公益组织要善于制定科学的激励措施，构建科学的激励系统，以调动员工工作的积极性、创造性、主动性。具体来讲，要做到以下几点：

1. 确立激励的基本原则。公益组织在开展员工激励时，为达到预期效果，应遵循以下基本原则：

（1）精神激励和物质激励相结合原则。对取得优异成绩的员工，公益组织进行一定的激励是非常必要的，但是，在激励的过程中要把握精神激励和物质激励相结合的原则，做到以精神激励为主，如授予"先进工作者""模范工作者"等称号，对组织内部的二级或三级单位，授予"先进单位"等称号，颁发相关证书或者奖牌等。同时，还要给予一定的物质激励，让干得好的员工既有"面子"，也有"里子"，得到实惠。

（2）适度原则。公益组织对员工进行激励，要把握好适度原则，一是激励的人员要适度，人数太多了，则显得先进性不足，人数太少了，则显得代表性不足；二是奖励的金额要适度，要和公益组织员工的收入水平、公益组织的整体实力、员工所获奖项的难易程度相匹配，不能奖励过重，也不能奖励太轻。

（3）适时原则。公益组织开展激励活动，建议一般以年度为单位，同时结合中心工作，设置奖励项目，制定奖励办法，不能激励过于频繁，使员工对激励失去新鲜感，也不能间隔时间过长，长时间不激励，使激励作用得不到发挥。

（4）公平原则。公益组织在制定激励办法时，除关注工作业绩等核心指标外，还必须考虑工作难易程度、资源投入程度等其他因素，尽可能使评价办法更加公平公正、更加科学合理，尽可能照顾到方方面面，特别是要照顾到一些非核心业务部门、工作业绩显示度较低的部门，从而调动整个公益组织员工群体的工作积极性。

2. 构建有效的激励方式。公益组织业务主管部门、公益组织自身可以依据工作实际，构建有效的激励方式，具体来说，主要有以下类型：

（1）精神激励。精神激励是指为满足公益组织员工的精神需求，而运用的激励措施，包括情感激励、赏识激励、目标激励、表彰激励等。所谓情感激励，就是公益组织通过关心员工的精神生活和心理健康，在公益组织内部营造相互信任、相互支持、和谐共事的氛围，不断增强员工对公益组织的认同感和归属感。所谓赏识激励，是指公益组织充分地发现员工的才能和价值而予以重视和肯定，以调动员工的工作积极性；所谓目标激励，是指通过设置合理的目标，并且将员工个人目标和组织目标相联系，在完成设定目标后对其进行表扬激励；所谓表彰激励，是指公益组织在员工获得新成果、取得新业绩、获得新荣誉后，对其进行奖状、证书表彰激励。

（2）物质激励。在建设社会主义市场经济的社会转型发展时期，我们一方面要反对一切向钱看，另一方面也要提倡给予业绩优秀的员工，适当的物质待遇。这种物质待遇可以是工资、奖金、保险，可以是奖品，还可以是休假等。

（3）培训激励。培训激励是指公益组织通过对员工思想道德素质、文化素质、专业技能等方面知识和技能的培训，以提高员工综合素质，满足员工全面发展需要的激励方式。

（四）构建起公益组织员工的培训行为系统

公益组织之间的竞争，人才资源是第一位的竞争。在社会转型时期，公益组织面临着错综复杂的外部环境，有严峻挑战，也有发展机遇，而要应对挑战、把握机遇，公益组织就必须加快员工培训行为系统的构建，从而提升管理者的管理水平和员工的业务能力，这也是公益组织形象行为传播的重要内容。

1. 构建科学的培训内容。一般来说，公益组织对员工的培训包括公益组织文化培训和业务培训两个方面的内容。

公益组织文化培训的目的是提高员工对公益组织的认同感、归属感，其具体培训内容包括公益组织发展史，公益组织理念、口号，公益组织的先进人物，公益组织的行为准则、规章制度等。

公益组织业务能力培训的目的在于提高员工的业务技能水平，为其高质量地完成工作任务，提供技能支撑。公益组织业务能力培训包括通用技能的培训和专业技能的培训两个方面的内容。其中通用技能是适用于任何工作岗位的通用能力，例如，反应能力、沟通能力、时间管理能力、决策能力、口头表达能力、书面表达能力等。专业技能是胜任某个具体岗位的能力。公益组织中不同岗位对业务技能的要求也不一样，例如，公益组织能力、公益资源吸收能力、公益理财能力等。

2. 选择恰当的培训方式。从公益组织形象识别的角度来看，公益组织要形成独具特色的培训模式，需要从本组织的发展现状出发，从下列培训方法中选择若干种方法进行组合，以形成新的培训模式。

（1）授课法。授课法是教师讲、受众听的传统教学法。这是传统而又具有良好效果的培训法。其优点在于培训主题集中，运用方便，便于培训者控制整场课堂，把握讲授进度。不足是信息单向传播，缺乏互动和反馈，受众参与度不高。这种方法适用于公益组织理念的培训。

（2）讨论法。讨论法是公益组织员工相互之间、员工与其他群体之间就共同感兴趣的话题各自发表意见的方法，通常包括研讨会和小组讨论法。所谓研讨会就是围绕某一个会议主题，公益组织员工代表或者邀请嘉宾作主旨演讲，围绕主题发表意见，深入交流的会议。这种传播方式信息可以多向交流，交流效果较好，但是需开支一定的会议费用。小组讨论法是指参与交流人数较少的组员讨论法，组员的参与性较高，所需费用较低，该法对会议的主持者要求较高，特别是要求主持者做好会议的引导，避免讨论跑题或者泛泛而谈。

（3）案例研讨法。公益组织通过选择相关案例，组织员工进行深入研讨，重点分析在相关案例背景下，如何找到解决公益实际操作中所遇到的问题。该培训方法有益于锻炼员工分析解决问题的能力，并且所需费用较低。

（4）情景模拟法。公益组织在培训过程中，创设一定的工作情景，让组织员工扮演其中的角色，培训教师和其他学员现场观摩，并且提出存在的不足，给出专业的意见和建议，以改进工作。该培训方法信息传播多向化，公益组织员工参与感、体验感强，所需费用较低，多用于处理问题的模拟能力训练。

（5）新媒体培训法。以"两微一端"、短视频传播为代表的网络新媒体，近些年快速发展，在公益领域得到广泛应用。特别是2019年岁末突然发生新冠肺炎疫情以来，人们都提倡尽可能在网上办理相关业务，培训也因受疫情影响，改为线上举行。该培训方法适合分散式学习的发展趋势，节省了参训者的时间和金钱投入，培训效果也较好。

（6）轮岗培训法。根据公益组织内部各岗位的工作性质和特点，结合组织员工的不同个性，按照多岗位锻炼的原则，让公益组织员工在间隔一段时间后，在不同的岗位工作，以了解不同岗位的工作内容，积累不同岗位的工作经验。

（7）师徒制法。该法是传统的培训方法，通常由经验丰富的公益组织员工担任师傅，具体指导新员工的工作，通过师徒的紧密合作，以使其尽快胜任工作岗位，融入公益组织。

（五）构建起公益组织员工的行为规范系统

公益组织员工行为规范系统的构建，是公益组织综合素质的重要体现。良好的员工行为展示着公益组织的良好形象。员工行为包括一般行为和岗位行为两部分内容，公益组织往往通过制定自身的规章制度对其加以细化和规范化。

公益组织员工行为规范是指员工根据公益组织理念，依据各部门、各单位、各岗位的职责要求，在公益组织制定相关行为准则和制度后，员工自觉地去执行或者被要求强制遵守的行为过程。公益组织员工行为规范系统的构建，包括员工工作规范的构建和员工礼仪规范的构建。

1. 明确员工的工作规范内容。员工工作规范是员工在公益活动中必须遵守的行为准则，包括适用于公益组织所有岗位的通用行为规范和适用于具体工作岗位的行为规范。通用行为规范是一般性、基础性的要求，工作岗位的行为规范是具体性、专业性的规范，是更高层次的规范。

通用行为规范是公益组织全体员工都应该遵守的行为规范，如遵守上下班纪律、保持办公场所环境卫生、行为举止得体大方、待人接物有礼貌、勤俭节约、工作勤勉、具有团队合作精神等。员工遵守这些行为规范，社会大众就能感受到公益组织的整体精神风貌、文化氛围、社会形象。

工作岗位行为规范是针对员工具体工作行为而言的。不同的岗位对员工行为的具体要求不一样。例如，公益组织财务人员必须熟悉财经知识，具有专业的财经业务能力，保证财务数据真实；公益组织办公室人员要熟悉公文写作、处理知识，具有较高的办文、办事、办会能力；公益资源筹集部门要熟悉我国公益慈善领域政策法规，具有较强的策划运作能力；公益组织网站维护人员必须熟悉网站建设专业知识等。只有各专业人员在各自工作岗位上发挥好了积极作用，公益组织的内涵建设才能得到加强，竞争力才能得到提升。

2. 明确员工的礼仪规范内容。公益组织员工礼仪规范是员工行为规范的重要内容。组织员工的言行举止、仪容仪表是组织形象的直观反映。传播公益组织形象首先从传播个人形象开始，员工礼仪规范具体包括以下主要内容：

一是公益组织员工的仪容规范。公益组织所从事的公益事业，是一项高尚、阳光、充满正能量的事业，社会对其整体形象要求较高。公益组织应要求员工做到穿着得体，服饰整洁干净，搭配得当，与工作场合相协调。

二是公益组织员工的体态规范。公益组织员工站态要自然、挺直而又谦虚；坐态要端庄、优雅而又得体；行走姿态要挺胸收腹、步履轻松，而不左摇右摆，给人以亲切、自然、大方的感觉。

三是公益组织员工的礼仪规范。公益组织员工相互之间相处时要讲究文明礼貌，做到谦和自然；在公益活动中和人交往时，注意细节，做到热情有度、交往文明、落落大方、态度友善。

第三节　构建好社会转型时期公益组织外部行为形象传播系统

社会转型时期，公益组织除需重视内部行为形象传播系统的构建外，还需重视外部行为形象传播系统的构建，打造良好的外部行为形象传播生态系统，因为，在公益项目运作中，公益组织能否处理好和服务对象的关系，将直接决定服务项目的实施效果以及社会影响力。我们要调整原有的公益组织和服务对象之间的关系，将"给予关系"转变为"服务关系"。在公益组织外部行为形象传播系统的构建中，需重点关注以下几个方面内容：

一　构建好服务对象心目中的公益组织形象

要在服务对象心目中构建起公益组织的良好形象，公益组织则需具体关注以下几个因素：

（一）公益产品

从社会营销的视角来看，产品主要指的是所推销的东西，即目标行为方式及这种行为方式为目标受众所带来的收益[①]。具体到公益活动中，公益产品就是公益组织为服务对象提供的具体服务。在公益项目的运作中，针对服务对象需求，设计合适的公益产品十分重要。优质的公益产品不仅能够吸引服务对象参与到公益项目之中，还能够一定程度上满足公益服务对象的现实需求，推动公益服务对象理念、知识、行为的改变，从而完成公益项目任务。

---

① ［美］菲利普·科特勒等：《社会营销——提高生活质量的方法》（第2版），俞利军译，中央编译出版社2006年版，第199页。

具体的公益项目运作，要从公益项目绩效评估出发，通过科学规范的公益服务对象需求评估，结合公益组织自身的使命和优势，加强公益产品的组合设计，将公益服务的成果具体化。要善于将无形的公益服务，借助员工精神面貌、服务对象的神态、服务环境等传播出去，实现公益服务有形化①。要善于将公益服务分层，明确公益服务项目为公益服务对象所提供的不同公益产品层次。通常无形公益产品是指通过人们公益行为方式的改变，间接影响人们的实际收益。有形产品是指面向公益服务对象现实问题开展的活动，其通过增强公益产品对公益服务对象的吸引力，完成公益项目任务。

在设计公益项目时，要认识到公益产品对于服务对象来说，是其参与公益项目的收获，是项目绩效的标志。公益组织在公益项目运作中需要关注公益服务对象的需求变化，加强公益产品的组合设计，并尽可能根据公益服务对象的需求和个性差异来调整服务，并和公益服务对象保持沟通，对公益服务对象进行适时的指导，使公益服务对象能够理解公益服务项目，感受到公益服务收益，增强其参与公益项目的积极性，实现公益服务对象收益的最大化。

（二）公益服务价格

对公益服务对象来说，公益服务项目的运作，能否使其最大化感知公益服务项目的收益，最小化感知参与公益服务项目的付出成本，是公益项目能否成功实施的关键。传统的公益捐助活动，公益服务对象只需被动接受公益服务即可，不需要公益服务对象过多付出时间、体力等成本。因而，公益组织较少考虑公益服务对象参与公益服务项目的成本付出。就公益项目运作的现状而言，公益服务对象参与公益项目所付出的成本，大都是时间、精力、体力等自身无须额外支付报酬的成本。当前，吸引公益服务对象的公益项目策略大都是运用免费参与、部分优惠、给予补贴、发放小纪念品等。从公益营销理论的视

---

① 马贵侠：《社会营销视角下公益组织服务项目的运作机理研究》，博士学位论文，中国科学技术大学，2016 年。

角来看，应加强公益服务对象的成本管理，尽可能降低公益服务对象参与公益项目的综合成本。

在公益项目无法做到完全免费的现实情况下，要讲究定价策略，重点把握好以下几个环节：

一是准确界定公益服务对象范围。公益项目服务的对象大都是某个群体，在公益项目还没有正式开始前，就要准确界定公益服务对象，明确公益服务价格，控制公益项目前期成本。通常来说，面向弱势群体的公益项目，服务对象的花费很少，甚至没有，大都是时间、精力等非货币投入；而针对普通大众的公益服务，可能就会包含货币及非货币的两个方面的付出。

二是减少公益服务对象参与公益项目的成本。传统的公益捐助活动，公益服务对象只需被动地接受公益服务、参与相关公益活动则可，不需要过多付出时间、精力、财力等成本。因而，公益组织习惯性地不太考虑服务对象参加公益项目的成本付出。然而，客观来说，公益服务对象参加公益项目，还是需要付出一定的成本的。当前，公益组织要针对公众的现实需求，以低于同类产品或者服务的市场价格，提供更加优质的公益产品或者公益服务，增加公益产品或者公益服务的吸引力。要加大对弱势群体的服务供给，在保证其收益最大化的前提下，尽可能降低参加公益项目的非货币成本。例如，优化服务地点设置，适当延长服务时间，灵活设置服务时间，加强与服务领域专业组织的联系与合作，提升服务专业化程度等。

三是提高公益服务对象的收益。公益组织要在合理控制公益服务对象参与公益项目成本的前提下，努力实现公益服务对象收益最大化，提高公益服务对象的收益满意率。例如，公益服务对象为留守儿童的公益项目，留守儿童和其家庭的投入可能只是时间、精力，而公益组织提供的公益产品可能是教育资金、学习用品、生活用品、学习软件、学习机会、旅游指标等。公益组织应该尽可能使公益服务对象能够切身感知到公益产品的收益，并且公益组织提供的服务也应该更加专业、更加贴近需求，以提高公益服务对象的收益。

（三）公益服务地点

公益活动的地点是指公益组织开展公益活动的具体位置和场所。有效的公益活动，必须考虑公益服务对象的特征和需求，在公益服务地点的选择上，尽可能照顾到大多数公益服务对象参加公益项目的便利，为公益对象提供恰当的公益服务地点，以吸引公益服务对象参加公益项目。

通常公益组织都会综合考虑公益项目资源提供程度、公益项目执行便利程度、公益服务对象方便程度，从而确定项目地点。但是，从公益营销的角度来看，公益项目地点的选择应根据重要性的大小，依次考虑公益服务对象方便程度、公益项目执行便利程度、公益项目资源提供程度。在具体的公益服务项目执行中，公益组织应该使提供公益服务者更加接近公益服务对象。具体来说，一要根据公益服务对象特征，实行灵活的公益服务时间和公益服务期限；二要优化公益服务环境，增加公益服务地点的吸引力；三要增加亲和力，降低公益服务对象接受公益服务的门槛[1]；四要加强互动性，畅通信息传播渠道，及时与公益服务对象进行线上或者线下沟通。通过实施这一系列便利化措施，为公益服务对象提供恰当的公益服务地点，努力提高公益服务绩效。

（四）公益营销方式

公益营销是一种劝说性交流方式，目的在于使公益服务目标顾客了解所提供的内容，相信他们会接受其所倡导的利益并付之于行动。公益营销具体包括公益信息和媒介两个部分，公益信息就是公益组织想要传播的内容，媒介就是传播公益信息的载体。

面向公益服务对象开展公益营销是保证公益项目绩效实现的重要方式。在社会转型时期，我国公益事业快速发展，为了提高公益服务

---

① 王向南：《中国非营利组织发展的制度设计研究》，博士学位论文，东北师范大学，2014年。

项目的知晓度、参与度，针对公益服务对象设计有效的营销方式是很有必要的。公益服务项目的营销设计要有创意，并且能够使公益服务对象较快感知到公益服务项目的目标、公益项目收益、利益分享等重要信息①。具体来说，公益营销要从公益信息制作和媒介选择两个方面进行。一是在公益信息制作方面，如何使公益服务对象了解更多公益项目的重要信息，是公益项目成功的一个关键。公益信息制作者要站在服务对象立场，深入研究公益项目信息。社会转型时期公益信息繁杂、良莠不齐，甚至还有虚假信息的存在，因而，公益信息的真实可靠、简短清晰、表述精准是非常重要的，在有限的公益图文信息里，需要向服务对象准确地展现公益组织信息、公益项目目标、公益项目优势、利益承诺、公益项目收益等重要信息，增强公益服务对象对公益项目的认同感。二是在信息传播媒介选择方面，要结合公益项目特点选择合适的媒介。现在以微博、微信、客户端等为代表的新媒体，已经成为公益组织传播信息的重要媒介。公益组织要整合好网站、微博、微信、客户端等新兴媒体和报纸、杂志、电视、广播等传统媒体资源，加强与公益服务对象的互动性，善于根据公益服务对象的年龄、职业、文化层次、身体状况、媒介接触便利性等因素，综合运用多种媒介进行公益项目营销。公益组织要提升公益传播专业水准，加强宣传的精准性，树立良好组织形象，调动服务对象参加公益项目的积极性，提高公益项目的绩效。

（五）公益服务绩效

公益组织服务绩效主要指公益组织通过提供公益服务而使组织、社区或个人等发生积极改变的具体成效。绩效的科学测量，从外部环境来看，主要和公益项目规范的财务运作和管理有关；从内部环境来看，重点关注该公益服务项目提供了多少产出或服务，公益产品或者服务的质量如何，接受公益服务的对象有多少，具体推进了哪些方面

---

① 马贵侠：《社会营销视角下公益组织服务项目的运作机理研究》，博士学位论文，中国科学技术大学，2016年。

的改变，公益项目的成本效率如何。要实现公益项目的绩效测量，首先公益项目评估方需加强顶层设计，制订科学的公益项目评估方案、设计科学的评估指标；其次公益组织需重视公益活动全过程的资料积累，并积极开展内部自我评估。要加强外部评估和内部评估的融合，从而不断规范公益组织的行为，加强公益组织内部治理能力建设，提升公益组织的公信力。

公益组织应该与其他组织一样，都需要关注自身的工作绩效，关注公益项目推动了公益服务对象怎样的正向改变，并且要将这种理念融入公益项目的全链条。在公益项目设计阶段，公益组织就要深入调研服务对象需求，立足自身的发展定位、优势、使命和价值，对公益服务对象的潜在需求进行科学、规范的评估，从而设计出切实可行的服务项目。在公益项目运作阶段，公益组织应该对服务对象的动态满足情况进行及时了解和反馈，并根据反馈情况进行及时调整，以保障有限的公益服务资源，能被配置到最需要的地方去。对公益服务项目的外部评估方来说，公益服务项目绩效评估的关键在于设计合理的评估指标。在设计公益服务项目绩效评估的指标时，不应该简单地以投入产出之比来衡量公益项目绩效，而应该加大公益项目对服务对象正向影响效果的评估。一是做好公益服务对象的满意度评估，以提高公益服务对象在公益项目绩效评估中的话语权；二是加强公益项目执行过程评估，做好公益项目需求回应状况评估、公益项目执行专业能力评估、公益项目执行创新性评估。三是加强公益项目成本取向评估，要在综合考虑公益服务对象范围、公益服务频次、公益服务内容、公益服务范围的基础之上，评估公益项目的投入和产出之比，除考虑经济效应外，还应重点考虑项目的社会效应。

二　构建好资金来源方心目中的公益组织形象

公益组织所服务的对象，由于自身经济相对弱势、缺乏自我生存发展的能力，难以支付接受服务所需的费用，并且大多数公益组织也缺乏稳定的收入来源，因而，其资金来源大多来自企业捐赠、基金会捐赠及项目开发、政府购买服务、个体捐赠等，这客观上导致公益组织面临较严峻的筹款形势。如何在资金来源方心目中树立公益组织的良好形象，增强吸引资金的能力，就事关公益组织的生存发展，事关公益事业的可持续发展。我们要借鉴并运用社会营销理论，在公益产品设计、筹资促销、筹资地点选择、筹资价格设定等方面精准发力，扎实推进。

（一）推进公益产品设计与资金来源方的设想相一致

公益服务项目的筹资，一般需要经历三个步骤：第一步是根据公益服务项目的目标选择潜在公益资金来源方；第二步是通过多元化公益倡导将潜在公益资金来源方转变成公益项目资金实际来源方，获得服务项目所需的资金和其他公益资源支持；第三步是在公益组织运作过程中，持续做好公益核心资金来源方维护，培养稳定的公益资金来源方，并吸引公益资金来源方对公益组织的信任，从而参与后续的公益项目。对于有意奉献爱心的资金来源方来说，公益组织在公益项目设计之初，就应该预先设想可能有哪些潜在的公益资金来源方，以使公益项目的目标更加契合公益资金来源方践行自身使命和价值的需求。目前，一些公益组织已经意识到该问题的重要性，在公益产品设计之初，已经考虑到如何将公益项目目标和公益资金来源方的需求相一致，将公益产品针对公益资金来源方的需求进行产品的组合设计，以满足公益资金来源方践行社会责任、承担社会价值、实现自我价值的需求，使公益资金来源方在公益捐赠与资助中实现其价值。

近年来，随着慈善款物"募用分离"理念的传播和推广，国内不少公益基金会开始思考如何向资助型基金会转型。例如，老牛基金会和阿里巴巴公益基金会，都是由企业发起成立的资助型基金会。公益基金会涉及的服务领域也很广，包括教育、医疗救助、环境保护、扶贫、文化艺术、公益行业发展等。因而，公益基金会一方面是当前公益领域重要的公益组织；另一方面，公益基金会在运作公益服务项目的同时，也可以成为其他公益组织的资金来源之一。公益组织在服务项目设计中，要善于将公益项目目标和目标基金会的宗旨相结合，从而使提供公益项目资助的基金会能够更好地坚守初心，履行组织使命，收获良好的社会效益。

与此同时，公益组织还要在力所能及的范围内，考虑如何延长公益服务链，对公益项目的捐赠者提供一些公益延伸产品，增加一些参与式、体验式的服务。例如，腾讯公益为捐赠者提供善款去向的信息服务，使捐赠者增加了更加强烈的公益价值感，也使公益组织的公信力得到提升，增强了组织的软实力，拉近了与资金来源方的关系。

（二）发挥新媒体的渠道作用促进资金来源方心目中公益组织形象的提升

公益组织开展公益筹资活动，渠道的选择也非常重要。公益组织为吸引资金来源方的关注，通过新媒体渠道开展公益服务项目信息的传播，在公益倡导的同时，开展筹资，这已经成为诸多公益组织的共识①。

在媒体融合的信息社会，互联网的选择性高、信息量大、传播速度快、成本低，可以和捐赠者形成直接的联系，互动性强，借助新媒体的群体性传播，公益新媒体项目受众面广泛、影响力较大，其发展势头已经超越传统的公益引导方式。新媒体已经成为公益组织项目宣传倡导的主要渠道，同时，也是公益组织面向资金来源方进行公益捐赠倡导的优选渠道。在实际的公益活动中，有些公益组织借助新媒体开展公益形象营销，并没有明确的定向资金来源方，其往往通过公益组织微信公众号、微博、客户端，传播公益服务项目信息和筹款需求，公益资金来源方具有很强的自主性，可以根据自身的意愿来确定是否捐赠、捐赠多少。公益组织要重视新媒体的渠道作用，因为资金来源方也往往会借助新媒体渠道，了解和寻找潜在的资助对象，公益组织

---

① 马贵侠：《社会营销视角下公益组织服务项目的运作机理研究》，博士学位论文，中国科学技术大学，2016 年。

在新媒体平台的形象好，其获得资助的可能性则高，其获得捐赠金额的数量则可能越来越多。公益组织要善于运用新媒体平台，打造公益品牌项目，吸引资金来源方的关注，因为在公益项目捐赠动机上，项目资金来源方在他们捐赠初期，可能会以公益服务对象的需求为主导，但是，随着现代公益的发展，更多的捐赠者已没有足够的时间和精力深入了解公益服务对象的需求，而公益组织正是在项目对象和资金来源方之间，扮演着桥梁与纽带作用，公益组织将这个作用发挥得更好，就可能更加高效地获得公益项目捐赠，从而为公益服务对象的生存和发展提供更加优质的服务项目。

（三）在资金来源方的主要捐赠地点——网络，树立公益组织良好形象

所谓捐赠"地点"，是指资金来源方进行捐赠的场所。近些年随着移动支付的快速发展，与新媒体公益倡导方式相对应的是公益服务项目捐赠方式的转型，传统的面对面线下接受捐赠的方式逐渐减少，取而代之的是受到公益资金来源方青睐的线上捐款、银行转账，这大大消除了传统捐赠的时间、地点限制，使得公益捐赠方式变得更加方便快捷，网络平台的捐赠日益成为公益组织接受捐赠的主要平台。

在捐赠地点的设置上，公益组织也注重多种捐赠渠道的整合，将线上捐赠和线下捐赠充分结合，并且不断创新公益捐赠方式。目前，我国网络公益捐赠已经主要集中在这三大网络筹款平台上，即阿里巴巴、新浪和腾讯。网络正在成为公益组织筹资、公众参与捐赠最方便的新渠道。近些年，随着移动互联网和智能手机的普及，公益组织通过移动媒体筹资已成为可能，以"两微一端"（微博、微信、客户端）为代表的新媒体成为公益组织新的筹资渠道，其中手机端捐赠已经超过传统的电脑端捐赠而成为主流公益捐赠渠道。此外，体验式公益、运动式公益成为公益组织筹款的新模式，很多项目参与者本身既是捐赠者，又是筹资志愿者，还是公益组织活动的实施者，使得公益组织在满足公益服务对象需求的同时，也以公益筹资为媒介传播了公益文

化。面对资金来源方主要捐赠地点的变化，公益组织要主动适应这种新变化，注意在网络平台上树立公益组织的良好形象，增强公信力，吸引更多潜在的资金来源方开展公益捐赠①。

三　构建好志愿者心目中的公益组织形象

志愿者是指"不以利益、金钱、扬名为目的，而是为了近邻乃至世界进行贡献的活动者"，② 也是一群不需任何物质报酬，而能够主动承担社会责任并且奉献时间及精神的人。志愿者的自愿、无私奉献，为社会公益事业的发展起到了巨大的推动作用。

我国为规范志愿者服务，近些年，已经出台一系列政策法规，加强了制度建设。2013 年年底，中国志愿服务联合会成立，2014 年，中央文明委出台《关于推进志愿服务制度化的意见》《社区志愿服务方案》，指出要建立健全志愿服务的招募注册、培训管理、培训机理、使用保障等各项制度，推进志愿服务制度化。2014 年国务院出台《关于促进慈善事业健康发展的指导意见》，明确要求对志愿服务提供支持。2017 年，国务院出台《志愿服务条例》，目的是保障志愿者、志愿服务组织、志愿服务对象的合法权益，鼓励和规范志愿服务，发展志愿服务事业，促进社会事业的健康发展。

（一）公益产品设计和供给要考虑志愿者的需求，以推动公益组织良好形象的构建

在志愿者招聘和管理过程中，公益组织需要结合公益服务项目和公益服务对象的需求，为之匹配相应的志愿者，此外，公益组织还需要为志愿者提供契合自身需求和偏好的志愿服务项目，使志愿者在捐赠服务的过程中，能够获得一定的收益，从而推动公益组织良好形象

---

① 马贵侠：《社会营销视角下公益组织服务项目的运作机理研究》，博士学位论文，中国科学技术大学，2016 年。

② ［美］马克·A. 缪其克、［美］约翰·威尔逊：《志愿者》，魏娜等译，中国人民大学出版社 2013 年版，第 1 页。

的构建。具体来说，公益组织运作公益项目，考虑志愿者服务需求时，要注意以下几点：

1. 开展志愿者需求评估。公益组织开展公益活动之前，需设计好公益项目，而公益项目设计之前，则需开展志愿者需求评估。公益组织要通过面对面调查、网上问卷、访谈等多种形式，开展志愿者需求调查，掌握公益服务项目对志愿者的具体需求，了解志愿者参与公益服务项目的自身需求，例如，掌握某项专业技能、专业知识、就业技能等，并且开展相关评估。这样，公益组织开展的项目，才能够有的放矢，招募到合适的志愿者，并为对优秀的志愿者开展奖励表彰奠定基础，从而使志愿者参加公益项目有获得感、荣誉感。

2. 完善保障志愿者收益的激励措施。志愿者参加志愿服务，其本意是不求任何物质回报的，但是我们不能因此而否定公益组织不需要任何激励。事实上，公益组织对志愿者进行激励，一方面有利于实现公益服务项目目标，另一方面又有利于培养吸引核心志愿者，提升志愿服务的稳定性、可持续性。只不过这种激励，大多是非物质激励，只是一种精神激励。

一是公益组织可以为志愿者提供针对性培训。公益组织开展针对性强的专业培训，可以提升志愿者服务技能，增强志愿者参加志愿服务的信心和能力，为公益组织服务项目的顺利开展打下基础。另外，通过志愿服务培训，还可提升志愿者自身发展所需的知识和技能。

二是志愿者在公益服务中可促进自我提高。在公益项目开展的过程中，志愿者通过参与相关公益活动，与服务对象进行面对面的接触、提供志愿服务可实现自我成长，促进自我提高、自我完善。

三是鼓励公益组织为志愿者提供多元化的非物质激励。在公益活动结束或者进行过程中，公益组织一般会对志愿者的服务进行一定的评估，这种评估可能是量化的专业性的评估，也可能是凝练的定性评估。在评估结束后，公益组织可依此为依据，为志愿者提供形式多样、切合其自身需求的非物质激励，例如，培训激励、授予优秀志愿者称号等，以不断激发志愿者的志愿服务动机，推动其持续开展志愿服务，提高服务质量，保障公益服务目标的顺利实现。

总之，公益组织在公益产品设计和供给时，要考虑志愿者的需求，同时，要加强对志愿者的非物质激励。

（二）发挥线上和线下志愿者招募渠道的作用，以助推公益组织良好形象的构建

当前，公益组织志愿者招募渠道日益多元化。例如，有的公益组织进入高校、社区等进行志愿者定向招募，有的公益组织网站开通项目志愿者招募端口，有的官方微信公益平台开展招募宣传，有的运用报纸、杂志等平面媒体开展公益项目介绍和招募宣传，有的运用电视、广播媒体、公益晚会等开展招募宣传，有的运用电子邮件开展定向招募，有的运用户外媒体开展招募宣传等。公益组织要树立良好形象，就需要发挥好线上和线下志愿者招募渠道的作用，通过招募志愿者，一方面完成志愿者招募任务，另一方面也促进公益组织良好形象的再传播。

在志愿者的实际招募中，公益组织的线下招募，还是比较喜欢到高校、社区去开展定向招募，这主要和高校、社区潜在的、有爱心的志愿者较多密切相关；而线上招募，则主要借助组织官方网站、微博、微信等线上平台开展，借助报纸、杂志、电视、广播和户外媒体平台的则较少，这主要和移动互联网的快速发展密切相关。我们要推动线上招募渠道和线下招募渠道相融合，善于通过网站、微博、微信等新媒体渠道，将志愿者招募信息传播至更广的范围，让更多潜在的志愿者能获得公益服务项目的具体招募信息，进而通过线下面对面的沟通与交流，吸引有志愿服务意向的潜在志愿者，以充分调动参加志愿者参加志愿服务的积极性和主动性，从而推动志愿者参与公益组织良好形象的构建。

第六章　社会转型时期公益组织
视觉形象的传播

　　公益组织视觉形象传播是公益组织通过图形符号、字形符号、色彩符号等各种视觉要素，来表现公益组织的性质、经营理念、战略选择、行业特点等相关信息，以展示其独特形象，助推各类受众快速识别、有效区分、加深认知、精准记忆的传播。该类传播是公益组织内在本质的外在表现，也是内涵丰富、效果直接、层面广泛、感染力大、传播力强的视觉传播形式。借助视觉传播，能充分表现公益组织的运营理念、组织精神和个性特征，使社会受众能够清晰地了解公益组织形象传播的信息，从而助推识别公益组织形象并固化公益组织形象的目的。

　　公益组织视觉识别系统包括基本要素系统与应用要素系统两个部分。公益组织标志、标准字、标准色、组织专用造型等是基本要素系统的主要内容，公益组织的办公用品、标识体系、员工制服、办公环境等是应用要素系统的主要内容。基本要素系统是应用要素系统设计和应用的前提，应用要素系统是基本要素系统的扩展和丰富，只有将基本要素的内容有机地融入应用要素的系统之中，尽可能使应用要素系统最大化地体现基本要素的内容，公益组织的视觉识别系统才可能充分地发挥出应用的作用。

第一节　明确社会转型时期公益组织视觉形象传播的原则与运作逻辑

一　遵守社会转型时期公益组织视觉形象传播的原则

社会转型时期，公益组织要结合自身实际，遵守公益组织视觉形象传播的相关原则：

（一）亲和力原则

公益组织运营的产品或者服务是通过受助者的消费或者接受服务来实现其自身价值的。因而，公益组织开展视觉设计时，需要使其产品或者服务具有使人感到被关心的亲切感，能满足受服务者的情感需要，以充满人性的方式而被受服务者接纳，做到以情动人，以情感人。例如，上海慈善基金会的 LOGO，会标的标准色为红色，基本图形是"心"形，画面由一只鸽子和一个地球构成。红色隐喻着热情、温暖，"心"形象征着爱心，鸽子隐喻着仁慈、吉祥，地球代表着世界，"SCF"则是"SHANGHAI CHARITY FOUNDATION"，即上海市慈善基金会名称的缩写，该会标的含义是：让爱心飞进千家万户，使世界充满友爱温暖。这种富有亲和力的人性化的设计，是上海慈善基金会成功的重要因素之一。

（二）民族性原则

世界上每个民族的文化都有自己的具有民族特色的思维模式、审美模式、禁忌模式和语言差异，在不同的文化区域具有不同的图像禁忌、色彩禁忌等。因而，公益组织在设计视觉识别时，必须充分地考虑各种民族差异和民族特色，充分地表达民族的个性。只有符合本民族审美习惯的视觉设计，才是能赢得本民族好感的设计。我们要深刻地认识到，"越是民族的就越是世界的"这一名言，所蕴含的深刻哲理，在公益组织形象设计、产品设计等方面，符合中华民族的民族习惯，特别是审美习惯和认知习惯，彰显民族特色。

（三）简洁性原则

当代社会是信息爆炸的社会，信息传播技术迭代发展很快，造成信息泛滥。受众每天都接触大量的信息，因而，受众都会有选择性地接受信息，从接受心理学的角度来看，受众都喜欢接受直观、简洁的信息，这也正是公益市场定位理论产生的社会基础。因而，公益组织的视觉设计必须简洁明了，让人容易接受。当然这种简洁，不意味着简单，没有吸引力。公益组织的视觉设计必须要善于用简单的图案、简洁的线条，来表现组织丰富的内涵和深刻的含义。遵循简洁性原则，意味着视觉设计越来越需要从具象设计向抽象设计转变。具象设计因为其运用写实的设计手法而显得复杂，也因其设计过于具体而缺乏意蕴。抽象设计采用抽象的线条或者几何图案，其风格简洁明了，能较好地适应公益组织专业化运营的需要，同时也使其所蕴含的意义具有一定的张力。

（四）动态性原则

公益组织视觉设计的动态性表现在两个方面，一是公益组织设计的视觉识别图案要具有运动、变化的气势，使其具有动感，同时，使其图案具有丰富的联想力。二是公益组织的运营范围会随着社会的发展变化而发展变化，原来专业化运营的可能发展为多元化运营，原来多元化运营的，也可能发展为专业化运营，同时，随着社会民众和审美品位的发展变化，原来的视觉要素也可能适应不了新形势。因而，公益组织的视觉要素要能根据民众需要适时进行调整，具有动态性，使其在坚守自身个性特征的同时，又能符合公众审美和价值观的需求。

（五）个性化原则

公益组织的形象设计，应关注公益组织的类型和服务领域，揭示公益组织的风格、特征，与其他公益组织区别开来，通过强化某一因素，传播公益组织所具有的文化，揭示组织的内在逻辑性，展示组织的变化发展。因而，个性化、差异化是公益组织视觉设计的一项重要内容，是彰显组织特色，让组织形象脱颖而出、有效传播的关键所在。

（六）艺术性原则

公益组织的视觉识别传播是一种视觉艺术，人们观看与接受视觉要素的过程，同时也是一种审美的过程。遵循艺术性原则，具体来讲，需要把握好以下美学准则。

1. 做到对称和均衡相结合。中国传统美学就重视对称之美，对称在大自然界也随处可见，对称的形态，在视觉上有协调、自然、安定、整齐、典雅、庄重、平衡的朴素美感，符合人们的生理和心理要求，是一种重要的美学法则。均衡是根据形象的大小、轻重、色彩和其他视觉要素的分布，作用于视觉判断的平衡，是在视觉艺术作品中不同部分和造型因素之间，既相互对立又相互统一空间关系。均衡可分为对称均衡和不对称均衡。对称本身就是均衡的。但是，随着人们审美品位的提升，人们已经不满足于采用简单的对称形式，来展示事物之美，而是会尝试采用不对称的形式，来体现均衡之美。这种不对称形式的均衡，相互之间的制约关系，不像对称形式那样明显、严格，并且比对称形式的均衡要显得轻松活泼一些。

2. 做到统一和变化相结合。公益组织的形象设计，要做到统一和变化相结合。所谓统一，就是指公益组织形象设计要具有统一性，统一性的形象设计图形能给人带来畅快、整体的感觉。这种统一性越单纯，就越具有美感。在视觉设计中，统一要求注重公益组织形象设计的颜色、点、线、面、体等视觉元素的一致性。同时，还要讲究变化，因为如果只有统一而没有变化，则显得呆板、单调，而缺乏趣味。因此，在形象设计的统一中要追求变化，这种变化通常通过对比、重复、夸张、韵律、渐变等手法来实现。公益组织追求变化，要力求简洁而不繁复，以获得统一、整体、和谐的美感。

3. 做到节奏和韵律相结合。公益组织的形象设计，虽然不是创作音乐，但是也要讲究节奏和韵律。节奏本是音乐中音响节拍轻重缓急

的变化和重复，在视觉设计上，节奏是以同一性的视觉要素连续重复
时所产生的运动感。而韵律本是指音乐或者诗歌的声韵和节奏，韵律
美是一种抑扬顿挫的有规律的重复，有组织的变化，在视觉设计上，
要讲究色彩的韵律美，使有规则变化的视觉元素产生类似于音乐的韵
律美。这种韵律使形象构图具有积极的变化和生机，有加强传播力的
能量。在公益组织视觉设计时，可以通过视觉元素的渐大渐小、渐深
渐浅、渐多渐少、渐长渐短、渐粗渐细、渐疏渐密等，构建起一幅
"律动"的公益组织形象图。

4. 讲究比例。任何一幅和谐、美丽的构图，都需要讲究比例，
使自身具有协调的比例关系。比例是视觉设计中一切视觉单位的大
小，以及各单位间编排组合的重要因素。良好的比例关系，就是说
公益组织在形象设计时，要注意构图的黄金分割比，所谓黄金比例
分割是指把一条线段分割为两部分，使其中一部分与全长之比等于
另一部分与这部分之比。其比值是一个无理数，取其前三位数字的
近似值是 1∶0.618，黄金比例分割使线条有一种协调的美感。

二　明确社会转型时期公益组织视觉形象传播的运作逻辑

社会转型时期，公益组织要明确视觉形象传播的以下运作逻辑：

（一）遵守社会转型时期视觉形象识别系统的设计程序

公益组织要遵守社会转型时期视觉形象识别系统的设计程序，分
阶段推进相关工作：

1. 视觉形象识别系统设计准备阶段。公益组织进行视觉设计之
前，需要做好相关的准备工作：

（1）开展视觉形象识别设计调研。对公益组织运营环境和运营状
况进行深入的调研，做出准确判断，是公益组织视觉形象识别的前提。
设计调研将为后续的视觉形象识别提供专业、充分的依据。

（2）选择视觉形象设计方式。公益组织在经过翔实的调研之后，
需要在公益组织自身和专业的视觉设计公司之间，进行研发设计主体

的选择。通常情况下，公益组织需要将视觉形象识别系统的设计，交给专业的 CIS 设计公司去研发。研发合作的方式一般有三种：全部外包、部分外包和设计招标。所谓全部外包，是指将公益组织视觉形象识别系统的设计工作，完全委托给一个声誉好、实力强的设计公司来承担，依靠专业设计人员的经验和才干，去完成所有的设计开发项目；所谓部分外包，是指以专业设计公司的人员为主体，本公益组织的设计人员也参与其中的合作开发方式；所谓设计招标，是指公益组织将设计业务通过某种方式，以一定的标的，公开选择某个公司开发设计。具体包括指定设计和公开竞选两种，指定设计是指将邀请的比较优秀的设计人员的作品，进行优选比较；公开竞选是指面向社会提出设计要求，广泛征集设计方案进行优选。无论选择哪种开发方式，都应根据公益组织自身的实力认真选择，以保障设计质量。在选定了开发设计的公司之后，公益组织要认真拟定开发委托书，提出视觉形象识别的开发目标和其他详细要求。

（3）设计概念定位。视觉形象识别设计作为公益组织对外形象传播的重要载体，应该紧紧围绕公益组织的理念形象识别系统，多层次、全方位、多视角、立体化地进行对外的立意和传播，使公益组织视觉形象识别系统成为公益组织理念形象的生动表述。通常来说，公益组织的视觉形象识别系统，应该建立在公益组织的理念形象识别系统基础之上，从识别和发展、社会和竞争的视角，对自己进行精准定位，并以此为依据，认真分析和审视公益组织的理念形象识别系统，使之成为视觉符号系统，并将具有抽象特征的视觉符号系统，设计成为视觉表意和传播的基本要素，融入公益组织运营的方方面面，以达到树立公益组织良好形象的目的。因而，从形象概念到设计概念，而后从设计概念到视觉符号，是视觉形象识别系统设计的关键阶段。随后，公益组织需要组织由设计师、高层管理人员、营销专家等专业人员组成的评审团，从创意的新颖性、传播理念的准确性、蕴含的公益性等方面，对设计概念进行全面评估，并且最后加以定位。

2. 设计研发阶段。该阶段的主要任务是，将上一阶段所定位的设计概念，具象化为系统的视觉传播形式，以具体传播公益组织的理念。在研发阶段，还大致可以细分为以下三个小步骤：一是将识别性的抽象概念转换成隐喻化的视觉要素，并将这些视觉要素反复研究融合，直到设计概念明晰化为止；二是开发以公益组织标志、标准色、标准字、隐喻物为主要内容的基本设计要素，以构建起 CIS 整体传播系统的基础；三是以基本设计要素为基础，开展公益组织的办公环境、办公用品、交通工具等应用要素的开发作业。

在设计研发阶段，对组织标志、标准色、标准字、隐喻物提出的构想提案越多越好，特别是对符合公益组织理念形象，并且能够使公众产生强烈的视觉吸引力的视觉符号，要给予足够的关注。经过专业团队反复研讨、试作、修正直至最终确定，以找到最佳的符合公益组织业态，代表公益组织理念形象的符号体系。创作团队确定基本要素的方案，并且加以精致化的作业处理后，才能进行应用要素的研发作业。

3. 反馈修改阶段。在 VIIS 设计基本定型之后，公益组织还要进行较深入的调研，以便通过一定数量、不同层次的调研对象的信息反馈，来获取 VIIS 受众的反映，评估是否已经达到设计要求，对于没有达到预期效果的设计，要及时进行修改。

4. VIIS 编制阶段。公益组织有效地建立符合公益事业发展实际的视觉识别系统，并加以规范化，有赖于本组织 VIIS 系统的构建。因此，一经确定视觉符号后，公益组织要着手编制 VIIS 手册。公益组织要善于借鉴企业的成功做法，将所有的视觉设计开发项目，根据其使用功能、组织特点、受众需要等，制定出相应的使用方法和使用规定，编制出使用指南。VIIS 手册是 VIIS 实施的技术保障，是 VIIS 管理的依据，编制该手册的目的，在于将公益组织信息的每个设计要素，以简单明了的图例和说明进行统一的规范化，以作为应用时必须遵守的标准，从而确保使用过程中的品质统一、形象统一。

（二）公益组织视觉形象识别系统的设计方法

公益组织的 VIIS 的设计开发，可以分为基本要素的开发、应用要素的开发两个部分。通常来说，该设计开发的逻辑顺序是从基本设计系统开始，然后进入应用项目之中，最后进入实施阶段。

1. 基本要素的设计方法。公益组织基本要素的标志，在组织形象传播中起着关键作用，因此，VIIS 设计最主要的是公益组织标志的设计。公益组织标志的作用，是通过展示某种清晰的视觉认知结构，来隐喻公益组织形象的某种特质。公益组织基本要素的设计方法主要有：

（1）规定公益组织标志的设计方法。标志设计的方法主要是方格标志法，指在方格纸上配置标志，以说明线条的宽度和空间位置关系的方法；此外，还有圆弧角度标示法，指用圆规、量角器标识各种正确位置，角弧度、半径、直径等，以说明标志造型的空间结构关系的方法。这种方法上的规定，保证了标志在制作和使用过程中，视觉结构特性传播的准确性。

（2）明确公益组织标志展开应用的大小规范。依据视觉认知原理，同一标志在不同的应用环境中，例如放大、缩小和背景差异变化等，其所传播的是不同的视觉感受。为了实现标志统一的视觉认知效果，需要面对不同的应用环境和范围对标志开展造型修整，对线条的粗细进行对应性变体设计，建立科学的标志应用大小规范系统。

（3）明确公益组织标志变体设计的应用规范。公益组织在不破坏标志的设计理念和视觉结构形式的条件下，针对印刷技术、制作程序的差异，需要制作各种变体设计，例如，线条粗细变化的表现形式，标志正形和负形的表现形式等。明确这些变体之后，公益组织要以规范化的形式固定下来。

（4）明确基本要素组合的规范。所谓公益组织基本要素的组合规范，是指以规范法则的形式，制定要素间合法的组合关系和禁止的组合关系，从而组合各种要素，达到系统化、标准化的视觉传播目的。

组合规范正式通过对要素间组合形式的确定，对整个 VIS 系统进行系统化管理，这就为基本要素应用于具体项目奠定了规范应用的基础，该规范也是整个 VIS 系统中最为重要的规范系统。在进行基本要素的组合规范时，需要注意遵循以下几项原则：一是坚持在二维空间上，创造引人注目、富有吸引力的原则；二是坚持在同时出现的版面竞争上，制造强有力的表现力的原则；三是坚持在长期出现的多样的视觉信息传播中，塑造统一的设计形式的原则。

公益组织在明确要素组合关系时，要依据视觉认知原理，对符号要素的组合单元的间距、尺寸、色彩、空间位置、大小比例进行科学的排列组合，尤其要注重标志和公益组织名称、标准字组合单元之间组合关系的确立，同时，找出符合公益组织理念、运营规模和范围、服务内容的要素组合单元，明确其相互之间的组合规范。预设的组合规范，在实际制作时可能发生视觉要素错误组合的形式，公益组织要将可能出现的错误的组合形式，用具体图例的方法明确为禁止组合规范，从而构建起一套严格、完整的组合规范系统，以强化组合单元的表现力。

（5）明确隐喻图形的设计规范。在 VIIS 设计要素中，公益组织的隐喻图形是除标志、标准字、标准色、吉祥物等基本要素之外的，容易被人忽视而又非常重要的要素。隐喻图形是 VIIS 系统中最活跃的要素，对整个 VIIS 的传播效果，都将产生重要的推动作用。

但是，我们也要清醒地认识到，公益组织的应用设计种类繁多，形态各异，如果都千篇一律地使用设计的几种形式，就有可能导致设计作品的呆板、单一。因而，使用隐喻图案这种富有张力的组合，随着传播媒体的不同，对空间的尺寸做些调整和修正，能使设计版面达到更加良好的视觉效果。这种隐喻图案具有高度的伸缩性和系统性，能广泛应用于公益组织的各种广告、服务上。隐喻图案增加了基本设计要素应用于传播中的自由度，同时，也增大了它们所表现的内容的宽度、深度和广度。

　　隐喻图案的设计要做到以下几点：一是主题突出。图案要做到主题鲜明、突出，能针对公益组织的特点进行设计，使形式、色彩能充分传播公益组织的经营特色；二是要有亲和力。设计要通过隐喻图形，在大众心目中构建起可亲近的组织形象；三是整体协调。设计要考虑其在以后的应用中，版面如何安排，和周围相关因素是否协调，使其具有伸缩张力的同时，又不失去个性特征，而与整体相互协调；四是防止喧宾夺主。隐喻图案是为了凸显基本要素并营造和谐的视觉效果，而不仅仅是显示突出自己。

　　公益组织隐喻图形规范的制定和基本设计要素有所不同，其形式丰富并且可以在空间上伸展。因而，它只需要规定最小的能保持其特点不丢失的比例尺寸，以及其水平或者垂直的角度，同时，明确当它和其他要素以不同的方式形成各种组合时，能保持最佳效果的大小规范。

　　2. 应用要素的设计方法。公益组织视觉形象识别系统中，应用要素包括办公用品、员工制服、标志招牌、广告、办公环境、交通工具、服务包装等，在和外界接触中使用频率最高的是办公用品。应用规范不仅要设定应用项目的规格、印刷方式、色彩标准、隐喻图形的运用等，还要制定出要素组合规范的空间位置，并且用标准尺寸落实下来，从而有效传播出公益组织运营理念和服务特征等视觉信息。

　　公益组织应用要素设计方法，常见的有：一是制作基本要素的识别单元。公益组织可将标志、标准色、标准字等制作成不同规格的样品以方便随时使用。二是制作公益组织名称的基本组合单元。公益组织可将标志、组织名称、组织地址、电话号码、网址等，组合成一个基本单元，以便经常统一运用。三是制作包装系统，公益组织可将提供的公益服务产品实施包装。四是车体外观设计。公益组织如果有工作用车的话，可在车体外观上喷上标志要素，并且加以标准化后，收入进规范化手册之中。五是如果有现实需要，可以在遵循整体形象设计规范的基础之上，根据现实需要进行设计。

第二节　构建好社会转型时期公益
组织视觉形象传播系统

一　做好公益组织的命名

公益组织 CIIS 策划的重要内容就是给该组织命一个合适的名字，公益组织名称是公益组织识别最重要的因素之一，是公益组织信息与受众的心理之间的第一个接触点。古人云，名不正则言不顺，一个好的公益组织名称，是公益事业成功的重要因素，它是公益组织的代名词，向人们传播着它的文化和品位。好的公益组织名称已经远远超越了单纯的指称意义，而演变成一部内涵丰富的史诗，值得受众慢慢品尝。因而，为公益组织起一个易读易记、富有内涵、能引起受众联想的名称，越来越受到公益组织决策者的重视。

（一）遵守公益组织命名的原则

做好公益组织的命名，需要遵守以下基本原则：

1. 名实相符原则。古人云，名不正则言不顺，言不顺则行不果，要求我们做事要师出有名。公益组织的命名要追求名实相符，意思是组织名称要能真实反映公益组织运营规模和产品特色，不能误导甚至欺骗受众，要反对命名中的贪大求洋，华而不实。

2. 容易识别原则。好的公益组织名称，应该是容易被普通民众所识别的，易读易记，朗朗上口，从而容易得到流传。这就要求做到以下几点：一是名称简洁。公益组织名称的字数要少，通常 2—5 个字较合适。字形不要难认、难写，要做到易认、易写、易记。二是个性突出。公益组织名称应具有自己的个性特点，能够以其独特的内涵，给人留下深刻的印象。例如，中国扶贫基金会以"播善减贫、成就他人、让善更有力量"为使命，故取名"中国扶贫基金会"，该基金会重点关注扶贫事业，并且在名称中加上"扶贫"二字，给人印象深刻，也与其发展定位相符。三是朗朗上口。一个好的公益组织名称，还要讲究韵律之美，读起来朗朗上口，讲究平仄协调，富有韵律感。

3. 名称与标志相互支撑原则。公益组织的名称和标志是打造公益品牌的重要因素，两者必须具有一致性。当公益组织名称和标志相互支撑、融为一体时，品牌形象的整体传播效果会更好，反过来，如果标志内涵与组织名称相互冲突，则会影响传播效果。例如，百度基金会的使命定位为，致力于通过互联网平台和技术的力量，深入挖掘，与公益慈善事业的深度融合与发展，通过互联网尤其是移动互联网的技术和服务推动公益行业的发展。该基金会是 2010 年由百度公司发起的，名称引用发起公司的名称，而"百度"这一名称便来自宋词"众里寻他千百度"，基金会图标也引用发起公司的"熊掌"图标，该图标的创意来源于"猎人巡迹熊爪"，与百度公司的"分析搜索技术"非常类似，从而构成百度基金会的图标形象，百度熊也便顺理成章地成了百度基金会的形象物。

4. 引发积极联想原则。公益组织名称要易记、易认、易读，同时还要能引发积极联想。由于公益组织名称是最集中的传播形式，因而，受众从名称中所获得的直接或者间接含义，对公益组织形象的树立起着关键作用。这种意义要让受众能从中获得愉快而美好的联想，激发受众对公益事业的认同和支持。

5. 顺应环境原则。公益组织的发展包括时间和空间两个发展方向。因而，公益组织名称要适应其未来发展所面临的环境特点。从时间维度来看，公益组织名称要顺应进入新的公益领域、多元化发展的环境特点。从空间维度来看，公益组织名称要顺应进入全国区域、甚至国际区域的特点。因为不同区域因风俗习惯、民族文化、宗教信仰、语言文字等的差异，使得受众对同一组织名称的认知和联想，都可能具有差异甚至产生违背本意。因而，公益组织取什么样的名称，一个最基本的要求就是遵守法律，顺应法律环境，组织名称受到法律保护是品牌被保护的根本。另外，公益组织名称要顺应所开展活动区域或者目标区域的文化环境，顺应公益行业的行业环境，遵守社会公序良俗。

（二）公益组织命名的策略

公益组织想要命好名，需要善于根据自身实际，选择好以下策略中的某一种进行命名：

1. 功效性命名。公益组织名称以组织的某一功能作为命名的依据，名称对服务的功能效果具有说明或者暗示作用。例如，致力于绿色低碳发展和生态文明建设的天合公益基金会，寓意"天人合一"，强调人要与自然和谐相处，同时在名称中明确了组织的发展定位是公益事业。又如，以开展慈善活动为宗旨、不以营利为目的，整合社会资源、消除贫困的北京共仁公益基金会。

2. 专有名词命名。专有名词是指专属于某一特定对象的名词，例如地名、人名等，以其作为公益组织名称，能增加其显著性。常见的有：一是以人名命名。人名包括公益组织创始人或者与公益组织创始人紧密相关的人的姓氏名称，例如，以阿里巴巴创始人马云命名的公益组织——马云公益基金会，歌星韩红发起成立的公益组织——韩红爱心慈善基金会，香港富商李嘉诚创办的慈善服务组织——李嘉诚基金会，由福耀玻璃工业集团股份有限公司董事局主席曹德旺先生捐资创立的公益组织——河仁慈善基金会，其基金会的名称则来自曹德旺先生的父亲曹河仁的名字，同时，此名称中还蕴藏"上善若水，厚德载物"之意。二是以地名命名。例如，我们知道，阿拉善盟是中国四大沙尘暴发源地之一，是对中国北方地区，尤其是对北京沙尘暴袭击最为频繁的地区。阿拉善地区生态环境的治理需要长期、稳定、有效的支持机制。为此，由深圳证券交易所发起设立了公益组织——阿拉善生态基金会，以通过该基金会的运作，形成植树造林、改善生态的长效支持机制，从而为改善阿拉善沙漠地区生态环境做出更大贡献，该基金会就是以公益服务区域的地名来命名。三是以企业名称命名。例如，由阿里巴巴集团公司创建并以公司名称命名的——

阿里巴巴公益，由娃哈哈公司创立并以公司名称命名的——娃哈哈慈善基金会。

3. 普通词语命名。普通词语是指词典里收录的不具有专有性的词语。公益组织以普通词语命名，具有比专业词语更大的创造性和选择空间。运用普通词语作为公益组织名称，可以利用其本身的含义对公益组织的规模、实力、运营特色等进行揭示，但是运用时要注意避免重复。例如，以"发展中国人民与世界各国人民之间的友好事业，推动国际合作，维护世界和平，促进共同发展"为宗旨的公益组织——中国友好和平发展基金会；由贝壳找房发起、在北京市民政局注册登记成立的社会公益组织——北京贝壳公益基金会；旨在致力于帮助先天性心脏病儿童就医、推动社会各界人士积极参与公益活动、促进社会和谐发展的公益组织——上海佑心慈善基金会；等等。

二 做好公益组织的标志设计

标志是民众在长期的生产、生活和社会实践中形成的一种视觉化的信息表达方式，是具有一定的含义并能使民众理解的视觉符号，其具有简洁、明了、直观的视觉传播效果[①]。公益组织标志是用独特的视觉语言说明组织的性质、传播组织理念、展现组织个性的视觉符号，是组织整体形象的集中展现，是组织哲学、组织精神的凝聚与载体。公益组织的视觉识别中，公益组织标志是使用最广泛、影响力最大的视觉因素。组织标志不仅具有统帅所有视觉因素设计的作用，而且是整合所有视觉要素的核心。心理学研究显示，在人们凭感觉接收到的外界信息中，83%的印象来自视觉。公益组织标志正是对受众的视觉的满足，它将公益组织的理念和服务特点等内涵，通过意义明确、造型独特的视觉图形传播给受众，使受众对其识别并产生良好印象。

---

① 汤雅莉：《地铁站域空间标识系统的地域性体系研究》，硕士学位论文，西安建筑科技大学，2014 年。

（一）选择合适的公益组织标志类型

公益组织要根据自身的形象定位，选择以下标志类型中的某一种作为自己的标志：

1. 表音标志。表音标志是指表示语言因素和其拼合的语音的公益组织视觉化符号，其常见的形式是连字标志，也就是由相对完整的词语组成的标志。例如，百度公益标志，是由汉语拼音"Baidu"加"公益"两字、熊掌图形构成。表音标志能直接传播公益组织的相关信息，具有可读性强、歧义小的特点，但是，如果公益组织标志单纯使用汉语拼音，其标识能力则较弱，因而，公益组织在使用标志时，一般会加些背景图案、装饰、象形性构字等变化符号元素，以丰富其图案内涵、增强其指称性。

2. 表形标志。表形标志是指采用几何图形或者象形图形来作为公益组织标志，它通过创造性的设计，以简洁的线条或者图形来传播一定的含义，具有生动、形象、易传播、易识别的特点，形象性极强。但是，如果不附加表音符号，不利于受众把公益组织名称和标志联系起来，容易引发多种联想，产生歧义。因而，公益组织在标志出现的场合，最好能够配上组织名称。公益组织在设计表形标志时，要充分把握图形的组合结构规律，深入探讨构图的点、线、面、体等构图要素的特点和变化，设计出具有意境、情调和审美韵味的图形，达到以有限的图形传播丰富含意的目的，提升公益组织形象的感染力。表形标志具体包括具象标志、抽象标志、形征标志三类。

一是具象标志。具象标志是指直接刻画对象的特征形态的符号，一般是在实物图形的基础之上，经过一定的简化、夸张和设计而形成的图形。公益组织在设计过程中，通常都夸张实物图形美的部分，省略不美的部分，因而，具象标志能够激发起广泛的美感，引起受众的共鸣。公益组织具象标志无论是否直接显示公益组织和服务的特点，都是在一定意义上传播了某种可认知的形象，并通过形象暗示或者象征公益组织的理念和个性特征，而赋予标志以特殊的意义。例如，

"心"形象征关爱。公益组织具象标志的优点在于信息传播直观、生动、准确，含义清楚，使人一目了然。同时，该类标志又来源于直接的现实生活，使人印象深刻。但是，具象标志联想性较弱，传播的含义具有一定的局限性，在具体应用上有较高的限制。

二是抽象标志。抽象标志是指用几何图案来传播某种事物的概念或者意义。该类标志运用现代构图原理，使用点、线、面、体等构图要素设计而成，具有风格现代、简约大气、含义多元、应用性强的特点，但是受众对标志的理解容易产生不确定性，指称性较弱。设计抽象标志最重要的环节是处理线条。线条的粗细、强弱，线条形态是垂直、水平、还是波浪形，都会引起受众不同的情绪反应。公益组织标志中的好线条，能够带给受众亲切感、信赖感。例如，附录五图3的中华环境保护基金会标志，就属于该类标志，其外围让标志和环境融为一体，更加体现中华环境保护基金会的外延广阔。该标志似云似雾，增加空气的流动，永恒而具有动感。其设计灵感源于中国古代的太极图腾，既具有深厚的民族特征，又具有现代特点。该标志环环相扣的内形，体现了基金会的环保特点，而团结凝聚在中央的五星，象征着中国，也象征基金会的核心领导。

三是形征标志。形征标志是指融合了具象标志和抽象标志设计长处的设计类型，其在一定程度上弥补了各自设计的不足。在抽象设计中融入象形设计元素，便使整体设计图案显得更加生动活泼，富有感染力，也提升了指称性。例如，附录五图4的韩红爱心慈善基金会的标志，是取"韩"字的声母"h"这一抽象标志，加上"心"形这一具象标志组合而成，指称着韩红爱心慈善基金会这一公益组织。具体可参见附录四图3的中国残疾人福利基金会，其会徽中心图形由"残疾人"三字的汉语拼音字头缩写 CJR 组成，表示"残疾人"，与国际上通用的残疾人标志相近。其会徽为金黄色，外形是梅花，既有浓郁的民族色彩，又象征残疾人顽强拼搏的品格和自尊、自信、自强、自立的进取精神；梅花盛开，寓意残疾人事业的春天，代表着全国残疾人及其亲属的希望。梅花以五个相互连接的人字组成，象征残疾人团结携手，生活在友爱、互助的社会中，得到理解和尊重；象征全国人民共举人道主义旗帜，和残疾人一起组成亲密无间的集体。其会徽的中心图形和边线金黄色，象征残疾人生活在社会主义祖国，沐浴党的阳光，也象征了我国残疾人事业生机勃勃，欣欣向荣。

3. 组合标志。公益组织图文结合的组合标志，是将表音标志和表形标志的优势有机融合的产物，这种标志吸取了各自的长处，又避免了各自的短处，具有视觉传播和听觉传播相结合的独特优势，受到不少公益组织的青睐。例如，附录五图 6 的中华慈善总会的标志，该标志的基本色是红色，体现出温暖、热情的公益色彩；标志的上半部分是四个不同方向的"心"，象征来自社会四面八方的爱心；标志的四颗心构成一颗红心，象征着爱心因慈善而汇聚到一起；标志的四颗心与中间红心的组合构成了一名儿童的形象，寓意着关爱、呵护、未来与希望；而标志变形的双手则象征着来自全社会的呵护、关爱与援助，双手托起并守护着上方的爱心与儿童，寓意着慈善事业在全社会的关心、支持下将拥有光明的未来。同时，标志还以繁体字的形式，将"中華慈善總會"这五个汉字以及大写的英文名称"CHINA CHARITY FEDERATION"融入进了该公益组织的标志之中，使表音标志和表形标志有机结合在一起。

(二) 明确公益组织标志设计的构成形式

明确公益组织标志设计的构成形式，是指要明确标志的构图要素排列组合的方式。公益组织标志设计者，要善于综合运用对称、反复、突破、对比、渐变、重叠、发射、镶嵌、连接等一种或者多种方式。

1. 对称。对称是指由中间一条竖线或横线将事物分成形状完全相同、等分的两个部分的组合方式。它是图案中求得均衡的基本结构形式，具有单纯、完整而又变化丰富的视觉美感，是构成图案形式美的基本法则之一。人们建造房屋、修筑桥梁、生产产品等，都会用到对称形式。常用的对称方式有左右对称、上下对称、圆周对称、中心对称等。当然，过分注重对称，有时又容易显得呆板，因而，公益组织常运用倾斜、旋转、错位等变化手法，以改变对称事物的呆板感觉。

2. 反复。反复是指相同或者相似的要素多次重复出现。反复是事物生长、运动的客观规律，是一种最单纯的形式美。反复通过形象的秩序化、整齐化，可以呈现统一而又富有节奏感的形式美。反复又具体可以分为单纯反复和变化反复两种。单纯反复是某一造型要素反复简单出现，从而产生了整齐的美感效果。而变化反复是指一些造型要素在平面上采用不同的间隔形式，不仅具有节奏美，还具有生动的韵律美。反复属于整齐的范畴，是一种整齐的美。公益组织在设计标志时，一要注意图形反复的美感；二要注意图形反复的整体感；三要注意图形反复的现实可能性[1]。

3. 突破。突破是指为了夸张图形或者文字的某一个部分，有意识地将其分布在轮廓线的外侧，使作品更加生动，引人入胜。公益组织在设计标志时，常见的突破方式有：一是上方突破。当标志的主题在上方突破时，会给人一种挺拔、雄伟、高大的感觉；二是下方突破。当标志的主题在轮廓的下方突破时，则会给人一种平稳、安详、扩展的感觉；三是左右方突破。当标志的主题在轮廓的左右方向突破时，则给人一种飘逸的感觉。通常，公益组织在设计标志时，只能选择一种突破，以避免主题的分散，画面的零乱。

4. 对比。对比是指把两种不同的事物或者情形作对照，相互比较，形成强烈对照的现象。

公益组织标志造型艺术中的对比是把点、线、面、体的大小、方向、位置、空间、重心、色彩等造型要素中，差异较大的部分组织在一起加以对照比较，互相衬托，从而展现各自的特征，以增强公益组织标志的表现力[2]。例如，通常曲线能给人柔和、活泼、流畅、亲切的感觉，直线则带给人坚硬、刚强、有力的感觉。对比的目的在于强

---

[1]　于佳佳：《用视觉形态语义解读设计思维创意》，硕士学位论文，哈尔滨理工大学，2010 年。

[2]　楚小庆：《技术发展与艺术形态嬗变的关系研究》，博士学位论文，东南大学，2018 年。

调同一造型要素中不同部分的差异性，给受众带来生动、活泼、醒目、鲜明的感觉。对比包括形态对比、色彩对比、排列对比、感觉对比、质地对比，还包括简与繁、粗与细、疏与密、多与少、钢与柔、动与静、强与弱、重与轻、显与隐、冷与暖等的对比。在组织标志设计中，要灵活地运用对比手法，达到提升视觉冲击力的效果。在运用对比手法时，也要避免运用过度，造成杂乱无章的不良后果。

5. 渐变。渐变是指两种以上要素关系所显示内容的基本形态或者骨架呈现不显著、非根本的变化，是事物在数量上的增加或者减少，从而给人以富有韵律节奏的自然美感。基本形态的渐变是指形状、大小、位置、方向、色彩等视觉因素的变化；骨架的渐变是指改变水平线或者垂直线的位置而获得方向、大小和宽窄等因素的变化效果。公益组织标志渐变的构成形式主要有以下几类：一是水平线渐变，这种平面布局能给人以开阔、安定、平稳和扩展之感；二是垂直式渐变，这种布局能给人挺拔、向上之感；三是倾斜式渐变，这种倾斜又可分为左倾和右倾，由于重心位置变化，具有左方向或者右方向的动感，所在倾斜布局更加活泼；四是圆周式渐变，这种渐变具有圆润之感；五是内外式渐变，这种渐变又有内大外小或者外大内小之分，内大外小的渐变具有内凸外凹的感觉，呈球形；外大内小的渐变是外凸内凹的感觉，呈碗状；六是螺线式渐变。这种渐变包括等距螺线渐变和等速螺线渐变，它有回旋扩展之感[1]。

6. 重叠。重叠是指把几个构图单元重叠或者减缺，以构成新的图像。重叠是公益组织标志设计中基本的造型方式之一，运用该手法不仅缩小了各构图单元的总体面积，使公益组织标志结构紧凑，更重要的是它使原有的各平面构图单元富有层次化、空间化、立体化、形象化。

7. 发射。发射构成是骨骼单位围绕一个共同的中心点向四周重

---

① 邢庆华：《设计美学》，东南大学出版社 2011 年版，第 503 页。

复，其具有特殊的视觉效果，是一种常见的自然现象。发射具有方向的规律性，发射中心为最重要的视觉焦点，所有的形象均向中心集中，或由中心散开，有时候可造成光学动感，给人一种强烈的视觉冲击，产生强烈的视觉效果。发射可以分为由中心向外或者由外向内集中的中心点发射，以旋绕的形式逐渐扩大形成螺旋式发射，以及以一个焦点为中心层层环绕进行的同心发射。

8. 镶嵌。镶嵌是指为了减少构图面积，经常把几个单元镶拼嵌合在一起。公益组织在标志设计时，镶嵌在单元组合中既给人以均衡的感觉，还给人以整体的感觉。

9. 连接。连接是指以线条为素材，从始至终连绵不断，一笔成画的技法。公益组织在标志设计时，连接给人以完整、协调、灵动的感觉。

（三）遵守公益组织标志设计的程序

科学地设计公益组织标志，通常需要经历以下程序：

1. 调查研究。俗话说，没有调查就没有发言权。公益组织在标志设计之前，要对自身组织的实际情况进行广泛深入的调查研究，这是搞好公益组织标志设计的前提和基础。调研要重点关注以下几个方面：一是公益组织运营的理念和发展规划；二是公益组织运营服务的主要内容；三是公益组织运营的规模、地理环境和历史；四是公益服务对象的主要特性；五是公益组织现有的美誉度和知名度；六是公益领域竞争者的主要情况；七是公益组织管理者对公益组织标志等视觉识别内容的期待等。

在对公益组织的基本情况进行全方位调研之后，可以对公益市场上竞争对手的标志进行收集和分析，比较各个标志的优缺点，或者让服务对象进行评价，以便了解服务对象对于设计主题、造型要素、构成形式的偏好，作为公益组织标志设计的依据。

2. 厘清公益组织标志设计的思路和主题。要厘清公益组织标志设计的思路和主题，要重点抓好以下工作：

（1）明确公益组织标志设计的思路。思路决定出路，明确公益组织标志设计的思路就是确定标志设计的方向，具体来说，公益组织标志设计的思路方法主要有以下几种。

一是表述法。表述法就是指直接表现公益组织的服务内容、服务项目等运营内容，确定运营目标、宗旨的方法。这种方法直接表现公益组织的产品、服务项目等运营内容，以及运营的目标、宗旨等。这种方法直接、明确、清晰，使人对其运营范围容易理解和记忆。运用表述法设计时要最大限度地展现公益组织的共性、代表性和相对稳定性。

二是会意法。会意法是指借助公益组织具体形象或者图形来象征公益组织所要表现的主要内容，从而引申到公益组织的性质、运营理念和价值取向等各个方面。该法从侧面烘托主题，因此能产生不少新颖的创意，展示出脱俗的味道，但是如果处理不好，则容易削弱主题，产生歧义。

三是表征法。表征法是指运用抽象图案展现公益组织特征和性质的方法。这一方法常用来展现公益组织服务的精准度、效能和优质度。

四是纯标志法。纯标志法是指公益组织直接运用表音符号或者单纯的图形作为标志的方法。所运用的符号常常是公益组织的名称或者名称汉语拼音的声母。为了加强公益组织的标志性，人们常常在字形、组合、装饰等方面，突出变异、精致和趣味，以增强视觉冲击的效果。

（2）明确公益组织标志设计的主题。公益组织在明确了自身标志设计的思路之后，可以通过选择合适的设计主题和素材，使标志设计的内容具体化。公益组织可根据自身的实际，确定合适的主题类型，常见的有：一是以公益组织、服务品牌名称为主题；二是以公益组织、品牌名称的首字声母为主题；三是以名称和品牌名称首字声母的组合为主题；四是以名称或品牌名称首字声母与图形组合为主题；五是以名称的含义为主题；六是以公益组织文化、运营理念为主题；七是以公益组织运营内容为主题；八是以公益组织或者品牌的历史传统或者地理环境为主题。

3. 恰当运用表现技巧并且绘制公益组织标志图案。公益组织标志的主题内容确定后，需要在确定主题的形式技艺基础之上，设计标志图案。

（1）明确公益组织标志设计的基本造型要素。公益组织要明确标志是以点、线、面、体单一构图要素去设计形状，还是要综合多种构图要素进行设计。

（2）运用恰当的公益组织标志构成形式。公益组织根据形态构成的规律和艺术表现法则开展分析，充分运用设计造型的手段，在科学运用构成原理的基础之上，运用恰当的构成形式，以力争创造出符合组织发展理念，有独特个性的标志图案。

（3）绘制标志图案。公益组织在设计构思基本成熟之后，就可用草图展现创意设想。草图是将思维活动变成具体创作的转折点。设计者可以运用发散思维，草拟多个设计方案，尝试从不同的角度、运用不同的方式，对主题进行挖掘和表现，以便找到最佳表现主题的切入点。然后，组织专业人士进行认证，在多个草图方案中好中选优。

4. 开展公益组织标志的精细化作业。公益组织标志完成之后，为了保证标志造型的完整性、传播媒介形象的一致性，需要开展标志的精细化作业。其作业主要包括以下内容：

（1）标志的规范化。公益组织为确保标志造型的统一性、连贯性，避免在以后的运用中因异化、变形而导致组织形象的混乱，需要对标志进行规范化作业，树立系统化、标准化的理念，作为变化多样的应用项目设计和各种传播媒介运用的规范。公益组织标志的规范化内容，主要包括标志造型的标准作图、尺寸规范、变体设计的规范、标志和其他基本要素的组合规范等。

一是公益组织标志的标准作图。标志的标准作图主要内容包括给公益组织标志造型、线条作数值化分析，规定标准的尺度，方便正确地复制和再现，标准作图的方法通常有以下几种：

第一，方格标示法。该法是指在正方形的网格上绘制公益组织标志图案，用以说明线条的宽度和空间位置关系。

第二，圆弧角度标示法。该法是一种辅助说明的有效方法，旨在说明公益组织标志图案的造型和线条的弧度和角度，用圆规、量角器标识各种正确的位置。

第三，比例标示法。该法用公益组织标志图案的总体尺寸为依据，设定各部分的比例关系，并且用数字明示出来。

以上三种方法，公益组织标志的标准作图通常都会用到，这三种方法可以单独使用，也可以综合使用，使用的基本原则是以数值化为前提，力求简明准确，避免随意性改动。

二是公益组织标志运用尺寸的规定。标志是视觉识别中运用频率最高、应用范围最广的视觉要素。标志在应用时常常需要放大或者缩小使用。当然，缩小也要把握度，因为缩小到一定尺寸时，容易出现模糊不清的现象。这对公益组织形象的传播和识别都会产生不利影响。因而，为了确保公益组织标志放大、缩小后的视觉认知的同一性，必须针对标志应用时的大小、尺寸制定详细的规定。例如，明确规定公益组织标志缩小使用的极限为厘米级、还是毫米级，以避免标志造型的失真。

三是公益组织标志变体设计的规定。公益组织在标志应用过程中，由于各种印刷媒体和作业程序对标志图案的造型要素要求不同，因此，需要针对印刷方式的不同或者作业程序的限制，制作各种变体设计，以融入不同的使用情境。公益组织标志变体的设计，要坚守设计初心，以不改变原有标志的设计宗旨和构成形式为原则。通常来说，公益组织标志变体的设计方法，包括线条粗细的变化、彩色和黑白的变化、正形和负形的变化、造型要素的各种变化等。

四是标志和基本要素的组合规定。公益组织将标志和基本要素进行各种组合设计，使之成为规范化、系统化的整体，是确保标志应用规范性的需要。公益组织标志基本要素的组合系统，要根据应用设计项目的客观需要，考虑应用载体的规格尺寸、排列方向、空间关系、排列位置等，设计出横排、斜排、竖排等不同形式的组合单元。公益组织标志设计的重点是使标志和基本要素的构成取得均衡感，获得合理的比例和和谐的空间关系。公益组织标志和公益组织名称的组合方式包括：公益组织标志和公益组织名称或者缩写标准字的组合单元；公益组织标志和公益组织名称标准字、品牌名称标准字、象征物的组合单元等。

（2）公益组织标志造型的视觉修正。人的视觉认知是容易产生错觉的，例如，同样粗细的直线、水平线看起来比斜线粗，斜线又比垂直线粗。公益组织在设计标志时，要根据视觉原理，从整体的视觉构成样式，到具体每一造型细节都做认真推敲，以实现预期的视觉效果。实现的手段主要有改变公益组织标志的字体宽度、高度，线条宽度、高度，以使主观感觉和客观视觉相结合，创造出富有生命力、表现力的标志。

（四）做好公益组织标志的传承和创新

公益组织标志是公益组织形象的核心要素，是组织运营理念和服务特色的隐喻。公益组织标志能够被大众认可进而认同，是公益组织长期传播的结果，是公益组织宝贵的无形资产。因而，公益组织要结合自身实际，做好组织标志的传承和创新。

在社会转型发展、改革开放进入新时代的今天，民众的思想观念和审美情趣也在不断改变，公益组织标志的影响力也会出现衰减，因而，公益组织标志也不是可以一劳永逸的，也存在着如何创新的问题。公益组织要根据实际情况，选择以下一种方式作为自己的创新方式：

一是革命性的创新。在该类创新中，公益组织为了引领潮流，放弃公益组织标志原有的形象认同度，舍弃陈旧的标志，设计并启用富有时代气息的新标志。

二是渐变式的创新。在该类创新中，公益组织的标志是分步骤有序地演变发展的，在演变中保留着原有标志的部分题材、形式，以兼顾受众对公益组织原有的认同感和依赖感。这种创新在公益组织形象设计中呈现出以下特点：

（1）公益组织标志设计由复杂图形向简约图形转变。现代设计中，公益组织标志呈现出简约化趋势，构图普遍不很复杂，表意单纯、清晰，具有"简约而不简单"的特点。

（2）公益组织标志由写实性的表现形式向写意性的表现形式转变。公益组织写意性的表现形式标志，相较于其写实性的表现形式标志，其图案感强、意指性强、表意丰富。公益组织写意性标志构成了一种抽象美，能够赋予该类标志更强的符号感、现代感，现已成为设计界流行的趋势。

（3）公益组织字体标志越来越受到重视。公益组织在设计标志时，越来越重视名称中汉字的图案化处理，或者将公益组织名称的汉语拼音作为设计元素，融入进公益组织标志的设计，以增强标志的可视性、形象性，目前，这种设计理念已经越来越受到重视。

三 做好公益组织标准字的设计

公益组织标准字体是经过专门设计用来表现公益组织名称或者品牌名称的独特字体。公益组织的标准字体通过文字的可读性、指称性等特性，将公益组织的性质、运营理念等信息融入独特的字体之中，以达到塑造和传播形象的目的。公益组织标准字通常和标志同时使用，用途较广，可以直接将公益组织或者品牌传播给受众。同时，附加上视觉、听觉同步传播信息，能加强公益组织形象和品牌的传播力，是公益组织形象识别系统中的基本元素之一，是与公益组织标志处于同等重要地位的元素。

公益组织标准字体区别于其普通印刷字体的地方在于，它除了外观造型不同，特别值得注意的是，它是根据公益组织或者品牌的个性而设计的，对字体的形态、粗细、字体间的连接和配置、造型的统一等，都进行了较细致严格的规定，更加美观、意指性更强、特色也更鲜明。在社会转型发展的新时代，公益组织要做好公益组织标准字的设计，需要做好以下工作：

（一）明确公益组织标准字的类型

根据各自功能的不同，公益组织要及时明确自己标准字的类型：

1. 公益组织名称标准字。经过专业人士设计的公益组织名称标准字，其主要用于传播公益组织的经营理念和品格，以树立公益组织的良好形象。公益组织名称标准字是标准字中最主要的，也是其他各种标准字的基础。

2. 公益组织品牌名称标准字。公益组织为了突出公益品牌的个性特点，根据服务特性和目标市场，建立多种品牌，并且大力提升品牌的知名度，达到提高认可度、参与度的目的。因而，设计好公益组织品牌标准字，一方面使其与商标组成完整的信息单元，从而丰富信息传播内容，另一方面，其作为独立的信息传播内容，在公益品牌传播中也具有独特的作用。

3. 公益组织字体标志。公益组织将组织和品牌名称设计成具有独特性格、完整意义的标志，可达到易读、易认、易记的目的，实现视觉、听觉同步传播，这也是当今公益组织标志设计的发展趋势。

4. 公益组织活动标准字。公益组织为新服务的推出、庆典活动、展示活动、社会活动、纪念活动等公益组织特定活动所设计的标准字，这类标准字和公益组织名称、品牌名称等都有明显的差异，因为使用时间相对较短，所以风格大都轻松、活泼，给人印象深刻。

5. 公益组织英文标准字。公益组织名称和品牌标准字体的设计，通常都运用中文、英文两种文字，以适应国际化的需要。公益组织英文字体也可分为两种基本字体，即书法体和装饰体。其中书法体设计有个性，较美观，但因其识别性较差，用于公益组织标准字体的很少。而装饰字体的设计，应用范围则很广泛。从公益组织标志设计的视角来看，英文字体根据其形态特征和表现手法，大致可以分成四类，公益组织可以按需选择：第一类是等线体，字形的特点是，其大都由相等的线条组成；第二类是书法体，字形的特点是活泼自由，具有自己的独有风格；第三类是装饰体，对各种字体进行装饰设计，变化加工，以吸引人的注意力；第四类是光学体，主要运用摄影技艺、印刷用的网纹技术实现特殊的光影效果①。

（二）做好公益组织标准字的设计

1. 遵守公益组织标准字设计的原则。在具体设计公益组织标准字时，公益组织要注意把握好以下原则：

一是识别性原则。公益组织的标准字首先要具有识别性，即要简洁、易读、易认，作为符号传播的信息让人一看就懂，这就要求在设计标准字时，要注意做到：首先要选择受众普遍认识的字体，不用普通人较难识别的字体，不用生僻字，更不能生造字；其次要避免选择和其他组织，特别是同行业的竞争者相同或者相似、容易混淆的字体；最后要字体结构清楚，线条清晰，放大或者缩小都容易识别。

二是隐喻性原则。公益组织的标准字是组织理念和服务特性的传播载体，公益组织标准字的设计需具有一定的隐喻性，要和组织、服务有一定的内在联系，以达到联想的目的。不同的字体具有不同的个性特征，公益组织要依据自身的关注领域、服务特点确定相应的标准字体，并且根据组织的发展愿景、实际条件，确定字体的造型，如正方、扁平、斜体、瘦长等，或者样式活泼、外形自由，或者在字体中融入某些抽象的图案作为笔画，以字体的特点隐喻组织的性格，从而给受众带来时尚、关爱、现代的感觉。

三是艺术性原则。标准字作为公益组织视觉设计的重要因素，良好的艺术性是其能否被受众接受的关键。字体具有独特、和谐、新颖的造型是其成功的关键，因而，公益组织标准字在设计时，要遵循美学规律，各部分比例恰当，结构合理，线条大方美观，具有亲和力、

① 黄艳华：《近代上海平面设计发展研究（1843—1949）》，博士学位论文，上海大学，2014 年。

感染力。公益组织在设计时，要充分挖掘现有的有利条件，寻找切合组织形象气质的表现手法，设计出独具魅力的灵动字体。

四是协调性原则。公益组织标准字的设计，必须和其目标公益市场的特性相互一致，和其他视觉因素能和谐地组合在一起，具有良好的整体性、协调性。

2. 遵守公益组织标准字设计的逻辑顺序。公益组织标准字的设计要达到预期目的，通常需要遵守以下的内在逻辑顺序：

第一步调查研究。公益组织在设计标准字伊始，需要对本组织现在使用的标准字进行分析，分析其是否符合所处行业的特征，是否和本组织的服务特性相一致，是否符合目标服务对象的审美习惯，字体的形状是否合适，并做出清晰的判断，以作为设计标准字的逻辑起点。

第二步选用公益组织标准字的字体。根据调研结果和字体所具有的个性特点，公益组织选用恰当字体需考虑以下因素：

一是根据公益组织名称文字的词义选择字体。作为表意文字的汉字，可以通过表征的手法、隐喻的手法，或者是字形笔画的变化，实现公益组织视觉传播和心理投射的沟通。

二是根据环境空间选择字体。公益组织如果将标准字体应用到信封、材料纸、办公用品、手提袋上，需要对字体做些适当的处理，以产生隽永秀气的视觉效果；如果公益组织将标准字体应用于建筑物外墙、室内空间和交通工具上，则应该进行放大、缩小、立体化、扁形化等艺术处理，以产生引人注目的视觉效果。

三是选定标准字的基本造型。公益组织将字体确定之后，需要依据公益组织所要传播的内容和愿景、所预设的形象，确定字体的造型，例如，长方形、正方形等。

四是配置笔画。公益组织将标准字的字体确定之后，可以在其中划分若干方格细线作为辅助线，方便配置标准字的笔画。常用的字格主要有五宫格、"米"字格、"十"字格等方格形式，而制作英文字母的辅助线则是上缘线、下缘线、大写线、腰线、基底线五种。公益组织配置笔画需要进行字体的布局，待字体外形的辅助线画好后，即可勾画字体的骨架。通常可以运用直尺、圆规等制图工具，甚至直接运用电脑制图来实现字体设计的精细化和标准化。在字体骨架打好之后，可根据结构布局的需要，进行上下、左右、大小的字体形状调整，以应对可能产生的错觉，保证空间布局的合理。

五是统一字体。公益组织为了使字体准确地传播本组织的运营理念和运营内容，需要塑造字体统一的典型特征，以展现其区别于其他组织的特点。要实现字体的统一，可以借助统一线条形式和笔画弧度这种样式来实现。

六是公益组织标准字的排列方向。公益组织标准字的排列方向有横向排列和纵向排列两种，由于中文字多为方形，可根据需要选择横排或者竖排。英文字母竖排的视觉效果不够理想，通常采取中、英文对照的方法，这就需要在设计时考虑实际运用的需求，设计横、竖两种排列法，根据具体需要选择使用。

四 做好公益组织标准色的设计

在读图时代，颜色是最能吸引民众注意、最具感染力和视觉冲击力的传播元素。公益组织在 VIIS 设计时，如果色彩语言运用得好，就能增强亲和力、感染力和传播力。

（一）掌握色彩的要素、感知和隐喻内容

1. 把握色彩的要素。我们知道，色彩的要素主要有三种，分别是色相、色度和色性。

色相是指色彩的相貌、种类，即每一种颜色所独有的特征，这也是色彩最显著的特征。色彩有三原色和四间色之分。三原色是最基本的颜色，包括红、黄和蓝。四间色是指橙、绿、紫、黑，分别由三原色调配而成。三原色和四间色是标准的色相，不同标准色的混合构成不同的色相。当前，人类能够识别的颜色达 100 多种。

色度是指色彩的明度和纯度。明度是指颜色的明暗、深浅程度，指色彩的素描因素。具体来说，一是指同一颜色受光后的明暗层次，如深蓝、浅蓝、深黄、浅黄等。二是指各种色相明暗比较，如黄色显得亮、青色显得暗。画面用色需要注意各类色相的明暗和深浅。

色性是指色彩具有的冷暖倾向性。这是颜色给受众的心理感受。暖色通常指红、橙、黄一类的颜色，冷色通常指蓝、青、绿一类的颜色。

色相、色度、色性在具体的某一色彩中是同时存在的，民众调和色彩时需要同时考虑到这三个因素，做到三者相互融合。最好的办法是用互相比较的方法，才能正确地分辨出色彩的差异。

2. 掌握色彩的感知和隐喻内容。民众受到色彩的刺激后，会产生不同的感知，隐喻不同的含义。

（1）色彩的感知。色彩是靠视觉来传播和接受的，然后通过情感来反射。不同的色彩带给民众的感知也不一样。色彩带给民众的生理感知主要有以下几种：

一是寒暖感。蓝色、绿色是冷色调，而红色、黄色和橙色是暖色调，公益组织可以利用标志色彩冷暖感的不同，有效展现组织的特性。

二是兴奋感和冷静感。通常来说，暖色容易引起受众心理的兴奋和积极性，属于兴奋色，而冷色则易令受众沉静、严肃甚至消极，属于冷静色。

三是远近感。明度高的颜色有膨胀的感觉，明度低的颜色有收缩的感觉，膨胀的颜色感觉相对较近，收缩的颜色感觉相对较远。

四是色彩的听觉和味觉。色彩在通感机制的作用下，还会产生味觉和听觉等。例如，黄色、橙色让人联想到成熟的果实，产生甜的感觉。而绿色使人联想到未成熟的果实，产生酸的感觉等。同时，从听觉来看，黄色代表快乐的声音，红色代表热情的声音等。

（2）色彩的隐喻意义。色彩具有很强的隐喻性，它能够直接影响受众的心灵，引发某种情感上的共鸣。例如，蓝色是海洋和天空的颜色，带给人沉静、理智、凉爽、神秘的感觉，隐喻着平等、博爱和智慧；红色是太阳、火焰、血液的颜色，带给人热烈、温暖、奔放的感觉，隐喻着革命、关爱、喜庆、幸福和活力；绿色是大自然植物的色彩，是生命的色彩，带给人亲切、清新、舒适、安宁的感觉，隐喻着生命、青春、理想、和平和智慧。

（二）做好公益组织标准色的设计

1. 把握公益组织标准色。公益组织标准色是由公益组织设定的用来象征本组织的运营哲学或者服务特性的某一特定颜色或一组特定颜色，该色彩广泛应用于公益组织的标志、广告、办公用品、包装等应用要素上，通过色彩的知觉刺激心理反应，具有强烈的识别效果，是VIIS设计中的重要元素。因而，公益组织要根据需要，选择合适的色彩，让民众从色彩的角度认知和信任公益组织。

2. 选择好公益组织标准色的开发路径。公益组织要充分发挥标准色的传播功能，需要制定一套科学的开发作业程序，以方便设计活动有序进行。公益组织在明确标准色的开发路径时，通常需遵守以下步骤：

一是明确设计理念。公益组织标准色的设计要尽可能单纯、简洁、明快，运用最少的色彩展现最多的含义，以达到精确快速地传播公益组织信息的目的[1]。因而，在设计时，需要坚持以下指导思想：体现公益组织的运营理念和产品的特性，展现公益组织的服务技术水平和服务产品的内容实质；具有独特性，突出和竞争组织之间的差异性；适合社会大众的色彩心理和习惯；跟踪国际化潮流。当前，世界上公益组织的标准色，正由其他色系向蓝色系转向，追求一种关爱、奉献的色彩隐喻。

二是开展色彩调研。调研的内容主要包括：公益组织现有标准色的运用情况；民众对公益组织现有标准色的认知状况；竞争公益组织标准色的运用情况；民众对竞争公益组织现有标准色的认知；公益组

---

① 刘绍勇：《品牌视觉识别设计美学研究》，博士学位论文，吉林大学，2020年。

织性质和标准色的关系；社会对公益组织标准色的期待；民族、宗教、区域风俗习惯等忌讳色彩的情况。

三是设定色彩概念。公益组织要根据色彩调研分析的结果和公益组织发展战略的需要，确定准备让色彩带给公众什么样的感觉和认知，什么样的色彩才能带来这种感知，以此来设定对应的色彩表现概念，以确定公益组织标准色的基本方向。例如，积极、健康、温暖的红色，清新、平和、向上的绿色等。

四是开展色彩概念的展现。根据设定的色彩概念，公益组织要选择恰当的颜色进行色彩展现，进行色彩概念的展现，一般有以下三种方式：

（1）单色标准色。该种展现只选择一种单一的颜色作为标准色，单色标准色具有集中、强烈的视觉效果，方便传播和管理，是最常见的组织标准色形式。

（2）复数标准色。该种展现选择两种以上的色彩进行搭配，追求色彩组合的对比效果，以增强色彩的美感和视觉冲击力。

（3）多色标准色。该种展现通常选择一种色彩作为标准色，再配以多个辅助色，构成"标准色＋辅助色"的方式。

五是开展色彩效果测试。公益组织选定色彩后，要对选定的色彩样本进行心理性、生理性和物理性的调查和测试，以确定色彩样本是否充分展现了本组织的形象概念。内容具体包括：

（1）色彩的具象、抽象的联想和偏好等心理性反应测试；

（2）色彩的透明度、记忆度、注目性等生理性效果测试；

（3）色彩制作的技术性、材料性、经济性等物理分析和评价。

六是制定色彩的运用规范。公益组织在色彩制定之后，还需要制定用色规范，规定色彩运用中误差的范围，并且针对不同材料、技术、油墨等制作问题，予以明确化的数值测定，研制共同遵守的色彩管理系统，以便正确运用色彩，保证其规范性、一致性。

七是加强色彩运用中的监督管理。公益组织在色彩运用过程中，要严格监督标准色的运用情况，及时处理运用中出现的问题。具体来说，公益组织要对不同材质制作的标准色进行审定，对印刷样品进行色彩校正，对商品色彩进行评估，并对其他运用情况的资料进行收集和整理等，从而构建起完善的色彩监督体系。

第七章　社会转型时期公益组织的听觉形象传播

第一节　明确社会转型时期公益组织听觉
形象传播的内涵和功能

一　明确社会转型时期公益组织听觉形象传播的内涵

（一）明确公益组织听觉形象识别系统内容

公益组织听觉形象识别系统（AIIS）是以听觉元素作为传播手段，以听觉传播力作为感染体，将组织理念、服务特色、服务内容、风格个性、组织规范等内容，转变为独特的声音符号，将系统化、标准化的有声语言传播给社会大众，从而塑造公益组织独特形象的一种运营手段。该识别系统是 CIS 的重要组成部分，是公益组织塑造积极形象的有力手段。

AIIS 在理论上，以公益组织形象建设为核心，运用公益组织的听觉识别和传播为手段，以人的情感共鸣为传播内容，以组织形象的树立为传播目的的系统理论、设计标准和应用方法，全面展示公益组织听觉传播的概念、价值、属性和实现原理。AIIS 在应用上，是一套公益组织形象传播的实用方法和工具，它将公益组织独特的理念和个性融入一定的声音载体中，加以传播和利用。AIIS 在技术上，运用人的听觉所具有的识别和记忆的功能及原理，为公益组织设计创作出一套独特而差异化的声音形象体系，运用于公益组织形象的传播之中。AI-

IS 在功能上，能较好发挥音乐在公益组织中的教化作用、识别作用。由此，AIIS 通过建立并传播公益组织独特的听觉识别要素，能够推动公益组织形象的内涵建设，增强公益组织的知名度、认同度、美誉度、忠诚度和信赖度。

（二）掌握公益组织听觉形象识别系统诞生的理论和现实基础

社会转型发展时期，公益组织和服务者、社会大众之间沟通交流的手段、路径越来越多。公益组织的理念识别系统、行为识别系统和视觉识别系统也日益成熟，公益组织的媒体资源和社会大众的内在需求呈现出多元化的发展趋势，MIIS、BIIS、VIIS 等已经不能完全容纳公益组织 CIS 战略的全部内容。公益界迫切希望出现新的形象识别要素，以不断满足公益组织在形象建设方面不断创新发展的内在需要。这样，从传播媒介的视角出发，CIS 的一种新的系统——听觉形象识别系统（AIIS）出现了，并且得到了快速的发展。

人通过感知觉接受的外界信息中，心理学研究显示，大体上有83% 来自视觉，11% 来自听觉，3.5% 来自嗅觉，1.5% 来自触觉，1%来自味觉。可见，公众通过听觉获得的信息量，仅次于视觉。因而，视、听有机结合的整体记忆功能优于视和听的单独记忆功能。可见，VIIS 需要和 AIIS 和谐融合在一起，充分发挥声音在公益组织形象塑造方向的重要作用。

公益组织要把握好听觉形象识别的鲜明特点，这些特点主要是：

一是自主可控性。声音识别是在视觉识别的基础之上，加入声音这一传播元素，以丰富公益组织形象信息的传播内容，使其具有传播主体完全自主可控的鲜明特点。声音类型的选择、声音的强度、频率和刺激速率等都可以由公益组织独立决定。

二是可识别性。人类的大脑每天都可接受外部信息的刺激，而且人类的听觉和视觉一样都具有记忆功能。虽然视觉与听觉相比，功能更加强大，但是悦耳生动的声音也有自己的传播优势，声音是一种由物体振动而产生的声波造成的听觉感知，不同的声音可以传播不同的信息，唤起大众不同的情感印象。不同的声音会引发民众对不同时间和空间的回忆和联想，展现出声音强烈的感染力，从而在受众心里留下深刻的印象。当受众听到熟悉的旋律和声音，与这种声音相关的情境就会呈现在民众的心里，展现出其很强的记忆和识别功能。

三是可传播性。信息技术尤其是网络技术的快速发展，给声音传播的系统性整合提供了非常便利的物质条件。当媒体传播的声音被民众彼此分享以后，媒体传播就转变为人际传播。随着5G技术的发展，智能化数字设备的普及，声音传播不再受到媒介和载体的限制，声音甚至可以达到视觉所不能达到的效果。

四是经济性。听觉具有良好的伴随性，受众只需要耳朵参与则可，解放了受众的双眼。公益组织听觉传播能突破语言障碍，并且传播的硬件设施较简单，成本开支较小。

在社会众多的声音中，音乐因其充分的娱乐性、强烈的感情性和良好的教育性而受到民众的重视。音乐作为一种神奇玄妙的力量，它既能使人如痴如醉，又能使人激越昂扬；既能使人慷慨悲壮，又能使人轻松愉快。在公益组织形象设计中，音乐是公益组织用来提升和塑造形象的主要声音工具。音乐虽然不能提供任何可视的形象，但是它借助通感的作用，通过抽象的、流动的、变化多端的乐音的运动，给受众以听觉刺激，引发受众心理的反应，再通过类比、联想，变成丰富多彩的形象，引发受众的情感共鸣，从种种情绪体验中获得愉快的享受。

音乐是不分国界的，能带给人一种美的享受。这种美是由四个因素构成的，即音响的组合、旋律的展开、节奏的起伏和音色的融合。音乐以音响为原料，通过音响组合的变化，引发听觉刺激，由听觉刺激引发受众丰富的心理感受。音响是旋律、节奏和音色的载体，旋律是音乐的主要表现手段，音乐的内容、风格、民族特征、体裁等，都首先借助旋律集中展现出来；为了塑造出优美的音乐形象，音乐运用不同的节奏来展现不同的情景，引发受众相应的心理反应。饱满的音乐形象，丰富的情感，正是在多种节奏交替运行中，显得鲜明生动，不同的乐器、不同的人都有不同的音色。公益组织音乐作品质量的优劣，取决于是否能充分、真实展现作品主题的音色。音乐正是借助上述四个因素的有机融合，形成具有一定高度、长度、强度和音色的乐音，使人感到一种和谐的整体美。可见，公益组织的音乐是通过有组织的乐音所形成的音乐艺术形象，来展现民众的思想感情、反映社会现实生活的艺术，是一种世俗化、易被公众所接受、能引发受众共鸣的艺术形式，在塑造公益组织形象、反映公益事业和传播情感方面，具有特殊的魅力。

公益组织要善于把握本组织音乐形象的两个特点：一是该类音乐在反映公益事业时不描绘事物的具体外形和动作，而是着力展现民众对外部世界各种事物的形象感受；二是该类音乐借助公益组织歌曲声音形象的运动，作用于人的听觉器官，使人产生丰富的隐喻想象，并在内心世界建构起一个艺术形象。因而，在进行形象设计时，公益组织可以有效地运用音乐形象的特点，使其作用于公益事业，充分发挥其塑造、传播组织形象的作用。

二 提升公益组织听觉形象识别系统的功能

公益组织听觉识别系统的功能主要体现为，借助听觉和声音之间的互动，加强公益组织对内和对外的管理，提升公益组织内部的凝聚力和向心力，提高公益组织外部的影响力和感召力，从而提升公益组织的竞争力。提升公益组织听觉形象识别系统的功能，主要应做好以下工作：

（一）构建公益组织识别元素

公益组织创作主题歌曲、宣传口号，并通过传播媒体反复播放，社会公众可以借此识别公益组织，并自然而然地联想到该组织的相关要素，从而构建或者强化公益组织的印象。由此可见，与 MIS、BIS 和 VIS 一样，AIS 也为社会民众构建了识别和认知该类组织的元素，提升了该类组织的识别性。

（二）传播公益组织运营理念

公益歌曲旋律的传播是艺术化的、间接的，歌词的传播是直接的、清楚的，好的公益组织听觉识别体系能够较好地传播出自身的运营理念，不需要多加诠释，就能使员工理解和接受，并自觉内化为自己的行为准则和价值追求。与此同时，该识别体系还能让社会大众更好地理解和接受，以便有更多的民众能够认同和支持该公益组织。例如，上海慈善基金会的公益歌曲《蓝天下的至爱》，歌词写道，"炽热丹心把一切冰雪化开，把冰雪化开，我们感受慈善的温暖光彩"，"蓝天下的至爱，宇宙中最宽广，是好人的情怀"。该歌词就很好地传播了本公益组织的运营理念和价值追求。

（三）调动公益组织员工工作热情

公益组织听觉识别体系的曲调，通常比较欢快、激越，富有节奏感，旋律优美，能较好地传播公益组织的精神、作风，能较好地反映公益组织员工工作、学习、生活的良好状态。公益组织员工经常唱听自己所在组织的歌曲，自然会产生一种文化认同感、亲切感、归属感，增强自信心和自豪感，从而产生强烈的内部凝聚力和战斗力。同时，伴随优美的旋律，公益组织员工也能在轻松愉快的乐曲声中感悟到公益组织的文化，增强主人翁意识，进一步调动公益组织员工的工作热情，有效防止公益职业倦怠。

（四）传播公益组织的行业属性

公益组织听觉识别体系，能够迅速传播本组织的公益慈善性质，使社会大众一听公益组织的具有识别作用的音符，就能认知该类组织的行业属性。例如，广州慈善会的歌曲——《善城广州》中，"五羊、木棉、珠水、云山"等词汇，是广州的地域印记；"平等、友善、文明、和谐"，是社会主义核心价值观的内容；此外，还有"慈善为民、公益同行"，"不忘初心、携手并肩"，"爱满人间、薪火相传"等歌词，都鲜明地展现了该组织强烈的公益属性。

第二节　构建好社会转型时期公益 组织听觉形象传播系统

当前，社会正处在转型发展的新时代，公益组织构建听觉形象传播系统，主要应抓好以下工作：

一　设计好公益组织的背景音乐

公益组织要结合各自的工作环境，精心选择或者特意创作，适合本组织的运营管理特点，在公益活动场所或者工作时间播放的背景音乐。这样做的目，在于提高工作效率和增强爱心者、受助者参与活动的吸引力。

在公益组织办公场所适当的时间、适当的地点播放适合该类组织的工作特点的背景音乐，可以改善工作的声音环境，对劳动者的心境、情绪、士气会产生积极的影响，从而提升劳动生产效率。在举行大型公益活动时，播放合适的背景音乐，可以激发民众参与公益活动的热情，提高公众参与公益事业的参与度，助推公益事业的健康发展。

二　选择好公益组织上下班的铃声音乐

规模较大的公益组织，可以选择好公益组织上下班的铃声音乐，当员工进入办公场所，开始新的一天工作的时候，可以借助公益组织的形象音乐，既作为员工上班的铃声信号，又作为对员工的暗示和激励。公益组织员工在组织特有的音乐声中开始一天的工作，可以强化员工对组织精神、组织风格的认同。在规定时间长期反复地播放组织的形象音乐，能够激发组织员工的使命感和责任感，从而精神抖擞地做好每一天的工作。用形象音乐作为员工上下班的信号，相比传统的铃声、钟声、哨声具有更大的优越性，其感染性、传播力更强，这寄托着组织的期望和员工的希望，从而使平凡普通的上下班更加有意义，也更加具有仪式感。

三　创作好公益组织歌曲

国家有国歌，军队有军歌。一定规模的公益组织，也可以结合自身实际创作好公益组织的歌曲。所谓公益组织歌曲是指公益组织专有的，反映公益组织运营理念、公益组织精神和作风的歌曲，是公益组织个性文化的生动载体。公益组织歌曲用音乐传播公益组织形象，用艺术的方式来传递公益组织的内部文化、服务特性、核心竞争力等。在公益组织内部，公益组织歌曲通过员工的歌唱，不仅能够增强员工对公益组织的自豪感和归属感，提升公益组织的凝聚力和战斗力，而且能够调动公益组织员工的积极性、上进心，激励员工守正创新、奋发有为。在公益组织外部，公益组织歌曲则可以展示公益组织的实力和特色，展现公益组织风采，提高公益组织形象的知名度和美誉度。

公益组织歌曲通常以公益组织外部公众为诉求对象，同进兼顾公益组织内部员工，目的在于增进社会大众对公益组织的关注度和信任度，加强公益组织文化建设，塑造良好的公益组织形象。在社会转型发展时期，民众进入碎片化阅读、感性消费时代，社会大众对公益组织的感知和认识依靠公益组织的视觉要素，同时，要认识到以公益组织形象歌曲为核心的听觉要素在传播公益组织理念、塑造公益组织形象方面发挥的重要作用。当下，不少有实力的公益组织已经开始以歌言志，把公益组织的核心价值观、公益组织文化、公益组织精神等融入音乐之中，传播公益组织的价值追求，传递着公益组织的精神，向公众展示公益组织的文化形象。公益组织在创作歌曲时，要根据公益组织的核心理念和精神来设计，歌词要充分体现公益组织的追求和精神，旋律要充满激情，具有良好的传唱性，能打动受众的心灵。

例如，在2008年汶川大地震之后，中华慈善总会组织专家创作的公益歌曲《大爱无疆》，歌词首先描写到地震之后的情景，"大地在颤抖，生命在呼唤着希望，山川在撕裂，同胞在挑战着死亡，江河在倾泻，亲人在危难中祈祷，风雪在咆哮，我们无畏灾难的疯狂"。指出中华儿女不畏艰难，奉献爱心，投入公益慈善事业，"星辰在闪亮，生命的奇迹和豪壮，日月在辉映，人间真爱的艳阳，华夏的儿女，心贴祖国母亲的胸膛，世界在敬慕，我们中国仁爱坚强"。并且相信今后的中国将会是，"大爱无疆中华光芒，多难兴邦民族自强，炎黄血脉凝聚力量，奔腾不息黄河长江"。并且将实现"千秋伟业万代传扬，盛世中国地久天长"。这首歌曲极大地振奋了中华儿女战胜地震自然灾害的信心和勇气。

又如，2019 年岁末暴发新冠肺炎疫情之后，广大公益组织和音乐人士共同创作了一系列"战疫"歌曲，如《最美的逆行》《我们手拉手》《我在你身边》《生命线上的守护者》《生命之歌》等，这些优秀抗疫歌曲，极大地鼓舞了中华儿女在中国共产党的领导下，同舟共济，科学战疫的斗志，为打赢抗疫总体战、阻击战发挥了重要的作用。

四　凝练好公益组织的标语口号

将公益组织的哲学、运营理念、价值观等用标语口号的形式传播出来，通过视听媒体反复播放，在社会大众中产生潜移默化的作用，对塑造公益组织形象具有重要的意义。公益组织口号越来越成为塑造公益组织形象的重要工具，公益组织要善于结合自身实际，凝练好公益组织的标语口号。公益组织的标语口号需要将最能打动受众人心的东西传播出去，使受众通过公益组织的标语口号这一传播符号，能够感受到公益组织所带来的特殊价值。

公益组织的标语口号通常通过公益组织广告，以广告口号的形式进行传播。广告口号是公益组织广告的灵魂。在现实生活中，公益组织广告符号和其他商业广告一样，已经成为一种文化形象，成为大众的日常用语。例如，1991 年 5 月 25 日，《人民日报》在第八版上刊登了"希望工程——为救助贫困地区失学少年募捐"的青基会广告，这也是新中国历史上第一个募捐广告。此外，一些公益组织也纷纷提出了自己的口号，码上公益的口号是"技术助力公益、科技更有温度"。阿里巴巴天天正能量的口号是"你怎样，世界就怎样"。马云公益基金会的口号是"唤醒意识，人人参与"。支付宝公益平台中有一个公益项目的口号是"爱心汇聚，免费午餐"。阿里巴巴公益网店的口号是"发现更有爱的自己。"其中有些标语口号已经深入人心，民众往往能够脱口而出。

通常来说，公益组织在设计标语口号时，应该考虑以下要求：

一是传播正能量。公益组织口号必须传播正能量，弘扬中国传统的慈善精神，树立现代公益理念，关爱社会弱势群体，关注社会公平正义，推动生态文明建设，对社会长远发展高度负责，为社会转型时期我国社会事业的进步发展贡献力量。

二是讲究韵律。公众熟悉的公益组织口号应该是讲究韵律，文字简洁，朗朗上口，使受众容易接受，并且容易传播，好记又好念。

三是具有感召力。公益组织口号要能够吸引受众，一要读起来具有一定的气势，有力量；二要具有亲和力，能够打动受众，走进受众的内心，读起来亲切自然，容易引发受众的共鸣，感染并吸引受众投身公益事业。

四是能够给受众带来想象空间。公益事业的参与者和受助者都是在追求着美好的未来，所以，公益组织口号必须能给公益事业的参与者和受助者都带来想象空间，对公益产品、公益服务、服务质量激发一定的联想，将受众引导至美好的想象空间之中。当然，在遣词造句方面，公益组织还要尽可能避免负面联想，考虑受众的审美情趣、文化习俗。

五是具有一定的哲理性。有可能的话，公益组织的标语口号还要追求一定的哲理性，展现出较高的哲学意蕴，使受众在获得对公益组织文化认可的同时，获得人生的启迪，如阿里巴巴天天正能量的口号是"你怎样，世界就怎样"。这一口号就充满人生哲理，意在唤起受众的参与性，强调普通民众在让世界更美好方面所具有的潜力。

第三节　设计好公益组织听觉形象识别系统

一　遵守公益组织听觉形象识别系统设计的原则

公益组织听觉形象识别系统是公益组织理念的听觉化行为系统，其目的在于借助公益组织的形象广告、网站、广播等媒介，向目标受众传播公益组织的运营理念和文化品位。因而，公益组织在设计 AIIS 时，应遵守以下原则。

一是传播公益组织理念。作为公益组织形象识别系统的子系统之一，AIS 的设计和导入需要以公益组织理念为宗旨，充分传播公益组织精神文化，做到"言""心"一致。因而，在 AIS 设计中，公益组织的"言"需要服从于组织的"心"，做到两者导向和要求相一致，并且对公益组织理念进行准确精彩的演绎。

二是彰显公益组织个性。公益组织进行形象设计，其目的就是要使公益组织自身能从同行中脱颖而出，彰显自己的个性。这就要求公益组织要把握好公益行业的属性，又要通过精细的 AIS 设计和导入来反映公益组织自身的独特性。

三是富有审美情趣。AIS 不仅是一个为传播公益组织形象而带有目的性的声音文件，也是讲究音律美、意境美的听觉艺术。AIS 应该能够顺应受众的审美需求，使受众在认可公益组织形象的同时，获得心理上的满足，感受到公益组织的声音之美。

四是持续改进提升。公益组织在设计好 AIS 之后，不是一劳永逸，而是应该根据时代的发展、公益组织理念宗旨的变化、内外部公益环境的变化，不断守正创新，改进提升 AIS。

二　确定好公益组织听觉形象识别系统设计的路径

公益组织形象传播要努力做到"音形并举"，公益组织在设计听觉形象识别项目时，要注意与视觉形象识别项目、行为形象识别项目、理念形象识别项目等有机结合起来，融为一体。通常，公益组织设计听觉形象识别系统，要遵循以下路径。

（一）确定设计机构

公益组织听觉识别系统的专业性较强，通常公益组织自身难以完成，需要委托专业设计机构进行设计。公益组织听觉识别系统的设计机构，是构建公益组织听觉识别系统的执行者，选择的设计机构其专业水平如何，将决定设计的成败。在选择设计机构时，公益组织要深入考察该机构的设计风格和操作模式、设计机构的声誉、设计经验等。

（二）成立设计领导小组

如果公益组织的听觉识别体系、视觉识别体系和行为识别体系等一起进行设计，这个领导小组就是公益组织的 CIS 委员会。如果公益组织在导入 CIS 后的某个阶段，专门进行听觉识别体系的设计，那么公益组织需要成立专门的设计领导小组，由公益组织的主要负责同志任组长，公益组织的其他相关负责同志任副组长，成员由公益组织的中层管理人员和相关专业人员组成，领导小组成员也不宜过多或者过少，可根据工作需要确定合适的人员数量。

（三）进行听觉形象识别设计调研

公益组织听觉识别系统的设计人员，要经常深入公益组织内部、公益活动现场，积极开展调查研究，充分掌握和了解公益组织的基本情况、公益组织所要表达的理念、情感和其所倡导的组织文化，充分理解公益组织设计的理念识别体系和行为识别体系所传播的内涵，了解公益组织内外部目标受众的兴趣爱好和心理特征，了解公益组织所在的地域和行业内其他组织听觉识别体系设计和应用的一般情况，从而为进行听觉识别系统的设计提供依据。

（四）开展听觉形象识别系统的定位

做好公益组织听觉形象识别系统的定位，通常要做好以下工作：

一是明确功能定位。公益组织需明确本组织听觉识别系统所要运用的场所、拟发挥的作用等，对系统的功能作用加以准确定位。

二是明确风格定位。公益组织要根据组织的理念、功能，设计适合自己的个性特征，并且根据自己的个性特征，明确声音传播的基本风格，把握传播的文化特点，设定所带给受众的心理感觉，从而根据传播风格来设计公益组织听觉识别元素的词风、韵律与节奏。

三是明确构成定位。公益组织要根据本组织听觉识别系统所确定的功能、风格定位，明确需要设计哪些听觉识别要素。公益组织的主题公益歌曲，是本组织听觉识别体系的核心所在，这也是听觉识别体系必不可少的内容。此外，还需要考虑设计或者创作公益组织广告音乐作品、礼仪音乐等构成元素。

（五）创作好公益组织的听觉元素

公益组织要根据听觉形象识别体系的定位，进行听觉形象识别体系的设计和创作，其中重点要搞好公益组织的主题歌曲这一重要听觉元素的创作。

公益组织主题歌曲是一种用音乐来传播组织形象和组织文化的艺术形式，是用最直接的方式来传播公益组织的文化特色、产品个性、核心竞争力等诉求，是公益组织精神的标志。公益组织歌曲的歌词创作要根据公益组织理念、公益组织文化、公益组织运营的特色来设计，充分体现公益组织的发展运营理念和进取精神。公益组织主题歌曲的韵律要富有激情，同时，要符合音乐易于传唱的特点，使员工都会唱并且积极开展对外传播，产生感染力和号召力，使员工更加热爱自己的公益组织，把组织当作自己的家。公益组织主题歌曲是以基本的歌曲为核心，充分运用现代的音频、视频和新媒体媒介，对公益组织运营的各个方面和环节进行独具特色的诉求与传播。因而，要更多地突出公益组织文化和服务特性，打造公益组织独特的听觉识别系统，让广大受众能够做到"知音识组织"。公益组织的主题歌曲确定以后，要根据构成定位明确内容设计，创作公益组织听觉识别系统的其他要素，公益组织的其他歌曲和听觉识别要素的创作，要与主题歌曲协调统一，采用和主题歌曲风格和谐一致的韵律和节奏，并和主题歌曲相互补充。

公益组织听觉形象识别体系明确以后，组织还要构建相应的使用规范，什么时候、什么场合用什么听觉要素？如何运用？运用的频率和强度多少？都要有相应的规定，以免滥用。

三　传播好公益组织听觉形象识别系统

公益组织听觉形象识别系统的传播，要在深入了解传播载体的基础上，加快推进公益组织听觉形象系统的内部融合以及与其他识别系统的融合。

（一）选择好公益组织听觉形象识别系统传播的载体

公益组织可以根据自身实际，选择好适合自己的公益组织听觉形象识别系统传播的载体，这些载体主要有：

1. 广播。作为传统媒体，广播具有廉价、传播范围广、伴随性强的特点，是公益组织听觉识别系统传播的主要载体。特别是近些年，随着汽车的普及，有车族群体的快速增长，导致收听广播的群体也快速增加，目前，我国驾驶员的年龄主要集中在 20 岁至 60 岁，而这个年龄段的群体，也正是参加公益活动的主力军。因而，灵活地在广播里运用公益组织的听觉识别系统，可以有效地达到传播组织形象的目的。例如，可以在热门广播节目中用组织歌曲作为背景音乐，用组织的声音标识做整点报时，从而达到吸引受众的注意，提升公益组织识别度的目的。

值得引起民众注意的是，在社会转型发展时期，随着互联网的快速发展，网络广播也得到快速发展。所谓网络广播，是指数字化的音频视频信息通过国际互联网传播的形态，它是网络传播多媒体形态的重要体现①。近些年，越来越多的受众选听网络广播，网络广播的节

---

① 王勇：《媒介融合背景下我国广电全媒体发展研究》，博士学位论文，武汉大学，2013 年。

目数量也快速增长。例如，国内的喜马拉雅网络广播，就收获了大量的受众。现在收听网络广播，一方面可以放松心情，另一方面也可以收获知识，开阔视野。因而，网络广播也是公益组织传播其听觉识别系统的重要平台。

2. 新媒体。当代社会随着传播技术的快速发展，媒介的丰富化使公益组织听觉识别系统的传播平台更加完善。近些年，公益组织纷纷拥抱新媒体，"两微一端"（微博、微信、客户端）成为公益组织形象传播的重要载体，一些公益组织听觉识别系统的新手段和新方法得到较充分的运用。例如，近些年出现的公益组织彩铃，让用户在拨打电话时，可以听到公益组织的彩铃声。当前，公益组织彩铃主要以传播公益组织音乐、播报公益组织名称、服务内容、组织文化为主要内容。又如，公益组织办公楼中的电梯提示音也是一种重要的传播手段。这些新型的公益组织形象的声音传播载体，对于声音识别系统的创作主体、创作技术手段、创作思维方式、传播方式和接受方式都将产生重大的影响，这些传播载体的综合运用，使公益组织听觉识别系统的传播呈现出分众化、立体化、沉浸式的特点。

（二）促进公益组织听觉形象识别系统的融合

为保障公益组织信息传播的统一性，提升公益组织形象的识别度，提高传播效能，公益组织要促进听觉形象识别系统的融合。

1. 做好公益组织听觉形象识别系统内部各要素的融合。公益组织听觉形象识别系统是由多种听觉要素组成的，包括公益组织的主题歌曲、声音标志、广告词等基本元素，也包括礼仪音乐、办公场所音乐等应用元素。其中公益组织的主题歌曲就是公益组织听觉形象识别体系的核心，公益组织在听觉形象识别系统的传播活动中，需要以公益组织主题歌曲的旋律、节奏和风格为中心，公益组织其他听觉形象识别元素的传播需要以此为基础，并和它保持一致。同时，公益组织听觉形象识别系统在传统媒体、新兴媒体、公益活动上的传播，也要保持相互一致，形成合力。

2. 做好公益组织听觉形象识别系统在不同时期的融合。公益组织的形象塑造是一项长期的工程，从动态发展的视角来看，公益组织在不同的发展阶段会面临不同的运营环境和发展战略，但是，公益组织必须保持听觉形象识别风格上的大体一致性和连续性。公益组织要善于在不同时期进行纵向的融合，以便用风格一致的听觉信息不断强化受众对公益组织的印象，从而塑造特征鲜明的本组织形象。

3. 做好公益组织听觉形象识别系统和其他形象识别系统的融合。在丰富的现实生活中，民众通过运用五种感觉器官，即视觉、听觉、嗅觉、味觉和触觉，加上这五种感官的相互配合来感知和记忆事物，使记忆效果更加良好。可见，公益组织听觉形象识别系统是和公益组织的视觉形象识别系统、行为形象识别系统等协同发挥作用的，从受众感觉信息的多个方面对其进行刺激，使受众的感觉产生交互共鸣作用，使其在较短的时间内对公益组织及其服务产生不可磨灭的深刻印象，从而加深对相关事物的认知。因而，公益组织在开展听觉形象识别系统传播时，需要坚持以公益组织理念识别系统为核心，与公益组织的视觉形象识别系统、公益组织行为形象识别系统所传播的信息相互融合一致，从而形成信息刺激的整体合力，达到"多种信息传播形式、一个信息传播主题"的目的，这样才可能建构起受众对公益组织完整、清晰、一致的印象，推动公益组织形象传播深入受众之心。

第八章　社会转型时期公益组织
形象传播的新探索

第一节　创新社会转型时期公益
组织形象传播理念

改革开放以来，中国公益事业取得了巨大的成就，社会已经进入了转型发展的新时期，作为主要以社会弱势群体为服务对象、以社会公益资源为服务载体、以社会公益活动为服务内容的公益性组织，公益组织在捐资助学、环境保护、扶弱助困、脱贫救灾、捐资助学、乡村振兴等方面，都发挥着重要的作用，在推动社会事业发展方面扮演着重要角色。总结近些年来我国公益事业发展的成功经验，面对社会发转型发展时期公益事业，尤其是组织形象构建与传播存在的突出问题，我们要积极创新公益组织形象传播的理念，重点做好以下工作：

一　找准社会转型时期公益组织的发展定位

公益组织具有非营利性、公益性、民间性和志愿性的特点，在社会转型时期要发挥好其重要作用，必须找准其发展定位，具体来说，公益组织需要定位为以下几种角色的综合体：

（一）公益资源的募集者

公益事业要能健康可持续地发展，必须募集到足够的资源，才能支撑公益事业永续发展下去。公益组织要通过调研，合理确定和开发公益项目，向社会公众和企业募集资源以救助弱势群体。公益项目的确立，需要公益组织实地考察和论证救助领域的合理性、可行性，把握公益领域最需解决的现实问题，从而有针对性地解决公益现实问题，实现公益事业的项目化、品牌化和常态化。公益资源的募集不能依靠行政命令，而要依靠市场化的动员和招募，使社会更多的爱心人士积极主动参与到公益事业之中。在具体的募集活动中，公益组织要坚持"能力不分大小""金钱不论多少"的原则，充分调动各方面的积极性、创造性，吸引人力资源、物资资源和现金资源等多种形式的公益资源，为公益事业的可持续发展注入生机和活力。

（二）公益桥梁的联结者

公益组织是联通公益资源提供者和公益需求者的桥梁和纽带，能够更大限度地吸取公益资源和公平合理地分配公益资源。公益组织作为社会组织的重要成员，和企业、政府、学校、医院、福利机构等组织具有密切的联系，同时和社会爱心人士、志愿者、志愿团队等也具有紧密的联系。2008 年汶川地震后，民众参与公益事业的热情高涨，公益事业的主力军由企业转变为公民个体，公民个体捐款总数已经开始超过企业捐款总数。公益组织依靠较为强大的公益救助体系，建构了较完善的信息网、资金网、物流网和服务网，能够使公益组织第一时间获得公益需求信息，并且及时输送公益资源，保证公益供给，使真正需要帮助的人及时获得必要的公益资助，发挥好公益组织与受助者之间的桥梁和纽带作用。

（三）公益救助的实施者

公益组织扮演着公益事业实施者的重要角色，在社会转型发展时期发挥着积极作用。公益救助的范围相当广泛，包括资金援助、技术指导、法律服务、心理抚慰、志愿服务、环境保护、助学支教等。在这些社会领域，一大批公益组织发挥各自的专业优势，推动这些领域的社会事业取得了长足的进步，同时，公益组织自身的实力也得到增长。

（四）公益文化的传播者

公益组织通过培育民众的公益意识、引领公益理念的发展、举行公益项目或者员工的表彰、开展公益活动的宣传报道等，弘扬公益精神、传播公益文化。不少公益组织善于传承中国传统的慈善文化，吸取西方有益的公益文化，从历史背景和现实条件出发，遵循公益事业发展的内在规律，通过公益意识的宣传、教育和培养，引导公民和企业树立正确的财富观、公益观，增强做好公益事业的使命感、责任感和自豪感。一些公益组织或者公益项目还招募了富有影响力、感召力的知名人士，担任自身的形象大使或者爱心大使，传播公益理念、推介公益活动，动员更多的爱心人士投身公益事业。公益文化的传播，提升了普通民众参与公益事业的积极性和创造性。

（五）公益专业领域的深耕者

公益领域牵涉社会生活的方方面面，公益组织为谋求自身的生存、发展和壮大，大都会根据自身的现实条件尤其是公益资源供给情况，科学确定发展定位和目标，确立公益事业深耕的领域，专心在自己擅长的领域做好公益工作，并且取得了突出的成绩，不少公益组织还做得很有特色，进而推动了某一专业领域公益事业的发展壮大，促进了公益组织自身的发展，同时，也推进了公益组织服务的专业化、差异化，提高了和谐社会建设水平。

公益组织只有找准自己的发展定位，并且将定位内容转化为发展理念，才可能推动公益组织理念的传播，使更多社会民众认同其理念，并且获得更多社会民众的支持。

二 理顺社会转型时期公益组织、媒体、受助者三者之间的关系

社会转型发展时期，也是各方利益分配再调整时期，公益组织在社会利益的分配方面，发挥着重要的第三次调节的作用，在和谐社会

的构建方面是大有可为的。

一是政府相关部门要普及好大众对公益组织社会职能的认知。政府相关部门要积极宣传公益组织在扶危济困、生态环保、助学助医、抗击灾害等方面的积极作用，助推公益组织树立良好的社会形象。同时，对公益组织特别是实力较弱的公益组织进行精准定位，厘清公益活动和非公益活动的边界，列出重点发展的领域，改变公益组织不够专业、服务水平不高的现状。公益组织形象传播还要有法治思维，将公益组织传播纳入法制轨道，厘清公益活动与非公益活动的界限，列出各参与方在公益组织形象传播中相关的权利和义务清单。当公益组织形象传播遇到情况时，能够快速准确地找到需要承担责任的一方，督促相关方勇于担当，认真整改，进一步促进公益组织形象传播的良性发展。

二是公益组织应多结合形象传播实际中，民众容易对其产生误解的具体方面，开展有针对性的形象传播。例如，面对 2019 年年末突发的新冠肺炎疫情，腾讯公益慈善基金会立即行动，民政部门户网站也对其相关公益活动进行了较详细的宣传报道：腾讯公益慈善基金会于1 月 24 日宣布捐赠 3 亿元，设立第一期新型肺炎疫情防控基金，随后，于 2 月 7 日宣布将原有的"战疫"基金升级到 15 亿元，用于物资支援、技术支援、人员关怀、科研与医疗事业等多个领域。其中，3亿元基金专门用于致敬"战疫"人物，包括投身抗疫工作的一线医护人员、社区工作者、志愿者和社会工作者、养老机构工作者等。民政部门户网站报道后，相关媒体纷纷转载，这样的以事实说话的宣传报道，起到了很好的形象宣传效果。

三是要维护好公益组织的正当权益。公益组织的合法、正当权益需要自身维护，也需要相关政府职能部门、社会民众维护。民政、司法等部门要履行好各自的职责，为公益组织开展正常的公益事业，营造良好的法制环境，对涉及公益组织的谣言要敢于查处，绝不放纵，切实维护法制的尊严。同时，媒体要主动担当作为，发挥其不可替代的重要作用，积极参与公益组织形象的构建与传播工作。受助者也要在需要时，积极配合媒体，说出自己的切身感受，共同讲好推进社会事业发展的公益故事，从而为公益事业的发展、公益组织形象的传播提供良好的发展环境。

三 创新社会转型时期公益组织理念形象的传播

要在明确公益组织发展定位，理顺公益组织与媒体、受助者之间关系的基础之上，结合社会转型时期公益组织形象传播的实际，积极创新公益组织理念形象的传播。

一是坚持正面传播理念。公益组织高度依靠企业、民众等组织或者个人的捐助，公益资源的获得和其社会形象密切相关，公益组织要建立与媒体良好的互动关系，始终坚持正面传播，努力讲好公益组织在和谐社会构建中的不可替代的重要作用，即使有时遇到负面事件，公益组织也要及时予以回应，敢于承认失误，提出明确的整改措施和时限，并且在整改到位之后，再次回应民众的关切。

二是坚持绿色传播理念。所谓绿色传播就是坚持新发展理念，在公益活动时，尽可能以较低的投入，实现较高的产出，尽可能减少对环境的影响，保护好环境，实现人与自然和谐相处。同时，在借助媒体开展公益组织形象传播时，公益组织也要尽量以较小的投入，实行尽可能大的传播效果，合理控制好成本支出。

三是坚持开放传播理念。所谓开放传播理念，就是公益组织要加强面向普通大众的、开放式的公益组织形象传播，不封闭自己，积极和政府部门、其他组织、社会大众开展交流合作，以开放的、国际化的视野，推进社会公益事业的发展，加强公益组织形象国内传播的同时，积极与国际社会相关公益组织交流合作。当然，这种国际化的交流合作前提和基础是，合作交流要合法合规。

四是坚持共同发展理念。所谓共同发展理念，就是公益组织在公益事业的快速发展进程中，吸取公益资源，实现了自身的发展壮大，同时，也促进了社会公益事业的发展和受助者具体问题的解决。坚持该公益理念，有利于调动公益组织、捐助者、受助者、政府、媒体等相关方面的工作积极性，实现共同发展，不断做大做强我国的公益事业。

第二节　优化社会转型时期公益组织行为形象传播

在社会转型发展的新时期，公益组织需要结合自身实际，针对前期调研中发现的公益组织行为形象传播中存在的突出问题，着重从以下方面优化自身的行为形象传播。

一　加强社会转型时期公益组织的筹资行为传播

公益组织是一种比较特殊的社会组织，其自身盈利能力较弱甚至没有，筹资是事关公益组织生存发展的头等大事，是服务项目运作过程中民众关注的焦点话题，也是公益项目得以顺利运作的重要保障。伴随现代公益理念和公益文化的持续发展，网络公益筹资技术的不断创新，如何选择合适的筹资策略是十分重要的。当前，我国公益组织服务项目的筹资还存在不少问题，例如，公益组织资金来源方定位不够精准、长期稳固的核心捐赠者不多、筹资策略运用不够灵活、受社会转型期效益优先的影响一些企业缺乏捐资动力等。面对存在的问题，我们要从国内公益领域长期的运作实践出发，将社会营销理论融入资金来源方的吸引和维护之中，做到有的放矢，提升传播效能，做好公益组织筹资行为元传播。

（一）做到筹资合法合规

公益组织开展筹资行为是预设公益组织身份是合法的，其身份的合法性为其开展筹资奠定了坚实的基础。与此同时，公益组织还要使公益项目筹资具有合法性。在《慈善法》正式颁布执行的新时期，各级政府对公益组织的公募权都严格审批，如果公益组织自身还不具有公募权，则需要与具有公募权资格的基金会合作进行筹资。此外，公益组织还要准确理解把握和具体公益服务项目有关的政策，掌握好政策，做到组织内部出台的政策符合政府相关规定，并认真执行。在社会转型发展的新时期，各级地方政府也相继出台了系列助推公益事业发展的新政策，如购买服务、内部治理、财税支持等相关扶持性政策，为公益组织参加政府职能转变、参与财政购买公益服务提供了良好的平台，从而进一步吸引更多社会资本投入公益事业。近些年，政府购买公益组织服务的范围已经稳步扩大，已延伸到医疗、卫生、扶贫、养老、社区服务等领域，这为从事相关服务领域的公益组织筹资提供了便利，使得筹资更加顺畅。

（二）提升产品与资金来源方需求的契合度

从资金来源方视角来看，公益产品可分为核心产品、现实产品、延伸产品，其中核心产品是指资金来源方进行捐赠或者资助时所获得的收益，现实产品是指公益组织面向资金来源方所倡导捐赠或者资助行为，延伸产品是指公益组织为向资金来源方筹资而提供的有形产品或者服务。公益组织在守法合规的前提下，要提升公益产品和资金来源方需求的契合度。而要提升双方契合度，具体需要做到以下几点：一是在核心产品层次，公益组织能根据资金来源方的个性化需求，提供资金来源方捐赠或者资助的收益；二是在现实产品层次，公益组织在面向资金来源方进行公益引导时，应该明确表达对资金来源方的捐赠或者资助需求；三是在延伸产品层次，公益组织应关注在筹资及后续的项目运作过程中，尽可能为资金来源方提供个性化的服务。例如，定期或者不定期为核心资金来源方，提供内容丰富的项目工作进度报告，邀请资助方参加公益组织的答谢会、文体活动、实践交流活动、学术研讨活动等。

在具体筹资时，公益组织要针对不同资金来源方，有针对性地提交侧重点不一样的项目书，展现目标来源方的个性化偏好和需求，并展现资金来源方的可能性收益。假若公益组织的目标筹资对象是政府时，公益组织则需重点关注以下几个因素：组织的合法性、服务项目的合法性、所在行政区域的政策、所涉及部门的工作重点、所服务项目解决区域性具体社会问题所发挥的作用、政府资助该项目所能获得的收益。假若公益组织的目标筹资对象是基金会时，公益组织则需重点关注这样几个因素：项目书展示的服务项目是否符合基金会的价值取向和愿景、基金会提供资助是否能够解决其所关注领域的具体问题、是否能够实现基金会的公益价值。当前社区基金会正日益成为区域性公益服务项目筹资的重要对象。假若公益组织的筹资目标是企业时，则需重点关注以下几个因素：公益服务项目是否与企业公益捐赠需求相匹配、企业捐赠的可能性收益有多大、项目书是否能让企业感受到该公益传播战略有助于提升企业的美誉度、知名度。假若公益组织筹资目标是普通民众时，则需重点考虑以下几个因素：民众的捐赠动机、公益项目的具体目标、对服务对象的影响效果、服务项目和个体捐赠者需求的匹配度等。通常来说，普通个体捐赠大都出于爱心、责任心、同情心、自我认同需要、社会认同需要等。因而，公益组织应更多地向个体捐赠者展现项目对于服务对象有何具体作用和价值，以引发捐赠者的情感共鸣，心理认同。

（三）有效降低公益资金来源方成本

相关组织或者个人参与公益事业，是需要奉献爱心，需要付出一定的金钱、时间、人力、社会风险成本的。在保证公益资金来源方能够获取一定收益的前提下，如何有效降低其金钱、时间、人力、社会风险成本，则是筹资能否成功的关键。安德里亚森指出，非营利组织必须考虑消费者的感知成本。首先，确定定价目标，是否能实现盈余最大化、是否能够使用、是否公平或者是否能满足其他目标。其次，在定价策略上包括成本导向、价值导向和竞争导向①。具体到国内公

---

① ［美］艾伦·R. 安德里亚森、［美］菲利普·科特勒：《战略营销——非营利组织的视角》（第7版），王芳华、周洁如译，机械工业出版社2010年版，第173—178页。

益组织的筹资，应该坚持两个原则：一是成本最优原则。公益组织服务项目的成本，通常包括项目服务费用、项目宣传费用、项目管理费用、项目评估费用、员工工资等，面对政府部门、企业、基金会等组织时，公益组织应当在项目书中，列出项目直接和间接费用[①]；而面对个体捐赠者时，不但要列出项目直接和间接费用，还需要及时反馈资金去向。二是心理承受适度原则。公益组织要综合评估资金来源方的综合实力、心理承受度等，以有助于公益组织确定项目潜在的资金来源方，提升筹资的针对性和实效性。

在面对多样化的资金来源方时，公益组织要结合自身实际，选择好以下定价方法中的某一种具体方法[②]：

1. 适度低价法：是指公益组织筹资时，根据目标对象的实际情况，面向个体或者组织捐赠者设置较低的适度的单笔捐赠额度。例如，腾讯设计研发的日捐计划、月捐计划、公益闲置资源利用计划等，通过降低捐赠者的参加标准，最大限度地增加捐赠人数等，实现了筹资和公益倡导的双重目标。

2. 类比定价法：是指公益组织可以借鉴类似公益服务项目的价格，面向资金来源方进行合理定价的方法。运用该法，可以有效降低公益组织自身的筹资成本，同时也可以降低资金来源方了解项目的时间、精力成本。

3. 化大为小定价法：是指公益组织根据公益服务项目的内容，采取化大为小的方法，设置多层次的公益产品，减少资金来源方的捐赠压力，增加其选择公益服务项目的空间。这样能够使资金来源方感受到自己不多的付出，也能为服务对象带来实实在在的收益，从而获得对自身公益行为的自我认同。

---

① 马贵侠：《社会营销视角下公益组织服务项目的运作机理研究》，博士学位论文，中国科学技术大学，2016年。

② 冯利、章一琪：《公益组织筹资策略——创造非凡的价值》，社会科学文献出版社2015年版，第103—107页。

（四）密切和筹资合作伙伴的关系

公益组织的筹资合作伙伴主要有企业、政府、普通民众、基金会、媒体等，这些合作伙伴关系到公益组织的生存和发展，密切与筹资合作伙伴的关系，是公益组织发展壮大的现实需要。而密切两者关系的现实基础是不断提升公益组织的公信力和透明度，构建良好的公益组织形象。具体来说，公益组织加强与合作伙伴的关系，要努力做到以下几点：

1. 加强与政府部门的沟通。公益组织的项目无论是否被纳入政府购买服务的范畴，都要主动向民政部门报告本组织已开展的公益活动，使民政部门较充分地了解服务项目的目标、成效和不足，争取民政部门的理解和认同。

2. 促进和其他公益组织的合作。根据我国《慈善法》的相关规定，不具备公募资格的公益组织，需要和具有公募资格的公益组织合作，才可能合法合规地为公益项目进行筹资，两者之间的合作是遵守法律规定的现实需要。当然，也有一些公益组织因为优势互补、强强联手的需要，为了共同的公益目标而促进相互之间的合作。

3. 加强和相关媒体的交流。目前，报纸、电视、广播等传统媒体推出了一些公益栏目，公益组织在募集资源时，根据现实情况可以选择和这些公益栏目合作，为筹资活动提供较为权威的信息发布平台。此外，近些年网络等新兴媒体纷纷涌现，新浪公益、阿里巴巴公益、腾讯公益、百度公益等一批公益品牌影响力日渐提升，公益组织可以根据自身现实需要，加强与这些新媒体平台的交流，为筹资便利提供条件。

4. 推动和企业的合作。公益组织要加强和企业的沟通交流，获得企业的认同和支持，使企业成为公益组织的重要资金来源方。同时，公益组织还可以和企业合作，共同出资支持某一项公益事业。另外，还可以采取配捐的手段，将一定比率的产品销售额或者实物，捐赠给公益组织。公益组织还可以将自身的品牌标志授权给企业使用，企业将所获利润按一定比例捐赠给公益组织，用于支持相关公益项目。

5. 加强和爱心者的互动。公益组织为进一步浓厚社会公益氛围，激发公益爱心者参加公益事业的热情，可加强和爱心者的互动，开展运动式筹款、体验式筹款等互动性强的筹款活动。近些年的"冰桶挑战"等体验式筹款就深受爱心者的欢迎，活动参与者不但自己参与捐款，而且通过自媒体平台，广泛宣传该公益项目，引导更多爱心人士参与该项目。

（五）优化筹资流程

流程指的是事物在进行中所涉及的顺序或者布置等，在社会营销中，流程重点突出的是社会营销过程中的程序性，即策略规划布置是需要有一定顺序及次序的[1]。具体到公益组织的筹资流程，其基本步骤为，研究潜在捐赠者、确定筹款的目标对象、培养可能捐赠者、培养成熟并开始介绍业务、提出捐赠请求、对捐赠者的认可和问责[2]。为使筹资工作开展有序、方便、快捷，公益组织要在总结过去经验的基础上，优化筹资流程，努力做到以下几点：

1. 研究并选定资金来源方。公益组织要深入研究可能的捐赠者，并且在此基础上加强与资金来源方的沟通和交流，了解资金来源方的实力、捐赠意愿、捐赠心理、有何要求等，并选定有合作意向的资金来源方。在撰写筹资方案时，公益组织要根据资金来源方的要求，设计好能满足资金来源需求的公益产品，确定合理的公益产品价格，建立便利的捐赠渠道，并加大公益产品的推广。

2. 加强公益产品营销。公益组织在确定好目标资金来源方后，在借助传统媒体力量的同时，要更加重视"两微一端"等新兴媒体的传播力量，加大公益产品的网络营销力度，积极争取公益名人的支持，不断增强公益产品的知名度和影响力，调动广大企业、社会团体、普通民众的参与性。

---

① 马贵侠、周荣庭：《社会营销——公益组织服务项目运作机理研究》，知识产权出版社2016年版，第237页。

② 卢咏：《公益筹款》，社会科学文献出版社2014年版，第48页。

3. 做好筹资后的反馈与交流。公益组织要重视成功筹资之后，与资金来源方的反馈和交流，倾听其的心声，听取意见和建议，重视维护与资金来源方的良好关系。筹资后，公益组织要通过致信、媒体公布捐赠名单、公布善款去向、电话沟通致谢、当面致谢、赠送小礼品、颁发捐赠证书、开具收据等多种方式，感谢资金来源方对公益事业的大力支持，与资金来源方形成良性互动。公益组织要加强筹资事后的绩效评估，保障组织自身、资金来源方、服务对象等利益相关方的合理收益，不断增强公益组织的公信力和美誉度。

二 加强社会转型时期公益组织的服务效能传播

在社会转型发展时期，影响公益组织服务效能的因素是多方面的，从社会营销学的角度来看，主要的影响因素有产品、价格、人员、地点、促销、绩效等，若要加强公益组织的服务效能传播，则应该努力做好以下工作：

（一）提升公益产品的实效性

公益组织提供的公益服务即是公益产品，这种公益产品大体包含有形公益产品和无形公益产品两种。有形公益产品即针对目标受众所提供的直接性公益服务或者帮助；无形公益产品主要表现在目标受众行为的改变上，这种改变往往是缓慢的、渐进性的。公益服务项目的具体运作中，贴近公益服务对象的具体需求，设计出服务对象满意的公益产品显得特别重要，这是开展公益组织形象传播的重要基础。因为优质的公益产品设计，不但能够解决公益对象实实在在的公益需求，还能够吸引公益服务对象主动参与到相关公益项目中来，帮助改变公益服务对象的理念、知识和行为，从而实现公益组织的目标，践行公益组织的宗旨。

公益组织在设计公益产品之前，需要深入分析服务对象的现状，评估服务对象的公益需求，评估自身的公益优势、实力和专长，做到公益供给侧和公益需求侧两者有机对接。例如，马云公益基金会发现，现在乡村教师缺乏这一现实公益需求问题，经过深入调研后，便于2017 年 12 月 11 日正式启动了"马云乡村师范生计划"，该项目预计10 年内至少投入 3 亿元，助力乡村教育新生力量供给，为中国培养未来乡村教育家。公益项目每年在全国招募主动投身乡村教育的优秀应届师范毕业生，给予每人持续五年、共计 10 万元的支持，帮助他们在乡村一线成就个人价值，为乡村儿童带去优质教育。通过师范生在乡村的实践成长，树立标杆典范，唤醒公众意识，让更多年轻的乡村教师下得去、留得住、教得好、有发展。其中，2020 年"马云乡村师范生计划"面向全国 2020 届师范毕业生群体，招募共 300 位优秀乡村师范生。该公益项目的推出，获得了相关地方政府和广大乡村学校的欢迎，帮助解决了部分农村学校乡村教师短缺问题，同时，也获得了愿意投身乡村教育的广大师范生的认同，为其职业成长提供了有利的帮助。

（二）合理确定公益服务对象的成本付出

公益产品价格是目标受众为了实施公益行为所愿意付出的财务成本。在运作公益服务项目时，要让公益组织顺利完成公益服务项目，实现公益项目绩效，就公益服务对象而言，使其最大化感知公益服务项目的获益，最小化感知参与公益服务项目的成本付出，是能否实现公益目标的关键[①]。传统的公益慈善捐助活动，公益服务对象只需被动接受公益服务即可，不需要公益服务对象付出多少时间或者精力成本，这也导致公益组织在开展公益服务时，较少考虑公益服务对象参加公益服务项目所需的成本付出。

公益服务对象接受公益服务所付出的成本大都是非金钱形式的成本，主要是时间、精力或者承担社会风险等。当前不少公益组织采取赠送小礼品、给予优惠或者享受购物补贴等形式，吸引公益服务对象参加公益项目。借助社会营销学的理论，公益组织要降低公益服务对象参加公益项目的成本，以吸引更多公益服务对象志愿加入公益活动

---

① 陈一丹、吴朋阳、周子祺、马天骄：《中国互联网公益》，中国人民大学出版社 2019 年版，第 433 页。

之中，具体来说，要做到以下几点：

1. 准确定位服务目标群体。公益组织要根据公益项目的服务类型、服务区域、自身特征等，准确定位公益服务的目标群体，做到精准定位，有的放矢，这是合理确定公益服务对象成本的前提。一般来说，公益组织定位的服务目标群体如果是弱势群体，则不需要其付出财力上的支出，大多只需时间、精力的付出，而定位的服务目标群体如果是普通民众，则可以需要其付出时间、精力上的成本，也可需要其付出适当的财力上的成本。

2. 尽可能提升公益服务对象的获得感。公益对象接受的公益服务，要尽可能解决公益服务对象的现实问题，提升服务对象的获得感。例如，贫困青少年参加公益助学活动，其付出的大多是时间和精力，而收获的往往是捐资助学款、学习用品、助学辅导、御寒衣被等，这使贫困青少年的获得感明显提升。公益组织要根据服务对象的不同，提供更加契合服务对象内在需要的专业公益服务。

3. 尽可能降低服务对象参加公益项目的成本。如果公益组织面向的公益服务对象是普通的民众，虽然可以让普通民众支付一定的财务成本，但是要尽可能降至最低。如果公益组织面向的服务对象是弱势群体，则不要让其支付财务成本，并且让其支付的时间和精力成本也尽可能降至最低，尽可能降低其参与公益项目的门槛，尽可能便民化、亲民化，提升参与度。

（三）加强公益组织从业人员的培训

人力资源是公益组织的第一资源，是公益组织事业发展的基础所在。目前，我国公益组织人员的构成主要由全职员工、兼职员工和志愿者三个群体组成。长期以来，由于传统观念认为，公益慈善事业是一种无条件的付出，因而，公益组织兼职员工和志愿者是不能有任何报酬的，并且公益组织专职员工的薪酬也普遍偏低，难以吸引到高层次的专业公益人才。公益组织的现有从业人员整体素质与公益事业的快速发展不相匹配，急需专业规范的培训和提升。公益组织应当改变传统观念，建立起与公益事业的劳动强度、事业发展、行业比较相匹配的薪酬激励机制，鼓励以适当的待遇留人。当前，公益组织要进一步加强员工的教育培训，重点做好以下三个方面的工作：

1. 公益组织理念认同工作。公益服务是需要由公益组织的员工来完成的，公益组织员工和服务对象之间是处于双向互动之间的关系，因而，要顺利完成好公益项目，塑造好公益价值理念、认同公益组织的理念是十分重要的。一是在选择好公益项目参与人员之后，公益组织要加强员工培训，使员工进一步认同公益组织理念，认同要参与的公益项目，明确自身的职责和使命；二是要使公益组织员工认同"实用第一"的公益理念，将解决服务对象的实际问题，作为公益项目运作的终极目标，而且还力争实现"授人以鱼"向"授人以渔"转变，增强服务对象的自我造血功能，为服务对象的可持续发展奠定坚实基础。

2. 加强公益组织员工的专业培训。长期以来，我国公益组织专业能力偏弱是客观事实，其主要原因，一方面是因为目前公益组织提供的薪酬偏低，吸引专业人才的能力偏弱；另一方面是因为从业人员获得的专业培训机会偏少。面对存在的问题，公益组织要加大培训投入，加大对员工的培训力度，使本组织员工的工作能力能适应公益事业发展的现实需要。

3. 加强公益服务效能的评估与跟踪。在公益服务项目运作过程中，公益组织要加强公益服务绩效的跟踪，加强公益服务效能的评估。公益组织通过公益服务效能的跟踪与评估，一方面，可以为公益组织员工提供更加专业的支持，提升员工工作的专业性，调动员工工作的积极性、主动性和创造性，不断激励员工热爱公益事业的内在动力。另一方面，可以通过督促公益组织员工和公益服务对象构建相对稳定的双边关系，增强公益服务内容与公益服务对象的内在联系，提升公益服务的绩效[1]。

---

① 玉苗：《中国草根公益组织发展机制的探析》，硕士学位论文，华中师范大学，2013年。

（四）提升公益服务项目的地点接近性

公益服务中的地点是指公益组织在目标市场实施公益目标行为的具体位置或场所。开展公益服务，公益组织的地点策略非常重要，要善于考虑公益服务对象群体的特征和需求，尽可能方便服务对象参与公益项目，增强公益项目的吸引力，因而，公益组织要提升公益服务项目的地点接近性。

公益组织实施公益项目，由于受到公益项目实施的场地、资金、权限等限制，客观上降低了公益组织地点选择的自主性。公益组织要主动思考、积极谋划，努力克服不利因素，综合考虑公益项目资源提供程度、项目执行方便程度、服务对象方便程度等因素后，再确定公益项目实施地点。具体来说，公益组织应该使服务地点尽可能靠近服务对象，同时，要根据服务对象的具体情况，实施弹性的服务时间，合理确定服务周期。此外，公益组织要优化服务环境，尽可能满足服务对象对场地的特殊要求，增强场地吸引力，加强与服务对象的沟通交流，拉近与服务对象的心理距离，不断提升服务实效，不断提高服务质量。

（五）拓宽公益服务的营销路径

公益营销是一种公益活动中的劝说性交流沟通，公益组织开展营销的目的在于使目标顾客了解所提供的公益服务，相信他们会接受其所倡导的公益服务并且付之于行动。公益营销包括公益信息和媒体两大部分，公益信息就是它想要传达的内容，媒体就是使公益信息传达的时间、地点和传达者①。

在我国公益事业快速发展的新时期，面向公益服务对象开展适当的公益营销是公益项目得以顺利实施的关键。而开展公益营销，其创意是否新颖、是否贴近实际显得非常重要。公益组织要善于借鉴专业团队的力量，让公益服务对象能够快速感知到服务项目的目标、项目

---

① ［美］菲利普·科特勒等：《社会营销——提高生活质量的方法》（第2版），俞利军译，中央编译出版社2006年版，第286页。

收益和利益承诺等重要信息。面向公益服务对象的营销设计路径，要从公益信息和媒介选择两个方面展开。一是在公益信息路径方面，公益组织要让服务对象尽可能全面清楚地了解公益项目信息，这是公益项目能否成功的关键。服务对象了解公益信息越全面，其参与公益项目的可能性也就越大。当然，公益组织发布的公益信息是要准确、简短、到位，能够在有限的篇幅里，向服务对象精准地展现公益组织信息、项目目标、项目收益、利益承诺、项目优势等重要信息，增强服务对象对公益服务项目的信任度。二是在媒介选择路径方面，公益组织要根据服务对象的年龄、文化层次、身体健康状况、媒介接触便利程度等具体情况，综合运用报纸、广播、电视等传统媒体和微博、微信、客户端等网络新媒体，加强与服务对象的互动，进一步提升公益传播技能、提升公益项目信息传播的精准性，激发服务对象参与公益项目的内生动力，提升公益项目的整体绩效①。

（六）提升满足公益服务对象需求的契合度

公益服务的成效如何，除了要看公益组织提供了多少公益产品和公益服务、公益产品和公益服务的品质如何、公益服务对象的数量有多少、公益服务对象实现了哪些层面的改变、公益项目的成本、效率如何，关键还要看，是否满足公益服务对象的内在需求，以及公益服务与内在需求的契合度有多高等。对公益组织来说，关注项目的契合度，就是关注项目促使服务对象产生了哪些变化，满足了哪些内在需求。因而，公益组织在公益项目设计伊始，就要立足于自身的使命、价值和专长，对潜在的服务对象需求进行科学、有效的评估，在此基础上，设计出合适的公益项目，以满足公益服务对象的部分需求。在公益项目的运作过程中，公益组织应重视员工对服务对象需求阶段性满足情况的评估，并根据评估结果，及时调整公益服务方式或者内容，以充分保障有限的公益资源，能够充分满足公益服务对象的迫切性内

---

① 马贵侠：《社会营销视角下公益组织服务项目的运作机理研究》，博士学位论文，中国科学技术大学，2016 年。

在需求。对公益服务项目的外部评估方来说，公益服务契合度评估的关键在于设计科学合理的评估指标。评估公益服务契合度的指标，不应简单地以投入产出比来衡量公益项目契合度，而应该更加关注公益项目对于服务对象改变所产生的正向激励作用。一是做好公益服务对象的满意度评估，提高服务对象在公益服务项目评估过程中的话语权，深入了解服务对象的满意度，较全面掌握公益服务对象接受公益服务之后，所带来的实实在在的改变。二是要根据公益项目的需求回应状况、公益项目的专业性、公益项目的创新性等要素，对公益项目的执行过程开展评估。三是要结合公益服务对象的人次、公益服务区域的大小、公益服务频率等，对公益项目进行成本取向评估，全面衡量在公益项目实施对象范围、服务内容、服务频次确定的情况下，公益项目的社会效果如何，投入与产出的费效比如何，尽可能以较小的投入，获取公益服务对象较大的满意度。

三　加强社会转型时期公益组织的制度建设和传播

当前，我国正处于社会转型发展时期，经过前期的深入调研，我们发现公益组织发展中还存在政策法规不完善、公益专业人才缺乏、公益组织实力偏弱、社会公益文化氛围不够浓厚等问题。面对存在的这些问题，我们要在遵守《慈善法》等相关法规的前提下，从完善公益组织准入制度、优化公益组织法规体系、加强公益组织管理体系、加大政策支持力度、加强公益行业人才培养，不断加强公益组织的制度建设和传播。

（一）完善公益组织准入制度

政府相关部门要进一步完善公益组织准入制度，建立全国统一的准入备案管理系统，不断完善国内统一的公益组织准入备案制度，防范各地对公益组织准入备案制度的多重标准解读和操作。同时，民政部门在制定相关规定时，要在运营场所要求、注册资金等方面降低公益组织准入标准，清除一些隐性门槛。同时，要以《慈善法》为准则，在是否具有"公益性"的认定上，以是否从事公益事业、是否有明确的公益使命定位、是否有特定的公益服务、是否收入主要用于公益事业为基本判断标准，从源头上防范和杜绝一些不法组织，冒用公益慈善组织的名义进行非法活动。

《慈善法》出台后，政府相关部门要加强配套法规建设，同时，规范好社会服务机构登记管理相关工作，执行好《社会服务机构登记管理条例》，并加大该条例的传播力度，以进一步完善社会服务机构的管理体制，进一步统一社会服务机构的组织类型，进一步规范社会服务机构的管理，进一步拓展公益服务领域的范围，丰富公益活动形式，并提升该条例的普及度和知晓度。当前，按照相关规定，如果暂时还不具备备案条件的公益组织，则应该加强各类社会组织培育平台建设，使其具备一定的公益服务能力，切实发挥公益组织备案管理的把关作用。要通过培育助推公益组织合法性身份的获取，将更多的公益组织纳入现代社会服务体系之中，以繁荣社会公益事业。

（二）稳步建立公益组织规范化的管理体系

我们要重视公益组织前期的备案式的"前置式管理"，更要重视公益组织合法性运行的"全链条管理"。适应新时代的新要求，改革传统的政府监管理念，引入多元参与的理念，遵循规范公益组织行为和培养公益组织实力相结合的原则，加强公益组织的分类管理。公益组织管理过程要引进公益服务对象、公益支持组织、资金来源方、新媒体平台方等的参与，加大绩效评估和多元激励方式的运用，实现引导式的现代公益组织管理，不断丰富和优化公益组织管理框架体系，重点要做好以下工作。①

一是制定好公益组织章程。公益组织章程是公益组织行为规范的根本遵循，公益组织要制定好组织章程，民政部门要加大组织章程合规性、合法性审查，引导其与时俱进，督促其遵守组织章程，忠实履

---

① 王向南：《中国非营利组织发展的制度设计研究》，硕士学位论文，东北师范大学，2014 年。

行好公益组织使命。

二是实现公益组织内部决策权、管理权、监督权相互平衡。公益组织要完善内部法人治理结构，建好理事会、监事会，选强配齐相关工作人员，并通过内部监督，督促其发挥应有的作用，实现组织内部决策权、管理权、监督权相互平衡，以保障组织内部治理规范、有序、到位。

三是建立违法违规公益行为问责机制。公益事业快速发展的过程中，难免会出现一些违法违规的行为，司法、民政和公益组织自身等相关单位，要构建起各自的问责机制，并且敢于动真碰硬，及时纠正工作中的偏差，确保公益组织的工作在正确的轨道上运行。

四是建好公益组织发展联盟。目前，公益部门内部已经形成了初步的公益共同体，有些还自发建立了公益联盟。民政部门要积极支持公益组织发展公益联盟，以多种途径提高公益组织行业内的自我规范、自我净化、自我监督作用，不断提高公益组织的整体规范化。

五是提升公益信托水平。我们要根据《慈善法》《信托法》的相关规定，积极开展公益组织的公益信托工作，加强公益组织财务管理的制度化、规范化，提升工作绩效。一方面借助公益信托机构的专业服务，促进公益组织提升公益服务的运作绩效，赋能公益组织；另一方面助力公益组织解决内部账务管理规范化不足的问题，提升财务管理规范化水平，加强公益行业公信力建设。

六是促进公益组织发展的法规体系建设。我国要在《慈善法》正式颁布之后，继续加强涉及公益组织、社会组织的法规建设，加快推进《社会组织法》的出台，立法机关要加强调研，从立法层面上对各地的成熟做法、成功经验加以总结，尽早推动将该法列入立法计划，为国内快速发展的公益组织提供更加全面的法制保障和法律支持。民政等相关部门要加强"条例""意见""通知"等各类规范性文件和法律的系统性梳理，加快推进《志愿服务条例》出台，规范志愿者招募、志愿者培训、志愿者激励、志愿者服务、志愿者权益保护等，实现志愿服务的规范化、制度化、法制化、持续化。

(三) 整合公益支持政策、形成公益合力

我们在加强公益政策顶层设计的同时，要注意相关政策的整合，形成公益合力。

一是加快推进现代社会组织统计体系建设。我国要在深入研究和参考国外非营利组织管理经验的基础之上，建立国内统一的社会组织统计口径与统计标准体系，为科学、平稳、有序地开展公益组织的管理和服务，为出台相关公益组织政策，奠定坚实基础。

二是加强公益组织资格认证。现在公益组织能享受一定的财税优惠政策，但是，如何界定公益组织的"公益性"和"非营利性"，还存在标准把握不准的问题。市场监管部门、民政部门、财税部门要根据《慈善法》的相关规定，对现有公益组织及其提供的专业服务进行仔细鉴别，加快推进公益组织资格认证工作，使政府加快公益慈善事业发展的各类优惠政策能够落地见效。

三是提高国家财税支持的力度。和其他企业主体一道，公益组织也要享受到国家减免税费的系列优惠政策，为公益组织的健康可持续发展提供强有力的财税支持。各级财政、民政部门要认真遵守新修订的《民政部彩票公益金使用管理办法》《民政部彩票公益金民政部项目立项和评审办法》《民政部彩票公益金使用管理信息公开办法》《民政部彩票公益金服务和其他类项目管理办法》《民政部彩票公益金培训项目管理办法》《民政部彩票公益金预算操作规程》《关于公益性捐赠税前扣除有关事项的公告》等相关系列法规，同时加大对公益事业的财税支持力度，简化企业、公民个人等主体捐赠后税收减免操作程序，稳步提高捐赠的税收抵扣限额，调动捐赠者向公益组织捐赠的积极性，大力营造深厚的社会捐赠氛围。此外，还要努力创新政府对公益组织的财政资助方式，采取以奖代补、公益创投、专项补贴、政府购买、服务收费、社会捐赠等方式，加大公益组织的财力保障。

四是鼓励支持公益组织做大做强。公益组织要做大做强，需要有较强大的公益支持组织做后盾，要通过公益创投、政府购买等方式，助力公益支持组织引入高效、专业的人士开展精准性强的公益行业支持服务，以培养更多的现代公益组织，助力公益行业整体服务效能的提高。此外，民政等相关部门还要鼓励公益支持组织加强自身综合能力建设，强化行业自律和联盟，以形成公益合力，增强其市场竞争力。

四　加强公益行业人力资源建设和成效传播

公益行业要针对社会转型时期人力资源建设存在的问题，重点做好以下工作，并且加强建设成效的传播。

一是依托高校加强公益行业后备人才队伍建设。目前，不少高校开设了社会学、公共管理、社会工作等相关专业，培养公益慈善行业从业人员。我们要按照新文科、新理科的标准，修订好人才培养方案，注重培养文理适度交叉、理论基础知识扎实、动手实践能力强的新型公益后备人才。高校和公益慈善组织要加强信息对接、互动传播，高校要主动深入相关公益慈善组织开展调研，了解公益行业对专业人才的具体需求状况、对能力的具体要求，同时，要完善相关专业大学生见习实习的相关规定，加大实践经费投入，在相关公益慈善组织设置专业实习基地，并与公益慈善组织一道建好实习基地，在安排学界老师作为指导教师的同时，积极聘请业界导师加强指导。公益慈善组织也要主动参与公益慈善人才的培养，可以在相关高校设置奖学金，鼓励大学生学好专业知识，增强从事公益事业的专业本领。高校在培养合格的本专科生的同时，要加强公益慈善高层次人才的培养，积极申报公益类相关专业硕、博士学位点，并加强学位点内涵建设，培养一大批综合素质高、业务能力强的研究生，从而加强公益行业后备人才队伍建设，为公益行业培养大批合格的德才兼备的从业人员。同时，加大公益行业后备人才队伍建设成效的传播，方便用人单位选聘人才，增强对我国高校自主培养的公益人才的认同。

二是加强公益行业人员的继续教育和教育成效传播。社会转型时期，也是公益事业变革时期，公益新理念、新技术、新形式不断涌现，迫切需要公益从业人员，树立终身学习的理念，加强学习。公益组织要认识到公益从业人员开展继续教育，不断学习新理念、新技术、新知识的重要性，加大继续教育的经费投入，鼓励从业人员利用业余时间或者抽出相对集中的时间，开展继续教育。公益组织可主动与相关大学、科研院所等专业培训机构开展合作，分期分批轮训工作人员。公益组织在接到行业主管部门的调训任务时，要积极响应，克服困难，送派好学员，完成好调训任务。公益组织和相关媒体要加强互动，做好教育成效的传播，促进继续教育良性循环。

三是完善公益行业从业人员的薪酬激励机制和建设成效传播。目前，公益行业从业人员薪酬水平整体不高，政府相关部门要完善公益组织从业人员的职业保障措施，维护好公益从业人员的合法权益，将公益组织人才队伍建设纳入地区、行业人才建设整体规划之中，在职称评聘、社会保障、人员聘用等方面，加大政策支持力度，将社会工作师等公益行业作为国家职业分类，并建立好职称晋升制度。公益组织自身也要深化人事制度改革，完善薪酬激励制度，建立与贡献相匹配的绩效分配制度，吸引更多优秀的专业性人才投身公益事业，建设具有中国特色的薪酬激励机制。与此同时，公益组织要主动与媒体加强联系，加大薪酬激励机制建设成效的传播力度，增强公益组织对人才的吸引力。

第三节　改进社会转型时期公益
组织视觉形象传播

公益组织的视觉形象确定之后，并不是一成不变的。在社会转型发展时期，经过前期的调研，我们发现公益组织在视觉形象传播方面，仍然存在不少问题。并且公益组织外在的社会环境正在发生较快的变化，内部环境也会发生变化，相应地，其视觉形象也需根据内外部环境的变化，做出相应的调整，具体来说，应该做到以下几点。

一　改进社会转型时期公益组织的视觉形象须遵循审慎原则

时代在发展变化，公益组织的外部环境和内在条件都在发生巨大的变化，因而，公益组织必须高度重视组织形象的发展演变，积极主动地开展形象变革，使其符合时代发展的趋势，符合社会大众不断变化的价值观念和审美理念，符合公益组织自身的战略要求，公益组织才能在激烈的公益市场中站稳脚跟，发展壮大，行稳致远。

在看到公益组织形象需要变革的同时，我们也要清醒地意识到，对于公益组织来说，公益组织形象是公益组织的形象要素在社会大众心目中的映射，是社会大众对公益组织的认知和评价，是公益组织在社会大众心目中的特色和地位的象征，也是社会大众对其的整体印象。公益组织形象要素的任何改变，必然导致社会大众对公益组织认知的改变，从而对公益组织的正常运营和发展产生影响。如果公益组织形象的变革符合社会大众的价值观念体系，得到了社会大众的深入认同和广泛支持，公益组织的形象就会得到进一步的优化和提高，这对公益组织的运营发展都会产生很大的推动作用。反过来，如果公益组织形象的变革不符合社会大众的正常期待，或者公益组织形象的变革方案和社会大众的价值理念体系相矛盾，因而没能获得社会大众的广泛认同和大力帮助，公益组织原有的组织形象就会受到损害，从而对公益组织的运营发展带来不良影响。因而，公益组织形象的变革对公益组织来说，是一项事关公益组织的运营环境和今后发展方向的重大决策。公益组织形象要顺应时代潮流，与时俱进，但是公益组织形象的改变，又需要遵循审慎的原则，在传承的继承上稳步创新，需要建立在对公益组织形象变革的必要性的充分评估、公益组织形象变革方案的合理性与可行性充分论证的基础之上，不能简单地为变而变。公益组织形象的创新，特别要注意形象核心元素符号的传承和保护，维护好核心元素符号的完整性和稳定性。

例如，共青团中央、中国青少年发展基金会于 1989 年 10 月发起实施的"希望工程"，得到老一辈无产阶级革命家的关怀，也得到全国社会大众的广泛支持。1990 年 9 月 5 日，邓小平亲自为"希望工程"题字。"希望工程"实施以来，截至 2019 年，全国累计接受捐款 161 亿元，资助家庭困难学生 617.02 万名，援建希望小学 20359 所，同时，还根据贫困地区的现实情况，推出了"圆梦行动""希望厨房"、乡村教师培训等贴近教育实际的公益项目，有效推动了贫困地区教育事业发展、服务了贫困家庭青少年成长发展、弘扬了社会文明新风，"希望工程"成为我国社会参与最广泛、最富影响力的公益事业之一①。"希望工程"实施以来，共青团中央、中国青少年发展基金会遵循审慎原则，一直没有改变"希望工程"的 LOGO 等视觉形象的核心元素，现在其形象已经深入人心，产生了良好而广泛的社会影响。

二 运用恰当方式提升公益组织的视觉形象

公益组织视觉形象提升是一项系统化的长期工程，公益组织在进行视觉形象提升时必须进行充分的调研、策划、论证，选择恰当的形象提升时机和形象提升方案。

（一）确立科学、理性的视觉形象提升目标

公益组织视觉形象提升是公益组织为了主动适应外部环境的变化，而对自身的视觉形象进行提升和重塑的过程。为了能推动自身视觉形象传播顺利推进，公益组织要对现有视觉形象的传播作机制有深入了解，对现存问题有深入研究，要理解公益组织的视觉形象来自哪里，当前视觉形象塑造的现状如何，这是公益组织视觉形象提升的起点。不开展调研，不了解公益组织视觉形象塑造现状和存在的问题，而开

---

① https：//www.cydf.org.cn/Abouts/.

展视觉形象提升，只会是对视觉形象提升有百害而无一利。此外，公益组织要根据社会不同群体对公益组织的期待和爱心诉求，确立科学、理性的公益组织视觉形象提升目标，明确公益组织视觉形象建设发展的方向，并且使建设目标符合公益组织的实际，符合公益事业发展的客观规律，不超越当下社会转型发展的具体的时代条件，不好高骛远，又尽力而为。

（二）找准公益组织视觉形象提升的时机

公益组织视觉形象的提升不是想当然地想什么时候实施，就什么时候实施，需要在准确定位视觉形象建设目标的基础上，在科学调研的前提下，找准公益组织视觉形象提升的最佳时机，开展视觉形象提升。而这个时机，往往是指公益组织外部环境已经到了该类组织必须进行视觉形象提升，才能适应变化了的外部环境的时候，同时公益组织内部已经完全具备视觉形象提升的条件。公益组织把握住了好的视觉形象提升时机，则意味着其视觉形象提升成功了一半。

（三）制定精准的公益组织视觉形象提升策略

公益组织要针对当下视觉形象提升与传播存在的问题，根据自身所处的公益环境特点、公益行业发展趋势、公益组织的内部条件、公益组织视觉形象提升的目标等，制定精准有效的公益组织视觉形象提升策略。公益组织在制定精准的视觉形象提升策略时，要重点把握好以下几个方面。

1. 确定好变革的方式是快速变革还是缓慢变革。所谓公益组织视觉形象的快速变革，是指公益组织在较短的时间内，通过改变公益组织视觉形象的主要元素符号，以实现塑造公益组织新形象的目标。这种方式适合于公益组织面临较大的视觉形象传播问题，需要对组织视觉形象传播进行彻底变革的公益组织，以展现公益组织与其旧视觉形象分割的决心和信心。所谓公益组织视觉形象的缓慢变革，是指公益组织在相对较长的时间内，根据视觉形象设计方案，稳步优化和提高公益组织视觉形象的相关要素，从而实现改变公益组织视觉形象的目的。缓慢变革的方式适合于视觉形象一直较好，但是存在某些不足之处，需要改进和提升的公益组织，这种缓慢式的变革不是简单地否定原有的公益组织视觉形象，而是根据形势发展的需要，对公益组织视觉形象进行优化、调整和提升。

2. 确定变革的范围是单项视觉形象的变革还是整体视觉形象的变革。公益组织在决定推进视觉形象变革时，可以选择只对单项视觉形象的元素符号进行变革，也可以选择对整体视觉形象进行变革。公益组织要根据本组织视觉形象存在问题的范围、视觉形象受损的严重程度、公益组织的资源状况、公益组织视觉形象建设的目标等要素，科学选择以下两种类型中的一种，进行视觉形象变革：

（1）公益组织单项视觉形象的变革。公益组织视觉形象在整体没有问题的情况下，只是个别视觉形象元素符号存在不足，或者因公益组织发展定位、策略进行了改变，而视觉形象与其不相适应的时候，公益组织则可以只需对少量视觉形象的元素符号进行变革，就能达到视觉形象提升的目标。小范围变革视觉形象元素符号，可以考虑选择以下某一种或者几种方法：

①改变 LOGO。公益组织在经历一段时间的发展之后，如果遇到组织视觉形象老化、公益产品市场表现不佳、公益组织发展战略出现较大调整、公益组织结构出现较大变动时，运用的最直接也是最常用的变革视觉形象的手法，就是更换公益组织的 LOGO 及相应的视觉形象标识体系，从而给受众带来新的感受。例如，上海真爱梦想公益基金会，是一家以做乡村教育项目为主的公益组织，在 2002 年 4 月，修改了自己的 LOGO，为原本仅有文字的组织视觉形象图案，加上了一架红色纸飞机，从而形成了由"一架红色的纸飞机、真爱梦想的英文和中文"共同组成的新 LOGO，修改之后，显得更加富有视觉美、也更专业。纸飞机让人联想到承载梦想，这和真爱梦想公益组织的理念是相吻合的，这隐喻着让乡村学校的孩子们拥有自己的梦想，能够自信、从容、健康地成长，并且最终乘着梦想的飞机实现自己的人生理

想。当然，这些梦想不仅是属于孩子们的，也是属于上海真爱梦想公益基金会工作人员和广大志愿者的，这架纸飞机也隐喻着爱心志愿者的公益梦想，这就是通过自己的努力、社会的支持，让更多孩子们飞得更高、飞得更远。

②更新公益产品外观。公益产品的外观更新主要是改变产品的造型和包装。公益产品的外观构成了公益产品的表层视觉形象，这是直接影响民众对公益产品的认知和体验的最直观、最生动的符号元素。随着社会的发展变化，公益产品的造型设计也越来越追求趣味性、文化性、便利性和人性化，以更好地满足受众内心深处的物质文化和精神文化需求。例如，在2020年年末，吉利公益推出年度跨界公益产品——2021版宫禧福盒，吉利福盒与以往的公益产品不同，其以故宫藏品为设计蓝本，以公益元素为精神内核，使公益在播撒爱心的同时，也助推民族传统文化的传承，从而走出了一条具有鲜明特色的创新之路。

③变革公益组织从业人员视觉形象。公益组织从业人员形象是决定公益组织视觉形象重要的元素符号之一。人力资源在公益组织的发展中占据着重要位置，在变革公益组织视觉形象时，公益组织要把改变员工的形象放在突出位置。

变革公益组织从业人员形象，主要应做好以下两方面工作：一是提升公益组织员工的素质。高素质的员工是公益组织视觉形象构建的基础，提升员工的素质是改变组织视觉形象的关键所在，这些素质具体包括思想品德素质、服务态度、敬业精神、从业技能等；二是提升员工的外在形象。具体来说，一要做好员工的教育培训工作、不断提升员工个人形象建设和传播的能力；二要适时更新员工的制服和饰品；三要适时更新和公益服务对象联系比较紧密的员工，给服务对象带来新感受。

此外，公益组织单项视觉形象元素的变革，还包括更换公益组织的形象广告，更换公益组织的形象代言人，更新公益组织办公建筑设施的外观、更新公益组织的内部办公环境、更新公益产品等。

（2）公益组织整体形象的变革。如果公益组织在发展中，组织专业力量，经过认真的调研和评估，最终决策认为，仅靠单项视觉形象的变革，不足以树立自身的良好视觉形象，则需要对自身的视觉形象进行彻底的变革，这就是公益组织视觉整体形象的变革。该项变革的复杂性、艰巨性、变革的力度和难度，是单项视觉形象变革无法比拟的，其承担的视觉形象建设风险也是很高的，需要公益组织科学、积极、审慎决策，并且需要把握好变革的时机，以确保视觉形象变革成功。

第四节 改善社会转型时期公益组织 听觉形象传播

公益组织听觉形象识别系统（AIIS），是通过听觉刺激传播公益组织理念、品牌形象的重要形象识别系统。在社会转型时期，公益组织形象的听觉传播还存在不少问题，突出表现在听觉传播内容质量参差不齐，听觉传播载体建设有待加强，因而，有必要下大力气提升社会转型时期公益组织听觉形象传播的效能，具体来说，应重点抓好以下工作：

一 提升公益组织听觉传播内容的质量

（一）起好公益组织的名字。古人云，名不正，则言不顺。一个内涵丰富、富有韵律、悦耳动听的名字，对一个公益组织的听觉形象建设来说，非常重要。公益组织在取名字时，除了要考虑让名字富有一定的内涵、传播正能量，还要注意让名字读起来朗朗上口，讲究一些平仄韵律，防止拗口，还要不会引起歧义，公益组织名字作为声音的能指形式，其所指对象准确清晰。近些年一些公益组织的名字还是起得较好的，例如，"益百分"公益组织，其含义是：有益你的生活，满意一百分。该公益组织名字不但读起来富有韵律，而且能指意义一语双关，既指明该组织是公益类组织，又指向其工作目标是追求完美的一百分，类似的公益组织还有不少，其取名之道值得我们借鉴。

（二）设计好公益活动的背景音乐。生动的画面固然可以传播公益组织的形象，但是音乐更能表现人物丰富的内心世界，通过营造氛围感染受众的情绪。公益组织的办公场所，一般不会设置背景音乐，但在特定的时段，例如，上午、下午做工作操的时间，可以播放一下节奏较欢快的背景音乐，以舒缓心情。在开展室内或者室外的公益活动时，可以播放一些与公益服务对象相吻合的背景音乐，例如，公益服务对象是儿童，则可以播放一下深受小朋友喜爱的健康向上的儿童歌曲，以激发儿童和家长参加活动的热情。公益活动的背景音乐，播放的音量大小要合适，声音要与公益主题、公益氛围相契合。

（三）选择合适的公益组织上下班铃声音乐。有些规模较大的公益组织，会播放上下班的铃声音乐，这时，选择合适的上下班铃声音乐显得非常重要。所谓合适是指公益组织的铃声要与公益组织的形象定位、公益组织的环境布局所吻合，整体来看，要求其音乐风格清新高雅、健康向上、节奏明快，声音延续长度也恰当，其作为能指形式的铃声，不仅是一个简单的上下班的声音提醒，也是具有所指意义的重要声音符号。

（四）创作质量优良的公益组织歌曲。作为展示公益组织形象的重要听觉元素，公益组织歌曲在本组织听觉形象建设方面扮演着非常重要的角色。现在不少公益组织都重视本组织歌曲的创作，初步解决了"有没有"的问题，但是，我们不能仅停留在解决"有没有"这一阶段上，还要下大力气，解决好"优不优"的问题。公益组织要根据自身条件，加大本组织歌曲的创作投入，要组织好专业力量，根据自身的发展定位，根据受众的喜好，创作出能激发受众参与公益事业、奉献公益事业、健康向上的歌词，谱写出旋律优美、适宜传唱、脍炙人口的旋律，使公益组织歌曲深受听众的喜爱，质量优良，富有生命力。

例如，上海慈善基金会的会歌《蓝天下的至爱》，就受到上海市广大市民朋友的喜爱，其歌词创作质量也很高，其演唱采用男、女声对唱的形式，其歌词写道："（女）太多太多的暖流向我们涌来，向我们涌来，太浓太浓的情感在这里澎湃，在这里澎湃，在这里澎湃。（男）炽热丹心把一切冰雪化开，把冰雪化开，把冰雪化开，我们感受慈善的温暖光彩，温暖光彩，那温暖光彩。（合）热腾腾的播撒，蓝天下的至爱，人世间最美丽，是生命的光彩，亲切切地汇聚，蓝天下的至爱，宇宙中最宽广，是好人的情怀。"该歌词就营造了良好的公益氛围，而且其旋律也很优美，所以创作出来后，在市民中流传很广，具有了强大的传播力和生命力。上海慈善基金会的成功做法，值得其他公益组织创作公益歌曲时借鉴。

（五）设计好公益组织的标语口号。公益组织的标语口号，除了内容要积极健康、符合公益组织特点、符号社会公序良俗，从听觉形象传播的角度来看，还要特别注意标语口号读起来朗朗上口、听起来悦耳动听。作为公益组织精神集中展示的标语口号，要注意运用形象生动、富有韵律之美的文字，来传播公益组织精神。例如，万科公益基金会的口号——"面向未来、敢为人先"，其重点关注对人类未来影响深远的议题，以建设"可持续社区"为目标，大力推动环境保护和社区发展；马云公益基金会的口号——"打造可托付、可参与、可持续的公益组织"，并且还为重点关注的四个子领域，分别设计了形象生动的口号，"企业家精神"公益领域口号是"让企业家成为社会经济中的科学家和艺术家"，"教育"公益领域口号是"让每个孩子成为最好的自己"，"医疗环保"公益领域口号是"天更蓝、水更清、身体更健康"，"女性领导力"公益领域口号是"女性的力量让世界更美好"。这些传递公益理念、传播公益组织精神的标语口号，都很形象，也很生动，为树立公益组织的良好听觉形象发挥了重要作用。

当然，公益组织的标语口号也不能仅仅依靠少数专家来创作，也要广开门路，集思广益，善于调动广大群众的积极性和创造性，善于听取多方面的意见和建议，例如，上海慈善基金会就开展了"慈善箴言"征集活动，至2020年年底已经成功举办五届。2020年12月19日下午，伴随着第二十七届"蓝天下的至爱"慈善活动的开幕，由该基金会举办的第五届"慈善箴言"征集评选活动结果出炉。经过初筛、专家评审、网络投票等环节，以下十条箴言获评第五届"慈善箴言"征集评选活动"十佳箴言"：

（1）战"疫"，我们携手并进；慈善，我们举世同行。

（2）"申"出一双手，跟从慈善走；"沪"助大家庭，收入一份情。

（3）慈为春雨，善作暖阳！

（4）社会多一份慈善，城市多一份温暖。

（5）慈善前程，百丈青云千里路；至爱美景，一轮明月万家灯。

（6）怀感恩之心，做慈善之事，扬公益之情，创和谐之城。

（7）慈不分大小，有心便可；善不论多少，有意就行。

（8）爱至真，心至善，行至美。

（9）慈者爱也，善者仁也，以爱助人，以仁度己。

（10）侬帮我，我帮侬，阿拉上海情最浓！

据了解，该基金会第五届慈善箴言征集评选活动以"慈善，让生活更美好"为主题，共征集到慈善箴言6434条。投稿内容符合当下时代特点，其中有712条箴言内容以抗击疫情为主题，占到征集总量的10%以上。沪上各区援鄂医疗队的医护人员、助力抗击疫情的爱心企业、志愿者等也积极参与该活动。

在评选阶段，该基金会第五届"慈善箴言"评选活动网络投票共投出8065票，参与度与上届持平。通过两次专家评委会，并结合评委投票和网络投票的结果，最终评选产生了第五届"十佳慈善箴言""专项奖"（网络感人箴言奖10名、最具时代气息箴言奖10名）

等奖项。

其中，该基金会第五届慈善箴言评选活动专项奖——网络感人箴言奖如下：

（1）慈善零门槛，爱心无止境。

（2）用慈待人，以善为先。

（3）疫情无情人有情，志愿服务暖人心。

（4）行善在心底，献爱润无声。

（5）小善始于践行，大爱源于真情。

（6）心连心共献爱心，手牵手齐伸援手。

（7）凡人善举，播撒人间美德的爱心窗口。

（8）款款慈爱心，源源仁义情。

（9）点亮爱心的灯，照亮慈善的路。

（10）慈善奥利给，魔都正能量。

此外，该基金会还举办了第五届慈善箴言评选活动专项奖——最具时代气息箴言奖的评选，具体内容如下：

（1）爱心让生命增色，慈善为人生添彩。

（2）防疫凝聚仁心，扶贫温暖人心。

（3）你以点滴慈善待我，我借山河无恙报你。

（4）疫情之中显大爱，平凡之中见真情。

（5）让慈善深入人心，为脱贫添砖加瓦。

（6）齐抗疫，重燃生命之光；共慈善，传递温暖大爱。

（7）存善心，发善言，行善事。

（8）常怀慈善心，快乐伴人生。

（9）播慈善之种，育爱心之苗，开道德之花，结富强之果。

（10）人人接力慈善棒，家家共享人间暖。

这些评选结果出炉后，该基金会还通过传统媒体与新媒体相结合的宣传方式，广泛开展获奖慈善箴言传播活动，在不断扩大活动知晓度、提升组织正面形象的同时，也让慈善公益理念更加深入人心。

二 打造好公益组织听觉形象传播的载体

公益组织听觉形象传播的载体，包含的内容也较多，主要有广播、网络媒体、公共空间媒体等，要想提升公益组织听觉传播的效能，需要抓好以下几项工作：

（一）建设好公益组织听觉传播的广播载体

广播具有良好的伴随性，其对场地的要求也较低，受众可以一边工作，一边听广播，特别是现在汽车普及，民众在汽车内的时间明显增多，因而，建设好广播载体，发挥广播在传播公益理念、传播公益广告口号、塑造公益组织形象方面的重要作用，显得非常有必要，也非常重要。我们要重视选择好广播的时段，设计好广播的内容，制作好相关音乐，开办好公益栏目，并且努力办出水平、办出活力、办出成效。

（二）建设好公益组织听觉传播的网络媒体

当今社会转型发展时期，也是互联网快速普及、网民快速增长时期，网络媒体在公益组织的听觉传播中也发挥着重要作用。具体来说，我们要建设好网络媒体中的公益栏目，丰富听觉传播的内容，提升听觉传播的品位，创作出高质量的公益歌曲，并加大公益歌曲的推广与播放力度。创作出易读易记、内涵丰富的公益广告口号，并加大播放的频率。公益组织还要高度重视自身的网站建设，让自己的网站不但是值得看的网站，也是值得听的网站。

（三）建设好公益组织听觉传播的公共空间媒体

城市公交车、地铁、出租车、公益组织的办公电梯等公共空间媒体，都是公益组织听觉传播的重要载体。公益组织要适当加大广告投入，增强公益组织听觉识别系统的影响力，城市公交车、地铁、出租车、办公电梯可以被视作公益组织听觉传播的移动载体，在车载广播、报站提醒、办公电梯中应用公益组织背景音乐，可以增强公益组织听觉传播的一致性、唯一性和可识别性。过去，公益组织对公共空间媒体在塑造自身形象方面的重要性认识不足，现在，已经是到了应该重视的时候了，公益组织要根据自身的实力和公益发展定位，适当运用好公共空间媒体为塑造自身良好形象服务。

　　总之，各公益组织要根据自身的实际情况，下大力气打造好适合自己听觉形象传播的载体，并且让各类传播载体形成合力，以不断提升公益组织听觉形象传播的效能。

结　语

当前，我国已经进入社会转型发展的新时代，公益组织的形象建设可谓是挑战与机遇并存，一方面，公益组织形象建设面临着不少问题，民众对公益组织形象建设水平的期待也越来越高，挑战日益增多；另一方面，抓好公益组织形象建设的机遇也日益增多，各公益组织对自身形象建设的重视程度越来越高，在自身形象建设方面的投入也明显增多。面对新形势新任务新要求，提升我国公益组织的整体形象，不仅需要公益组织自身的努力，还需要政府相关部门、公益事业相关行业人员积极行动起来，运用好 CIS 理论和传播学"5W"理论等相关理论，扎实做好以下几方面工作：

一要创新公益组织理念形象传播。理念是行动的先导，公益组织作为本组织整体形象传播的主体，要找准自身的发展定位，理顺公益组织、媒体、受助者之间的关系，坚持正面传播、绿色传播、开放传播、共同发展的新理念，树立起科学、先进的公益组织形象传播理念。

二要优化公益组织行为形象传播。公益组织作为行为形象传播主体，要深入思考如何做好公益事业、如何开展形象传播才更有效等问题，不断优化筹资行为，不断提升服务效能，不断完善政策环境，不断加强公益行业人力资源建设。

三要改进公益组织视觉形象传播。公益组织作为视觉形象传播主体，要遵循审慎推进原则，确定好视觉形象提升目标，找准视觉形象提升的时机，制定精准的视觉形象提升策略。

四要改善公益组织听觉形象传播。公益组织作为听觉形象传播主体，要提升公益组织听觉传播内容的质量，打造好公益组织听觉传播的载体，讲好公益组织改革发展稳定的故事。

相信，通过持续的努力，我国公益组织的形象建设必将提高到新的更高水平，我国公益事业也将得到更好的发展，从而为实现社会的公平正义、共同进步、共同富裕做出新贡献，为实现中华民族伟大复兴的中国梦贡献新力量。

参考文献

一　外文文献

Becker, T. E. , *Integrity in Organizations*：*Beyond Honesty and Conscientiousness*, Academy of Management Review, 1998.

David Lewis, Nazneen Kanji, *Non-Governmental Organizations and Development*, New York：Routledge, 2009.

Esther Lecovieh, *Responsibilities and Roles of Boards in Nonprofit Organizations*：*The Israeli Case*, Nonprofit Management & Leadership, 2004, 15（1）.

Gould, A. , *Conflict and Control in Welfare Policy*：*The Swedish Experience*, Longman, 1988.

Mayer, R. C. , Gavin, M. B. , *Trust in Management and Performance*：*Who Minds the Shop While the Employees Watch the Boss?* Academy of Management Journal, 2005, 48（5）.

Robert H. Bremer, *American Philanthropy*, Chicago：The University of Chicago Press, 1988.

Wayne J. Camara and Dianne L. Schneider, *Integrity Tests Facts and Unresolved Issues*, American Psychologist, 1994.

二　学术著作

［法］爱弥儿·涂尔干：《社会分工论》，渠东译，上海三联书店 2013

年版。

［美］安德鲁·卡内基：《财富的福音》，杨会军译，京华出版社 2006 年版。

北京师范大学中国慈善事业研究中心：《2001—2011 中国慈善发展指数报告》，北京师范大学出版社 2012 年版。

北京市互联网信息办公室、首都互联网协会：《互联网＋公益：开启全民公益时代》，同心出版社 2016 年版。

北京市互联网信息办公室、首都互联网协会：《互联网公益影响力》，同心出版社 2015 年版。

［美］比尔·萨默维尔、［美］弗雷德·塞特：《草根慈善》，吴靖、顾新译，商务印书馆 2014 年版。

［美］彼得·格鲁克：《非营利组织管理》，吴振阳译，机械工业出版社 2009 年版。

蔡勤禹：《国家社会与弱势群体：民国时期的社会救济：1927—1949》，天津人民出版社 2003 年版。

陈金罗、刘培锋：《转型社会中的非营利组织监管》，社会科学文献出版社 2010 年版。

陈津利：《中国慈善组织个案研究：慈善组织的成功、策略和公众参与》，中国社会出版社 2008 年版。

程昔武：《非营利组织治理机制研究》，中国人民大学出版社 2008 年版。

池子华：《百年红十字》，安徽人民出版社 2003 年版。

邓飞：《免费午餐：柔软改变中国》，华文出版社 2014 年版。

邓国胜：《公益项目评估：以"幸福工程"为案例》，社会科学文献出版社 2013 年版。

多吉才让：《社团管理工作》，中国社会出版社 1996 年版。

费孝通：《乡土中国》，北京大学出版社 1988 年版。

［美］弗兰西斯·福山：《信任：社会道德与繁荣的创造》，李宛蓉译，远方出版社 1998 年版。

葛道顺：《中国基金会发展解析》，社会科学文献出版社 2009 年版。

［美］哈罗德·拉斯韦尔：《社会传播的结构与功能》，何道宽译，中国传媒大学出版社 2013 年版。

贺立平：《让渡空间与拓展空间：政府职能转变中的半官方社团研究》，中国社会科学出版社 2007 年版。

黄春蕾：《我国慈善组织绩效及公共政策研究》，经济科学出版社 2011 年版。

黄永昌：《传统慈善组织与社会发展：以明清湖北为中心》，光明日报出版社 2012 年版。

［德］卡尔·马克思、［德］弗里德里希·恩格斯：《马克思恩格斯文集》（第 8 卷），中共中央马克思恩格斯列宁斯大林著作编译局编译，人民出版社 2009 年版。

康晓光：《NGO 扶贫行为研究》，中国经济出版社 2001 年版。

康晓光：《创造希望：中国青少年发展基金会研究》，广西师范大学出版社 1997 年版。

康晓光：《依附式发展的第三部门》，社会科学文献出版社 2011 年版。

康晓光、冯利、程刚：《中国基金会发展独立研究报告（2011）》，社会科学文献出版社 2011 年版。

李亚平、于海：《第三域的兴起》，复旦大学出版社 1998 年版。

李珍刚：《当代中国政府与非营利组织互动关系研究》，中国社会科学出版社 2004 年版。

梁其姿：《施善与教化：明清时期的慈善组织》，北京师范大学出版社 2013 年版。

梁卫浩：《公益华夏：中国民间公益机构访谈录》，南方日报出版社 2015 年版。

刘祖云：《社会转型解读》，武汉大学出版社 2005 年版。

卢泳：《第三力量——美国非营利性机构和民间外交》，社会科学文献出版社 2010 年版。

马贵侠、周荣庭：《社会营销：公益组织服务项目运作机理研究》，知识产权出版社 2016 年版。

［加拿大］马歇尔·麦克卢汉：《理解媒介：论人的引申》，何道宽译，商务印书馆 2000 年版。

莫文秀、邹平、宋立英：《中华慈善事业：思想、实践与演进》，人民出版社 2010 年版。

［美］尼葛洛庞蒂：《数字化生存》，胡泳译，海南出版社 1996 年版。

彭兰：《中国网络媒体的第一个十年》，清华大学出版社 2005 年版。

秦晖：《政府与企业以外的现代化：中西公益事业史比较研究》，浙江人民出版社 1999 年版。

上海市慈善基金会：《慈善：创新与发展》，上海社会科学院出版社 2009 年版。

上海市慈善基金会：《慈善理念与社会责任》，上海社会科学院出版社 2008 年版。

上海市慈善基金会：《转型期慈善文化与社会救助》，上海社会科学院出版社 2006 年版。

邵雍：《中国近代社会史》，合肥工业大学出版社 2008 年版。

施昌奎：《北京慈善事业运营管理模式》，中国经济出版社 2008 年版。

孙善根：《民国时期宁波慈善事业研究（1912—1936）》，人民出版社 2007 年版。

孙绍骋：《中国救灾制度研究》，商务印书馆 2004 年版。

孙语圣：《中国红十字会灾害救助机制研究》，合肥工业大学出版社 2013 年版。

谭明悦：《中国慈善会长访谈录》，中央编译出版社 2012 年版。

唐昊：《中国式公益：现代性、正义与公民回应》，中国社会科学出版社 2015 年版。

陶传进：《社会公益供给：NPO、公共部门与市场》，清华大学出版社 2005 年版。

田凯：《非协调约束与组织运作：中国慈善组织与政府关系的个案研究》，商务印书馆 2004 年版。

［美］托马斯·西客尔：《亚洲公益事业及其法规》，中国科学基金研究会主译，科学出版社 2000 年版。

王春、刘惠新：《近代浙商与慈善公益事业研究：1840—1938》，中国社会科学出版社 2009 年版。

王娟：《近代北京慈善事业研究》，人民出版社 2010 年版。

王俊秋：《中国慈善与救济》，中国社会科学出版社 2008 年版。

王名：《社会组织论纲》，社会科学文献出版社 2013 年版。

王名：《中国非政府公共部门》，清华大学出版社 2004 年版。

王名：《中国民间组织 30 年——走向公民社会》，社会科学文献出版社 2008 年版。

王名、刘国翰：《中国社团改革：从政府选择到社会选择》，社会科学文献出版社 2001 年版。

王绍光：《多元与统一：第三部门国际比较研究》，浙江人民出版社 1999 年版。

王卫明：《慈善传播：历史、理论与实务》，社会科学文献出版社 2014 年版。

王卫平：《中国慈善史纲》，中国劳动社会保障出版社 2011 年版。

王子今、刘悦斌、常宗虎：《中国社会福利史》，中国社会出版社 2002 年版。

韦祎：《中国慈善基金会法人制度研究》，中国政法大学出版社 2010 年版。

习近平：《习近平谈治国理政（第三卷）》，外文出版社 2020 年版。

徐麟：《中国慈善事业发展研究》，中国社会出版社 2005 年版。

杨道波：《公益性社会组织约束机制研究》，中国社会科学出版社 2011 年版。

杨团：《中国慈善发展报告》，社会科学文献出版社 2014 年版。

曾凡海：《企业形象策划与设计》，清华大学出版社 2018 年版。

曾桂林：《民国时期慈善法制研究》，人民出版社 2013 年版。

张奇林：《中国慈善事业发展研究》，人民出版社 2014 年版。

张汝林、范明林：《政府与非政府组织合作机制》，上海大学出版社 2010
年版。

张文：《宋朝民间慈善活动研究》，西南大学出版社 2005 年版。

赵海林：《从行政化到多元化：慈善组织运作研究》，中国社会科学出
版社 2013 年版。

郑功成：《当代中国慈善事业》，人民出版社 2010 年版。

郑功成：《多难兴邦：新中国 60 年抗灾史诗》，湖南人民出版社 2009
年版。

郑功成：《中华慈善事业》，广东经济出版社 1999 年版。

郑杭生：《社会学概论新修》，中国人民大学出版社 2002 年版。

郑也夫：《信任论》，中国广播电视出版社 2011 年版。

郑也夫：《中国社会中的信任》，中国城市出版社 2003 年版。

中国红十字会总会：《中国红十字会的九十年》，中国友谊出版公司 1994
年版。

周秋光：《红十字会在中国（1904—1927）》，人民出版社 2008 年版。

周秋光：《湖南慈善史》，湖南大学出版社 2010 年版。

周秋光：《近代中国慈善论稿》，人民出版社 2010 年版。

周秋光、曾桂林：《中国慈善简史》，人民出版社 2006 年版。

周志忍、陈庆云：《自律与他律：第三部门监督机制个案研究》，浙江
人民出版社 1999 年版。

朱浒：《中国近代思想家文库：经元善卷》，中国人民大学出版社 2014
年版。

朱友渔：《中国慈善事业的精神》，商务印书馆 2016 年版。

资中筠：《财富的归宿：美国现代公益基金会述评》，上海人民出版社
2006 年版。

资中筠：《财富的责任与资本主义演变：美国百年公益发展的启示》，
　　上海三联书店 2015 年版。

邹世允：《中国慈善事业法律制度完善研究》，法律出版社 2013 年版。

三　期刊论文

毕素华：《官办型公益组织的价值突围》，《学术研究》2015 年第 4 期。

蔡勤禹、孔祥成：《近代民间组织兴起及与政府关系述论》，《南京社
　　会科学》2014 年第 5 期。

陈秀峰：《从慈善文化走向公益文明：试析中国基金会的治理理念》，
　　《学习与实践》2008 年第 9 期。

程立涛、孙国梁：《论当代中国慈善事业的道德主体》，《贵州大学学
　　报》（社会科学版）2005 年第 1 期。

崔树银、朱玉如：《慈善组织的公信力浅析》，《社会工作下半月》（理
　　论）2009 年第 4 期。

冯辉、张晓爽：《公募基金会的资金监管问题探析》，《西部法学评论》
　　2015 年第 3 期。

高志华：《论慈善》，《中国社会工作》1997 年第 3 期。

黄鸿山、王卫平：《晚清江南慈善家群体研究——以余治为中心》，《学
　　习与探索》2011 年第 6 期。

焦金波：《"道德人"及其生成的元问题审思》，《道德与文明》2010
　　年第 6 期。

李彬：《当代中国公益伦理的研究主题及其面临的挑战》，《湖南师范
　　大学学报社会科学学报》2008 年第 3 期。

李国林、纽维平：《试论慈善事业与社会保障的关系》，《求实》2003
　　年第 11 期。

李茂平、阳桂红：《民间组织：社会资本的"生产车间"》，《吉林大学
　　学报》（社会科学版）2008 年第 4 期。

李睿奇、商玉生：《探索公益慈善新思路》，《中国慈善家》2014 年第

2 期。

李晓明：《国内外非营利组织研究述评》，《西北大学学报》（哲学社会
　　科学版）2007 年第 5 期。

李迎生：《加快慈善公益事业发展与构建和谐社会》，《中州学刊》2006
　　年第 4 期。

卢汉龙：《从上海市慈善基金会看中国慈善事业走向成熟问题》，《毛
　　泽东邓小平理论研究》2009 年第 10 期。

陆景丽：《公益事业与和谐社会：发展公益事业建构和谐社会》，《社
　　会》2006 年第 5 期。

陆明远：《公益效率化：社会组织公信力建设路径研究》，《中国社会
　　组织》2008 年第 11 期。

马玉洁、陶传进：《社会选择视野下政府购买社会组织服务研究》，《中
　　国行政管理》2014 年第 3 期。

马长山：《非政府组织中的公民参与》，《求是学刊》2009 年第 1 期。

秦龙：《马克思对"共同体"的探索历程及其内在旨趣》，《中国浦东
　　干部学院学报》2010 年第 6 期。

沈哗：《非营利组织筹资困难的成因剖析》，《金融经济》2006 年第
　　12 期。

石国亮：《中国社会组织成长困境分析及启示：基于文化、资源与制
　　度的视角》，《社会科学研究》2011 年第 5 期。

孙萍、吕志娟：《慈善事业发展中的政府角色定位》，《中州学刊》2006
　　年第 2 期。

汤劲：《手机短信——传播公益广告的一种新载体》，《当代传播》2007
　　年第 5 期。

田凯：《非协调约束与组织运作———一个研究中国慈善组织与政府关
　　系的理论框架》，《中国行政管理》2004 年第 5 期。

田凯：《机会与约束：中国福利制度转型中非营利部门发展的条件分
　　析》，《社会学研究》2003 年第 2 期。

王卫平：《清代江南市镇慈善事业》，《史林》1999 年第 1 期。

王银春：《论当代中国公益慈善组织失信惩戒机制的构建》，《西部学刊》2013 年第 4 期。

危英：《我国非营利组织资金筹集问题探讨》，《商业会计》2013 年第 22 期。

吴忠民：《社会动员与发展》，《浙江学刊》1992 年第 2 期。

杨思斌、吴春晖：《慈善公信力：内涵、功能及重构》，《理论月刊》2012 年第 12 期。

杨团：《尽快启动社会组织存量改革推进社会协治》，《行政管理改革》2015 年第 4 期。

张洪武：《营利性与公益性：企业慈善困境的现实求解》，《中州学刊》2007 年第 3 期。

张奇林、李君辉：《中国慈善组织的发展环境及其与政府的关系：回顾与展望》，《社会保障研究》2011 年第 6 期。

张思强：《国外非营利组织财务管理机制研究》，《财务与金融》2010 年第 6 期。

张维：《慈善文化：慈善事业发展的原动力》，《成都大学学报》（社会科学版）2007 年第 4 期。

张小进：《社会公益合作供给：可能、困境与制度选择》，《湖北社会科学》2012 年第 1 期。

张小进：《社会公益合作供给：研究综述与理论建构》，《北京行政学院学报》2014 年第 2 期。

郑功成：《中国慈善事业的发展与需要努力的方向——背景、意识、法制、机制》，《学海》2007 年第 3 期。

郑雄飞：《慈善事业的伦理根基和理性建构研究》，《学术研究》2011 年第 12 期。

周丽萍：《中国的慈善事业：问题与对策》，《北京观察》2006 年第 11 期。

周秋光、彭顺勇：《慈善公益组织治理能力现代化的思考：公信力建设的视角》，《湖南大学学报》（社会科学版）2014 年第 6 期。

周秋光、曾桂林：《试论近代慈善事业兴起的社会历史背景》，《湖南师范大学社会科学学报》2008 年第 4 期。

周秋光：《当代中国慈善发展转型中若干问题辨析》，《齐鲁学刊》2013 年第 1 期。

周秋光、王猛：《近代中国慈善组织：转型背景下的运作机制及其内外关系与作用》，《求索》2014 年第 1 期。

周伟：《论当代中国非营利组织的诚信建设》，《生产力研究》2005 年第 6 期。

朱传一：《中国非营利部门的成长及政府在其中的作用》，《社会》2000 年第 11 期。

朱传一：《中国民间公益组织自律与互律之路》，《学会》2004 年第 12 期。

四　学位论文

蔡虹：《〈申报〉与晚清灾荒救济》，硕士学位论文，山东师范大学，2007 年。

方霞：《国内报纸慈善新闻现状分析》，硕士学位论文，华中科技大学，2006 年。

方圆：《改革开放以来媒体介入中国公益慈善事业发展研究》，博士学位论文，湖南师范大学，2018 年。

李长春：《指导思想和体制变动背景下我国现代慈善事业研究》，博士学位论文，华中师范大学，2013 年。

刘颖冰：《现代中国慈善事业的跃进与困境》，博士学位论文，河北大学，2013 年。

潘琳：《"互联网＋"背景下社会组织多元协同监管研究》，博士学位论文，中国科学技术大学，2018 年。

邱淑娥：《中国救济妇孺总会研究》，硕士学位论文，上海社会科学院，2007 年。

史竞艳：《我国现代慈善事业发展问题研究》，博士学位论文，复旦大学，2013 年。

万咏梅：《中山慈善万人行之探究（1988—2010）》，硕士学位论文，江西师范大学，2011 年。

汪清：《我国慈善事业发展研究》，硕士学位论文，东北师范大学，2006 年。

王凡：《微信公益传播的应用与对策研究》，硕士学位论文，辽宁大学，2015 年。

王猛：《改革开放以来中国慈善组织公信力建设研究》，博士学位论文，湖南师范大学，2015 年。

王向南：《中国非营利组织发展的制度设计研究》，博士学位论文，东北师范大学，2014 年。

许冰：《民间慈善公益组织的社会行动对福利多元化格局的形塑》，博士学位论文，南开大学，2013 年。

杨娟：《慈善税收优惠法律制度研究》，博士学位论文，重庆大学，2017 年。

杨守金：《中国特色慈善事业发展研究》，硕士学位论文，东北师范大学，2006 年。

赵俊男：《中国慈善事业治理研究》，博士学位论文，吉林大学，2013 年。

附录一　社会转型时期公益组织形象传播的调查问卷

尊敬的朋友：

您好！为准确把握社会转型时期公益组织形象传播的现状，我们进行此次问卷调查。调查对象主要是有工作收入的人群。调查采取匿名形式，结果只用作学术研究，您可放心填写。所有的题目均为单项选择题，请在您认为符合的选项上打√。

衷心感谢您的支持与配合！祝您身体健康！万事如意！

本书课题组

2019 年 1 月

第一部分：受访者的自然情况

1. 您的性别：A. 男；B. 女。

2. 您的出生年份：_____。

3. 您的受教育程度：A. 初中及以下；B. 高中或中专；C. 专科；D. 本科；E. 硕士（含）以上。

4. 您的月收入：A. 2000 元以下；B. 2001—4000 元；C. 4001—6000元；D. 6001—10000 元；E. 10001—20000 元；F. 20001 元及以上。

第二部分：对公益组织行业的认知

5. 您对公益组织是否了解？A. 非常了解；B. 比较了解；C. 一般；D. 不太了解；E. 完全不了解。

6. 您认为公益组织最重要的职责是：

A. 从事慈善公益事业；B. 维护社会公平正义；C. 扶贫济困；D. 其他。

7. 您认为公益组织从业人员的收入：

A. 非常高；B. 较高；C. 正常；D. 较低；E. 非常低。

第三部分：对公益组织的总体评价

8. 您对公益组织的总体印象：

A. 非常好；B. 较好；C. 一般；D. 较差；E. 非常差。

9. 总体来看，您认为公益组织的工作表现如何，请在每一行相应的方格中打√。

	非常好	较好	一般	较差	非常差
组织理念					
宣传口号					
公益方式					
工作态度					
工作效率					
公平公正					

10. 您认为公益组织队伍目前存在的最大问题是：

A. 整体素质不高；B. 公益行为不得体；C. 个别人员不良行为影响整体印象；D. 与公众交流沟通不够；E. 其他。

11. 您对公益组织错误行为或违法行为的看法是：

A. 知错犯错，知法犯法；B. 从业人员也是普通人都会犯错；C. 从业人员应该是品行高尚的人，不应该犯错误；D. 公益组织工作压力很大，犯错误也是情有可原；E. 应该就事论事，视情况而定。

第四部分：形成公益组织印象的来源与原因

12. 您是否经常与公益组织接触？

A. 是；B. 否；C. 偶尔。

13. 您是否参与过公益组织的活动？

A. 是；B. 否。

14. 个别公益组织的得体行为是否会提高您对公益组织形象的总体评价？

A. 是；B. 否；C. 无所谓。

15. 个别公益组织的不当行为是否会降低您对公益组织形象的总体评价？

A. 是；B. 否；C. 无所谓。

16. 您认为影响公益组织形象的最重要因素是什么？（在每一行所选的空格中打√）

	非常重要	重要	无所谓	不重要	非常不重要
公益组织的工作态度是否良好					
公益组织行为是否公平公正					
公益组织工作效率是否较高					
公益组织自身素质是否较好					
公益组织的精神面貌是否良好					
公益组织的自我包装和宣传					
公益组织同公众的直接接触和沟通					
大众媒体的报道和宣传					

附录二 社会转型时期公益组织形象 传播的调查问卷统计结果

第一部分：受访者的自然情况

1. 您的性别：A. 男；B. 女。

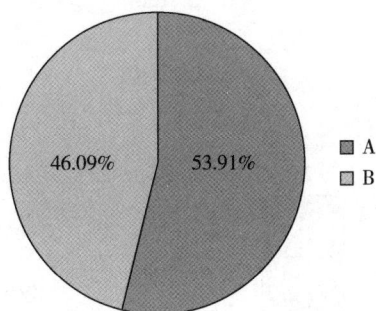

图1

2. 您的出生年份：_____。

3. 您的受教育程度：A. 初中及以下；B. 高中或中专；C. 专科；D. 本科；E. 硕士；F. 博士。

4. 您的月收入：A. 2000 元以下；B. 2001—4000 元；C. 4001—6000 元；D. 6001—10000 元；E. 10001—20000 元；F. 20001 元及以上。

第二部分：对公益组织行业的认知

5. 您对公益组织是否了解？A. 非常了解；B. 比较了解；C. 一般；D. 不太了解；E. 完全不了解。

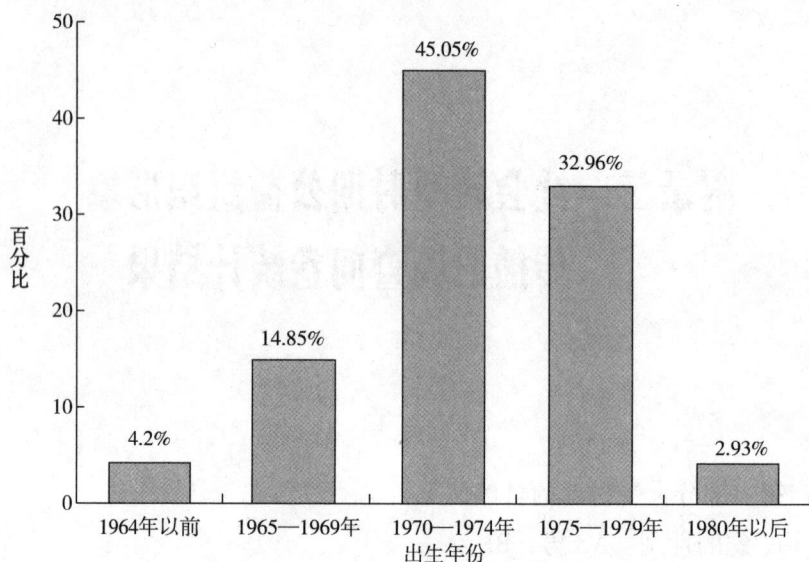

图2

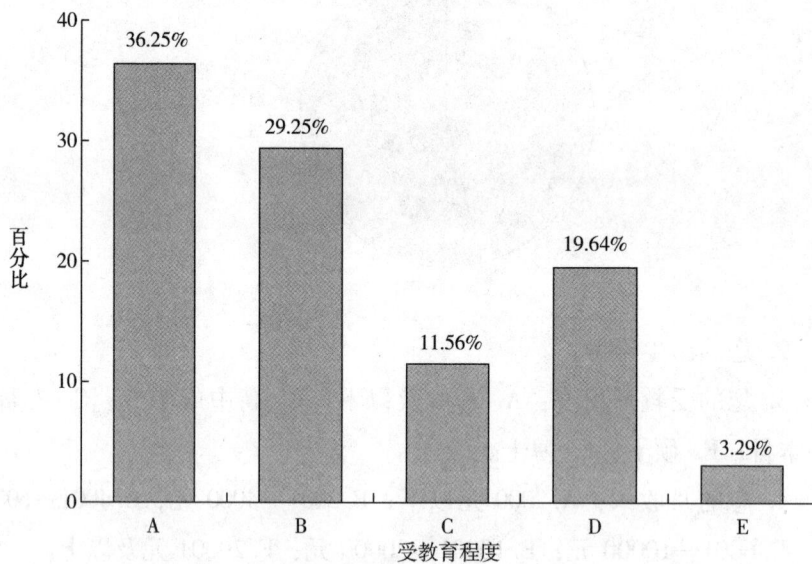

图3

6. 您认为公益组织最重要的职责是：

A. 从事慈善公益事业；B. 维护社会公平正义；C. 扶贫济困；D. 其他。

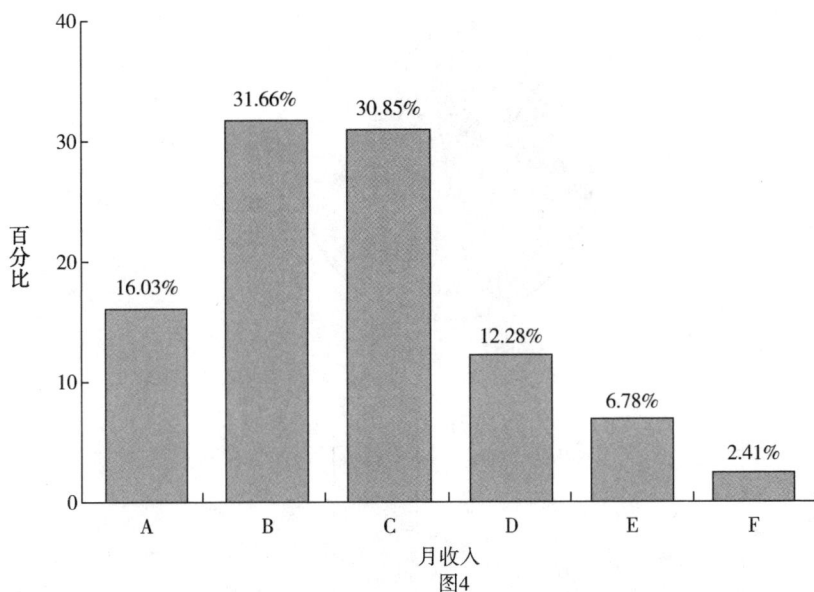

月收入
图4

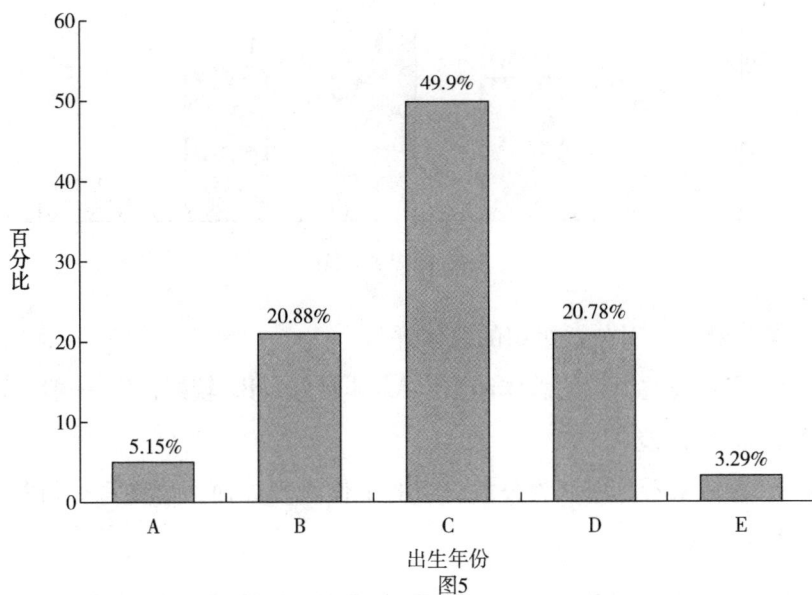

出生年份
图5

7. 您认为公益组织从业人员的收入：

A. 非常高；B. 较高；C. 正常；D. 较低；E. 非常低。

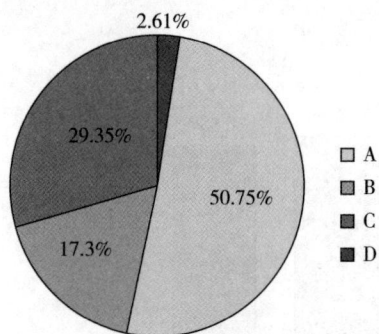

图6

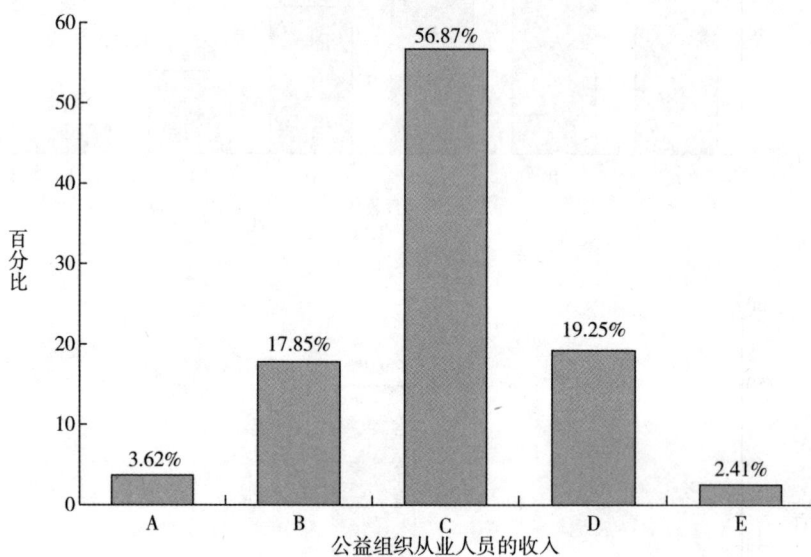

图7

第三部分：对公益组织的总体评价

8. 您对公益组织的总体印象：A. 非常好；B. 较好；C. 一般；D. 较差；E. 非常差。

9. 总体来看，您认为公益组织的工作表现如何，请在每一行相应的方格中打√。

	A 非常好	B 较好	C 一般	D 较差	E 非常差
组织理念					
公益方式					
宣传口号					

续表

	A 非常好	B 较好	C 一般	D 较差	E 非常差
工作态度					
工作效率					
公平公正					

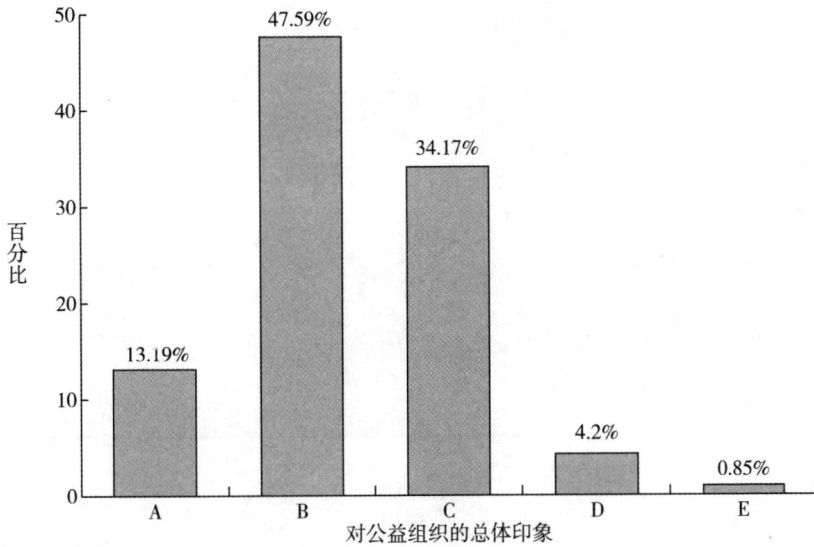

对公益组织的总体印象
图8

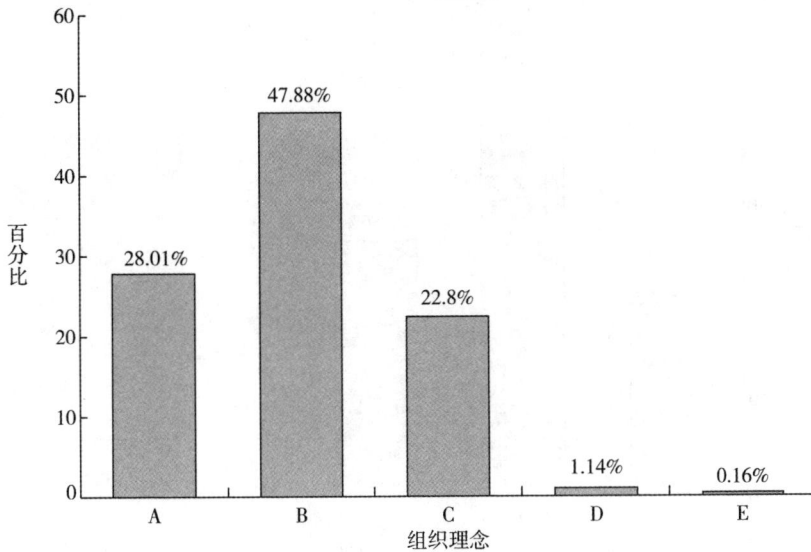

组织理念
图9

10. 您认为公益组织队伍目前存在的最大问题：

A. 整体素质不高；B. 公益行为不得体；C. 个别人员不良行为影响整体印象；D. 与公众交流沟通不够；E. 其他。

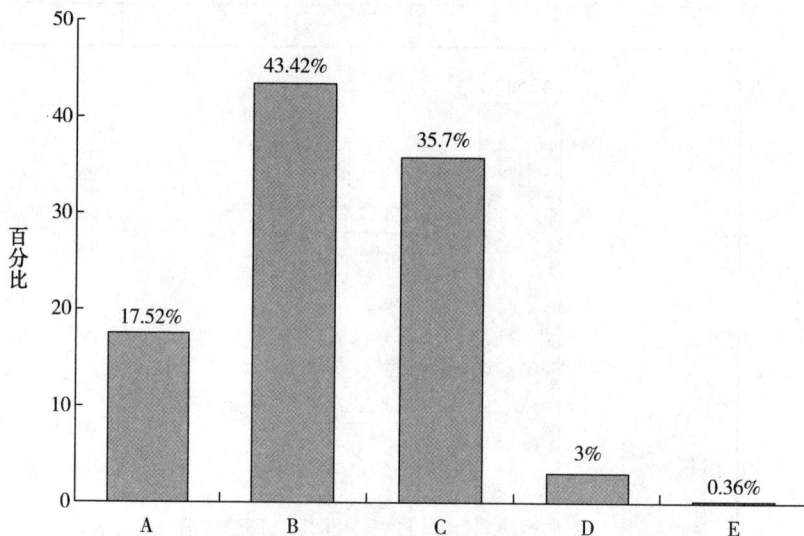

图10

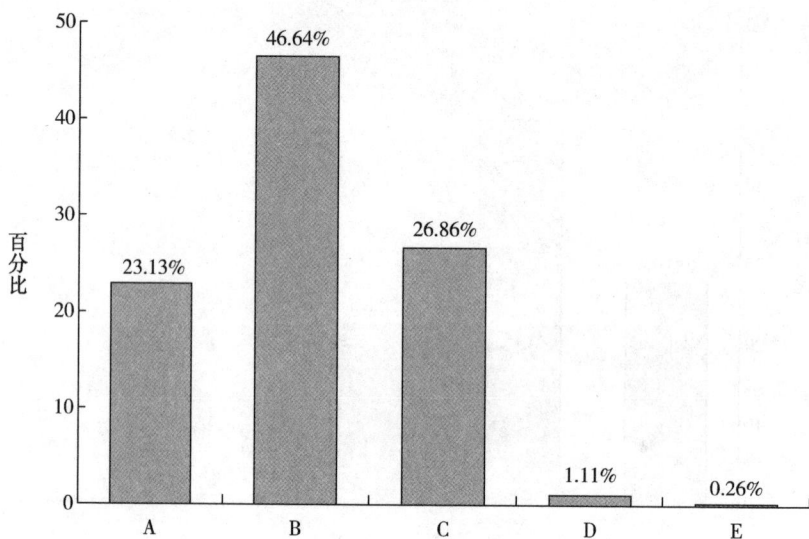

图11

11. 您对公益组织错误行为或违法行为的看法是：

A. 知错犯错，知法犯法；B. 从业人员也是普通人都会犯错；C. 从业人员应该是品行高尚的人，不应该犯错误；D. 公益组织工作压力很大，犯错误也是情有可原；E. 应该就事论事，视情况而定。

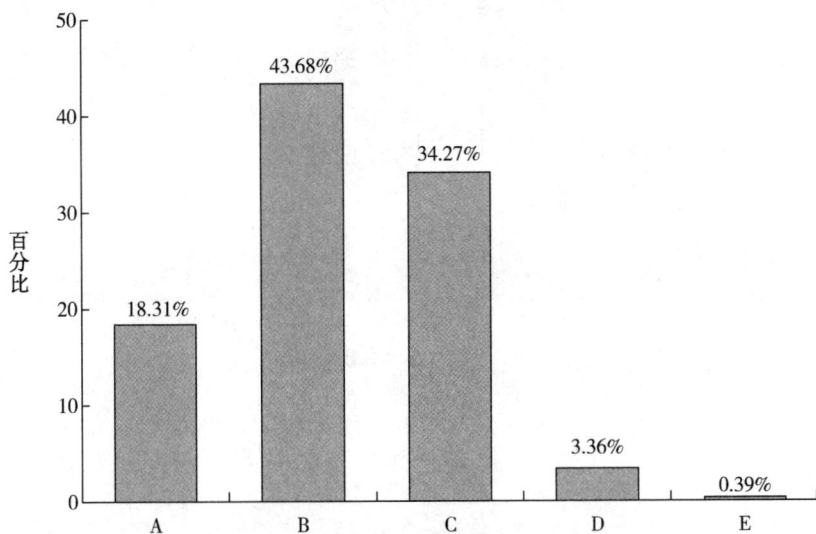

工作态度
图12

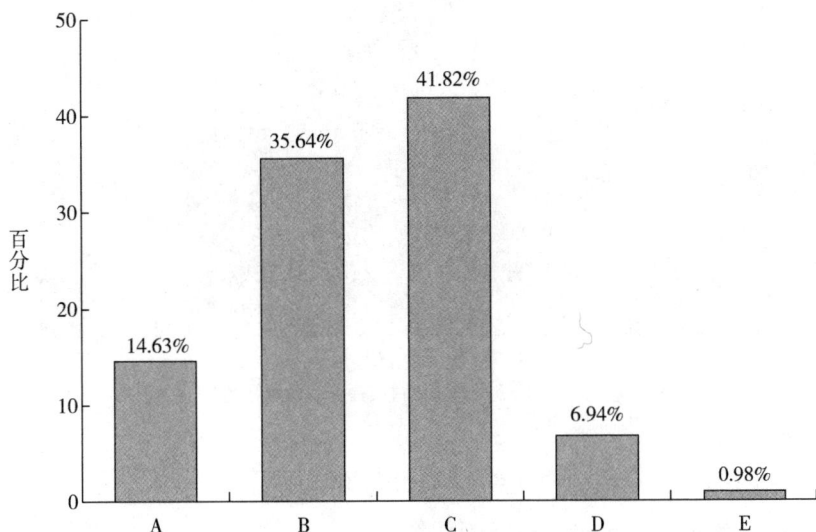

工作效率
图13

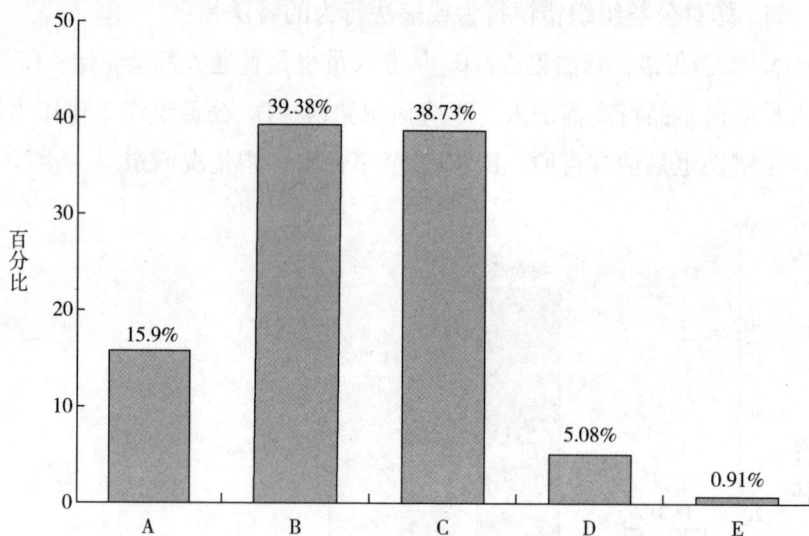

公平公正
图14

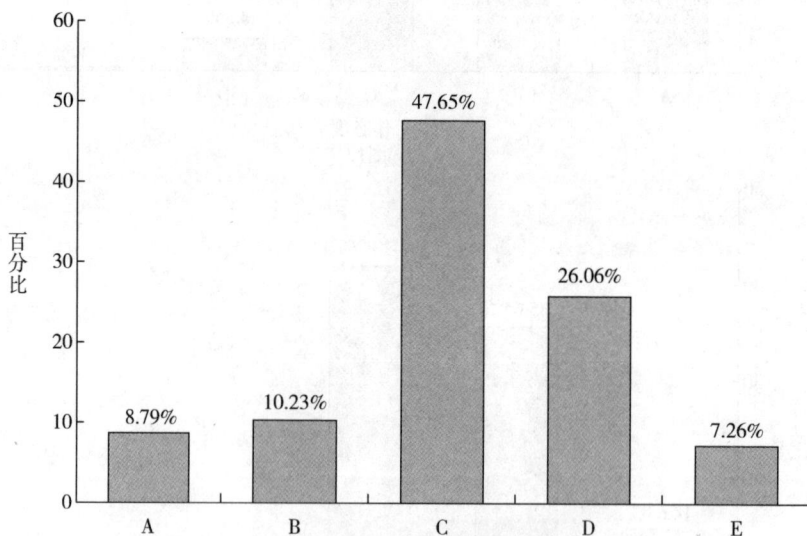

公益组织队伍目前存在的最大问题
图15

第四部分：形成公益组织印象的来源与原因

12. 您是否经常与公益组织接触？

A. 是；B. 否；C. 偶尔。

13. 您是否参与过公益组织的活动？

A. 是；B. 否。

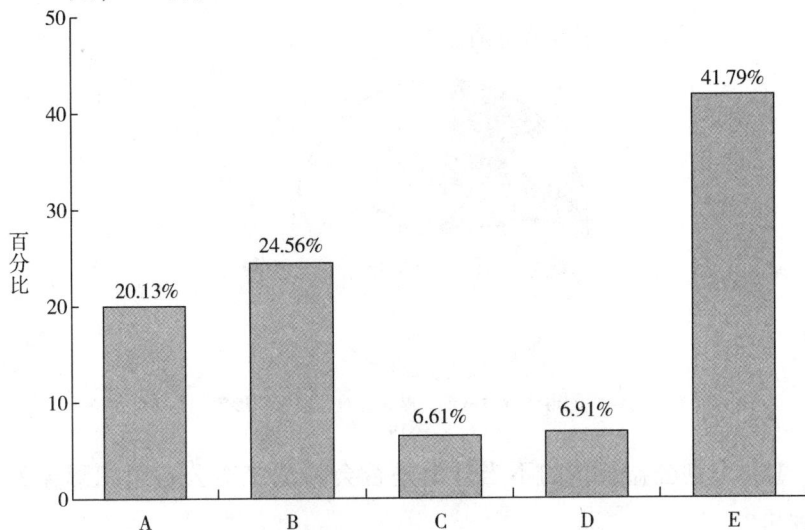

评价对公益组织错误行为或违法行为的看法
图16

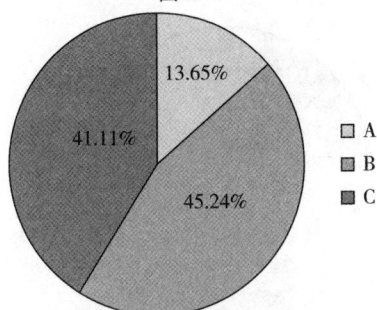

是否经常与公益组织接触
图17

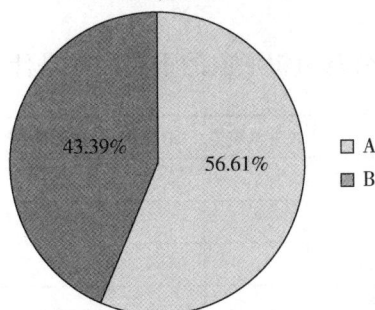

是否参与过公益组织的活动
图18

14. 个别公益组织的得体行为是否会提高您对公益组织形象的总体评价？

A. 是；B. 否；C. 无所谓。

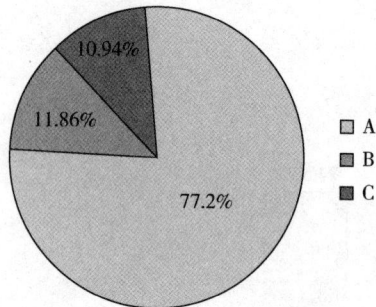

个别公益组织的得体行为是否会提高您对公益组织形象的总体评价
图19

15. 个别公益组织的不当行为是否会降低您对公益组织形象的总体评价？

A. 是；B. 否；C. 无所谓。

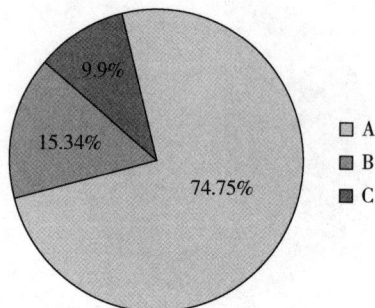

个别公益组织的不当行为是否会降低您对公益组织形象的总体评价
图20

16. 您认为影响公益组织形象的重要因素是什么？

	A 非常重要	B 重要	C 无所谓	D 不重要	E 非常不重要
公益组织的工作态度是否良好					
公益组织行为是否公平公正					
公益组织工作效率是否较高					
公益组织自身素质是否较好					
公益组织的精神面貌是否良好					

续表

	A 非常重要	B 重要	C 无所谓	D 不重要	E 非常不重要
公益组织的自我包装和宣传					
公益组织同公众的直接接触和沟通					
大众媒体的报道和宣传					

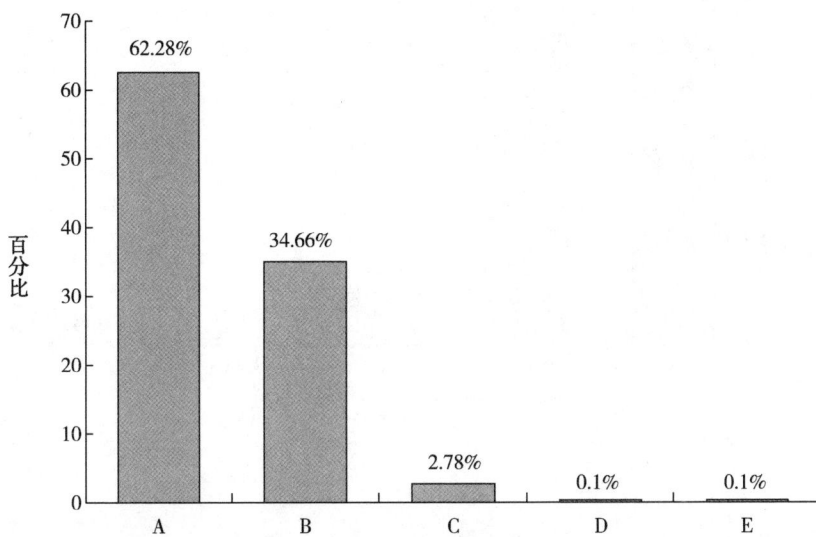

图21 公益组织的工作态度是否良好

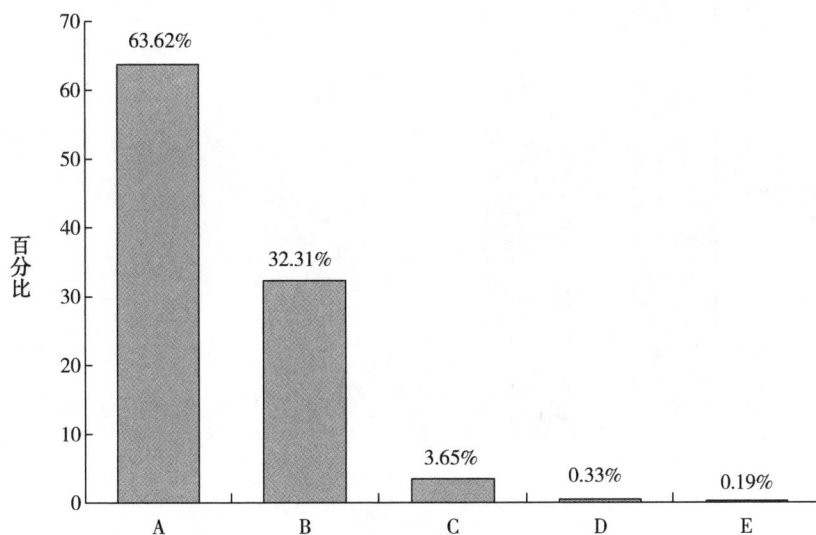

图22 公益组织行为是否公平公正

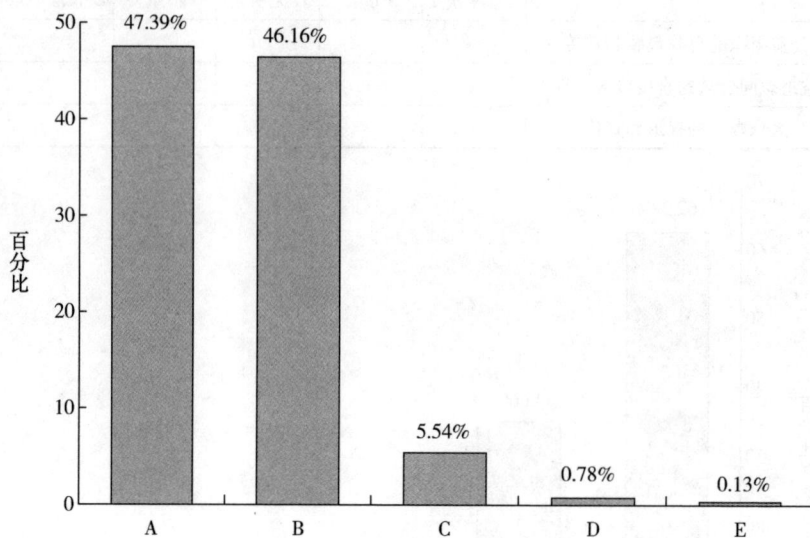

公益组织工作效率是否较高

图23

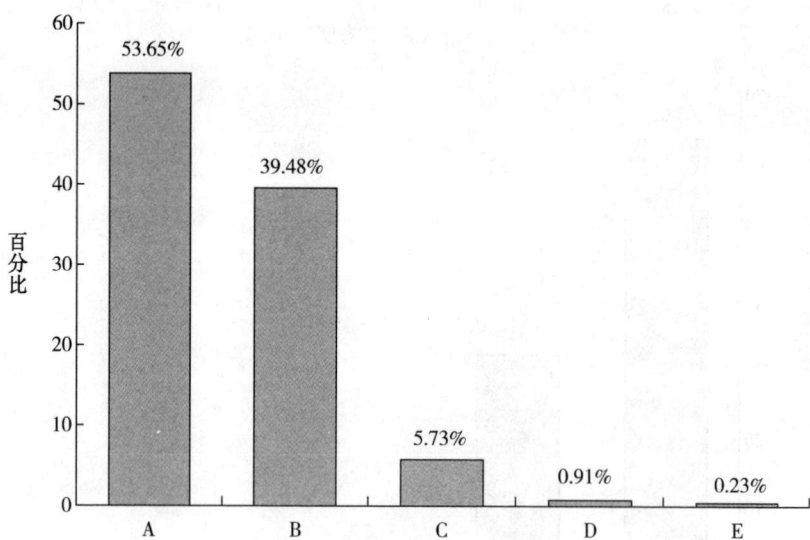

公益组织自身素质是否较好

图24

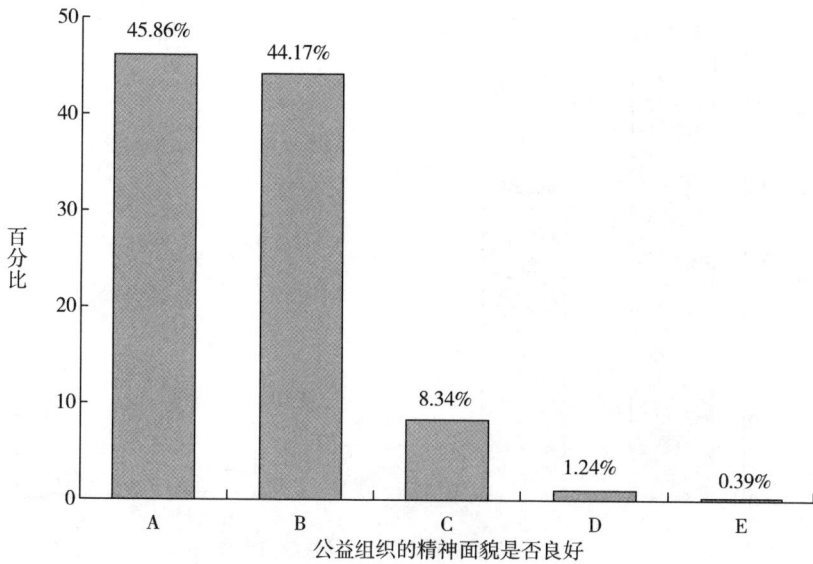

公益组织的精神面貌是否良好

图 25

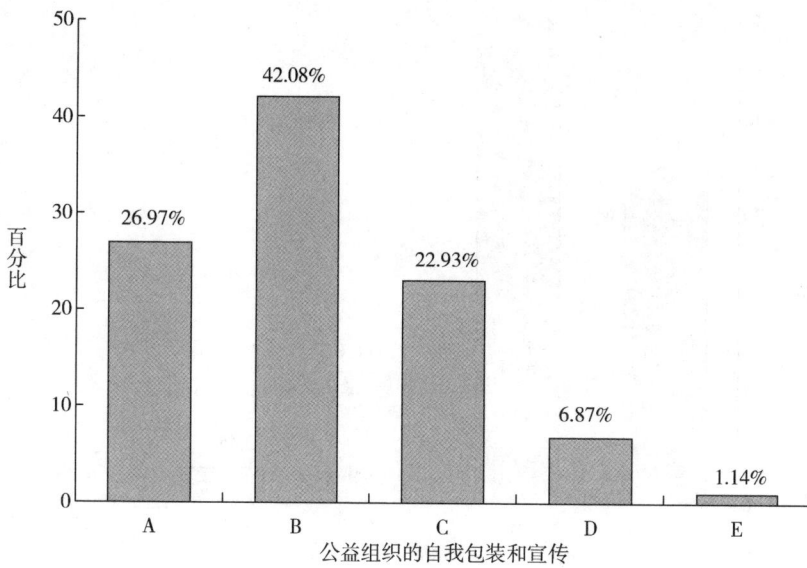

公益组织的自我包装和宣传

图 26

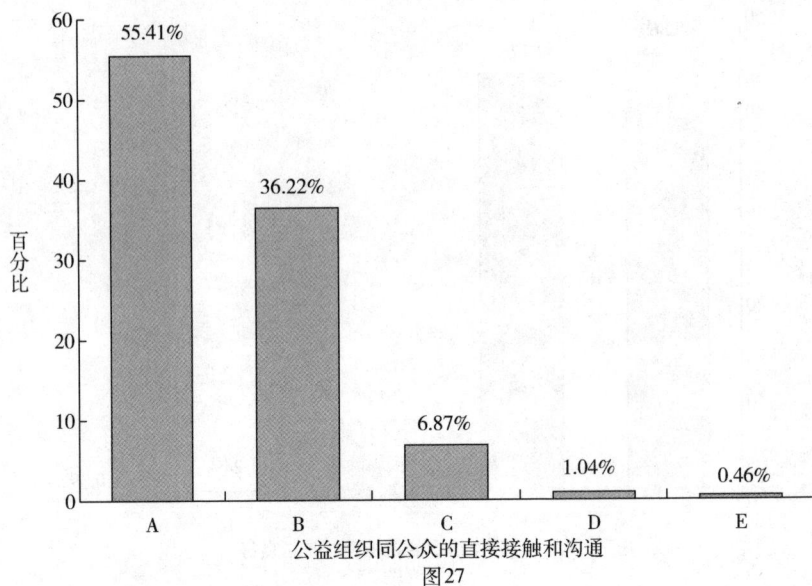

公益组织同公众的直接接触和沟通

图27

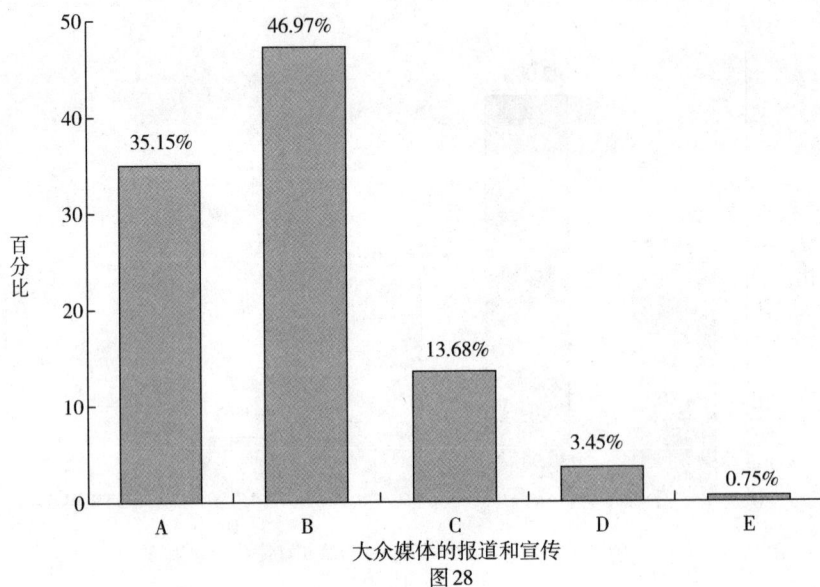

大众媒体的报道和宣传

图28

附录三　访谈相关公益组织负责人

（一）访谈上海古宣辉公益基金会情况

时间：2019 年 8 月 8 日下午

地点：上海浦东新区黑松路 1188 弄明月路 97 号古宣辉公益基金会办公室

访谈人：本书负责人

访谈对象：上海古宣辉公益基金会季伟芳理事长

访谈内容：

本书负责人：季理事长好，首先请您简要介绍一下贵基金会的基本情况。

季伟芳：好的，首先欢迎肖教授做客上海古宣辉公益基金会（以下简称本会）。本会成立于 2018 年 2 月 12 日，是由香港华侨华人总商会会长古宣辉先生，授权商会名誉会长兼特别助理季伟芳女士在上海筹建的一个公益慈善组织。自成立以来，基金会始终秉承古宣辉会长的公益慈善精神，积极围绕教育与成长、健康与卫生、社区与生计、灾害救援和社会可持续发展等领域开展各类公益活动，从而全面改善受助人群的生存状况。

本会围绕提升专业品质，追求公益项目实效，在公益经营管理的各个细节层面不断探索，在经营慈善的道路上日益专业化。基金会以"播善减贫，成就他人，让善更有力量"为使命，以"经营慈善、笃信管理、方法制胜、职业精神"为信念，将贫困和受灾地区的弱势群体，尤其是妇女、儿童以及这些地区的公共设施和社区基层组织列为服务对象，对他们进行直接援助。上海古宣辉公益基金会拥有一支专业化的管理和执行团队，是一家积极倡导高效、规范、透明的公益机构。新成立的上海古宣辉公益基金会将成为一家具有国际视野的公益机构，其有效借助自身优势，立足中国，放眼全球，积极拓展国际的项目合作与交流。同时，努力加强和推动跨界合作，通过不断探索和实践，致力让古宣辉会长的爱心事业惠及更多人群。

我们提炼了本会的核心价值，具体内容如下：

1. 愿景：构建最值得信任、最值得期待、最值得尊敬的国际公益平台。

2. 使命：播善减贫，成就他人，让善更有力量。

3. 四大领域：健康与卫生、教育与成长、社区与生计、灾害救援。

4. 目标：最好的产品设计；最大限度地瞄准贫困弱势人群；最大限度地提高单位资金的扶贫效益。

5. 业务范围：接受资金、物资捐赠及技术援助；开展各种扶贫济困活动，通过各种渠道募集扶贫资金和物资；资助中国贫困社区进行必要的教育、卫生、环境和文化建设；扶持贫困家庭和人口改善生产生活条件，促进其素质和能力提高；促进中国贫困地区与经济发达地区及海外的联系、交流与培训；按有关规定设立账户，独立核算，对基金的募集和使用进行管理。

6. 服务对象：直接援助贫困社区的弱势群体；直接援助贫困社区的公共设施和社区服务；直接援助为贫困社区中的穷人提供技术性服务的专业人士和组织。

本书负责人：谢谢季理事长，还请您简要介绍贵组织成立以来，在形象建设方面所开展的工作。

季伟芳：不久前，我们在2019年5月30日下午，举办了古宣辉公益基金会周年纪念暨 2019 年第一次理事、监事扩大会议，会议在基金会嘉定联络处会议室召开。为了参加此次会议，基金会创始人古宣辉会长和沈永豪顾问专门提前从香港来到上海。会议由基金会理事长季伟芳女士主持并做开场发言，季理事长代表基金会理事会、秘书处总结了过去一年基金会所取得的成绩；依据基金会章程规范项目管理流程；基金会财务支出与费用；基金会未来战略和规划等重点工作进行了逐一介绍。我还要求基金会成员认真学习《慈善法》和《基金会章程》，要严格按照法律法规和章程依法依规开展慈善活动；基金会要创新思路，探索增强自身的造血功能；要加大专项基金委员会例如拥军专项基金委员，积极开展公益项目方面的宣传报道工作；鼓励大家为基金会开展劝募工作，为壮大基金会做出贡献。

在我发言期间，还举行了简短的基金会荣誉证书颁发仪式，表彰一年中为基金会默默付出的各位基金会成员，由古宣辉会长和我给获奖者颁发荣誉证书。

会议中基金会各位理事、监事，针对一年中各个项目执行的具体情况展开了讨论，总结了亮点、寻找了不足、吸取了经验。大家一致觉得在当前经济形势下，基金会工作仍然稳步推进，管理规范，控制严格，项目做得很多、很实已经很不容易，虽然个别项目出现些瑕疵，但也是可以理解，毕竟慈善项目也是项目，只要是项目就存在失败的风险，不可能百分之百成功。对于江西夏令营项目捐赠方拖延善款捐赠的事情，各位理事、监事发表了各自看法，提出哪怕先用基金会资金垫资，也必须坚持完成捐赠江西贫困学生公益项目，在这个问题上，我们通过讨论达成了共识。

会议最后由古宣辉公益基金会主席、香港华侨华人总商会古宣辉会长作总结发言，古会长首先感谢大家在百忙之中来参加今年的会议，感谢大家在一年中为基金会做了很多事、帮了基金会很大的忙。古会长肯定了基金会每位理事、监事、秘书处人员在过去一年中的杰出工作，鼓励大家不忘初心、再接再厉，在未来的基金会工作中发扬优良作风、继承光荣传统，为公益事业多奉献。

一年来，本会开展了一系列活动，极大地提升了本会的形象，主要有：

1. 2018 年 5 月 24 日，香港华侨华人总商会、古宣辉公益基金会一行来到中铁建工集团总部，参加中铁建工集团、香港铜锣湾集团、香港华侨华人总商会战略合作协议签约仪式，整个签约仪式有条不紊，圆满成功，签约三方更是互相勉励：让大家不忘初心，携手合作，同心协力，为早日实现中国梦而努力。会上，香港铜锣湾集团董事局陈×先生被古宣辉公益基金会聘任为名誉会长。陈×先生最早把 MALL 商业理念和营销模式引进到中国，推动了中国现代商贸流通业的改革和发展，事业成功的他不仅积极为国家多做贡献，更是热心于公益事业。

2. 资助贫困人士。2019 年 5 月 20 日，家住广东惠州惠东县白花镇皇田村的古××，在家发生煤气爆炸意外，被送往惠州市中心人民医院紧急救治，最后确诊为全身烧伤面积达百分之八十。截至 6 月 13 日，古××在惠州省人民医院接受住院治疗共花费了 15 万多元，除去向亲戚朋友借款，还有一些爱心人士送来的捐款，总共交了 7.03 万元，目前还欠 8 万多元的后续治疗费用。本会及时开展了善款募集活动。

3. 救助生病儿童。2019 年 5 月，香港华人华侨总商会"古宣辉基金会"协同上海振兴江西促进会通力合作，及时救助江西烫伤女孩，谱写了一曲"救死扶伤、大爱无疆、慈善捐助、沪赣一家"的感人篇章。

受助者罗××，女，9 岁，家住江西省抚州市临川区农村。今年 3 月 29 日，她在从电饭煲里盛面条时，不慎将锅子倾倒，左臂和左侧躯干被滚烫的面汤水大面积灼伤。事发后，家人仅用土草方为其做了处理。半月后，不仅没有好转，反而出现较大面积化脓出水现象。

罗××父亲丧失劳动力，母亲是聋哑人，双方都持有"残疾证"。

因家庭困难，束手无策。村里的好心人就在网上发出"求助信"。

香港华人华侨总商会荣誉会长、古宣辉会长特别助理、古宣辉基金会（筹）理事长季伟芳女士，在一次偶然上网时，看到了这封"求助信"，马上决定以香港总商会"古宣辉基金会（筹）"的名义进行帮助，去电邀请其"立即来上海治疗并承担全部费用"。

在香港总商会的全力赞助和上海振兴江西促进会的细致安排下，罗××同学迅速并顺利地入住全国医治烫伤水平最好医院之一的上海交通大学医学院附属瑞金医院。经过一段时间的治疗后，罗××同学康复出院了。

类似这样的事例还有一些，因时间关系，我就不一一介绍了，所有这些善举，我们只是尽自己最大的能力，努力做好每一件好事。

在形象建设方面，为节约资金，我们没有建立网站，但我们建立了公众号，会及时发布本会的相关信息。此外，我们还设计了本会的LOGO。

本书负责人：谢谢季理事长，还请您简要谈谈下一步贵组织在形象建设方面的打算。

季伟芳：好的，在本会形象建设方面，我们下一步的打算，主要有以下几个方面：

1. 增强本组织的造血功能，尽可能让本组织健康地活下去。

2. 积极与中央统战部、中国侨联、中国民航总局联系，寻求支持。

3. 搭建好运营架构，做传统的、稳健的助困、助学等活动。

4. 在法规允许的范围内，创新公益模式，引入商业模式，整合社会资源，用于公益事业，使公益事业可持续发展。

我相信，作为一家成立时间不长的基金会，通过好的公益作为，一定能树立本组织更好的社会形象。

（二）访谈上海振兴江西促进会情况

访谈时间：2019 年 8 月 9 日下午

访谈地点：上海市静安区延安中路 847 号锦延大楼二楼上海振兴

江西促进会办公室

访谈对象：促进会马仲器会长

访谈内容：

本书负责人：马会长您好，请您简要介绍一下上海振兴江西促进会的基本情况。

马仲器：不好意思，因临时有点急事需先处理，让肖教授久等了。首先，我谨代表上海振兴江西促进会（以下简称本会）欢迎您的光临。本会自 1988 年成立，初名上海振兴江西研究会，后更名上海振兴江西促进会，由江西省驻上海办事处领导本会，第一任主任兼会长田启松。2018 年，上海市社会团体管理局评定本会为 4A 级中国社会组织。

本会成立至今已有 31 周年，促进会每五年换届一次，因第五届理事会（2012—2018 年）成功结束后，为了更好地顺应新形势和新要求，所以第六届理事会延期至 2018 年 6 月召开。本会主要组织架构分为会长、副会长、秘书部、会员等。成员主要由当年从江西上山下乡回上海的部分知青、从江西来上海发展的企业家、机关领导、群众构成，以"立足上海、服务江西"为社会宗旨，以"把促进会建设成一流的社会社团"作为社会目标。

上海振兴江西促进会六届理事会第一次会员代表大会暨六届一次理事会，于 2018 年 6 月 30 日下午在上海召开。本次会议以选举新任促进会会长、副会长、理事为主要任务；同时回顾了过去六年，促进会为沪赣发展所做的奉献工作以及展望未来 5 年的促进会工作建议。我很荣幸当选为新一届理事会会长。

本会 1988 年成立，目前，本会下设的 8 个委员会分别为：1. 沪赣医疗健康促进委员会；2. 沪赣心理健康与咨询工作委员会；3. 沪赣文化与旅游工作委员会；4. 旅沪客家联谊工作委员会；5. 知青工作委员会；6. 教育与培训工作委员会；7. 金融工作委员会（定于 2019 年 11 月成立）；8. 信用体系委员会。此外，还挂靠了一些江西有关地、市、县的区域委员会。现在，本会需要支付报酬的工作人员 3 名，其他都是兼职工作人员，不需要支付报酬。本会的日常经费来源，主要有：一是会费，现在的标准是，每个常务理事收取 10000 元，每个副会长收取 30000 元，每个工作委员收取 20000 元，每位会员收取 100 元；二是江西省驻沪办补贴一部分房租；三是以商养会等。

本书负责人：谢谢马会长的详细介绍，还请您简要介绍促进会在形象建设、形象传播方面做了哪些具体工作？

马仲器：好的。回顾上海振兴江西促进会成立 31 年来，本会在江西贫困地区的扶贫帮扶工作可谓硕果累累，取得了有目共睹的实效，这也为促进会的形象建设提供了有力支撑。在江西省委、省政府以及上海市委、市政府的支持和关心之下，在赣沪两省市有关部门的指导下，促进会有效推动了沪赣两地经济、科技、文化、教育、卫生等领域的交流和合作。

今年，是新中国成立 70 周年，我们就开展了很多有意义的活动，这些活动在我们的公众号上都有报道。例如：

2019 年 7 月 16 日至 7 月 20 日，我们促进会到寻乌县，开展了慈善公益活动。具体内容可见公众号文章《与爱同行——情系东江，梦萦寻乌》；

2019 年 7 月 27 日，我们促进会到奉新开展了大型义诊和"让爱回家"大型公益活动，具体可参见公众号文章《"让爱回家"关爱留守儿童心理健康大型公益活动——奉新行，圆满成功！》；

2019 年 6 月 27 日至 30 日，我们促进会来到长征集结出发地于都县，陈毅三年游击战争所在地之一大余县，举行开展"不忘初心、牢记使命"主题活动，致敬长征，反哺第二故乡，加强沪赣两地产业对接，为第二故乡经济社会发展建言献礼，具体可见公众号文章《新长征路上再出发　上海捐赠 800 万抗洪救灾物资》。

通过这些年的工作，我们深刻认识到，社会组织是中国特色社会主义事业的重要组成部分，社会组织的工作是党的工作的一个重要部分，必须毫不犹豫、旗帜鲜明地坚持党对社会组织的领导。

这就要求本会进一步推动党组织在促进会中的全覆盖，做好基层党建工作，努力总结过去 30 多年的办会经验，顺应改革开放新形势，全力发挥知识青年的骨干作用，继续加强促进会内部规范管理。以把促进会建设成一流的社会组织为目标，大力提升沪赣两地的再发展，通过发挥促进会的模范带动作用，来振兴长三角各地各县促进会，为中国的社会公益慈善事业发展"添砖加瓦"①。

促进会成立以来，高度重视本会自身形象传播，目前，促进会的会徽设计为由南昌的八一大桥、上海的南浦大桥融合组成的一幅图。同时，还建立了促进会的网站——沪赣促进网，网站后台设在上海市政协，此外，还创办了本会内部刊物《桥》。

下一步，本会将按照"专业化定位、市场化运作、企业化管理、规范化建设"的总要求，大力发展新的公益模式，积极探索"商业＋公益＋互联网"路径，推动政府、营利机构、非政府组织通力合作，加强顶层设计，做到"人无我有、人有我优、人优我转、转而再优"，努力实现以商养会，实行本会的可持续健康发展。今后，促进会还将每年不定期举办会员活动日，每年开好一次会员大会，每年开好两次理事会，努力做到以作为争地位、以担当树品牌，做到依靠社会办组织、办好组织为社会。同时认真办好网站和《桥》杂志，扩大社会知名度和美誉度，进一步树立促进会良好的社会形象。

（三）访谈北京新浪微公益情况

访谈时间：2019 年 9 月 17 日下午

访谈地点：北京市海淀区新浪总部大楼一楼咖啡厅

访谈人：本书负责人

访谈对象：新浪微公益负责人杨光，工作人员陈勇翔、杜娟

访谈内容：

---

① 新华社十九大报道组：《新时代 新思想 新目标 新征程：新华社十九大报道精品集》，新华出版社 2018 年版，第 603 页。

本书负责人：杨总您好，请您简要介绍一下微公益组织。

杨光：好的，首先欢迎肖教授做客微公益。微公益组织是致力于推进"以微博之力，让世界更美"的网络公益平台，也是一个基于新媒体、新技术的社会化公益服务平台，我们持续整合新浪网和微博的传播资源，深度挖掘微博里的名人明星、公益组织、爱心企业、政府、媒体等账号资源，把最透明、最可靠的公益信息呈现给爱心用户，努力成为公益资讯最丰富的内容平台、公益组织最忠实的劝募平台、微博网友最信任的透明平台、求助者和施助者最通畅的沟通平台。我们通过不断完善社会化参与、社会化激励、社会化传播、社会化监督等运营机制，逐步培育微博用户理性健康的公益态度和行为习惯。

本书负责人：谢谢杨总，请您介绍一下微公益在形象建设方面开展的工作。

杨光：好的，我们首先明确了微公益的发展定位：人人可参与，人人可公益；其次我们明确了本组织的发展愿景：以微博之力，让世界更美；此外，还明确了本组织的使命：提升公益效率、降低公益门槛、增加公益透明、培育公益文化。

微公益平台自2012年2月上线以来，先后推出了"个人救助、品牌捐、微拍卖、转发捐助"四款产品，这些产品的相继重磅上线，最大化动员了社会公益力量，为公益组织提供了完美线上合作平台。微博平台超4.46亿名网友的爱心力量汇集起来，形成了一股强大的社会力量，一定程度上实现了个人、企业、公益组织的三方共赢。

截至2018年12月，微公益平台上线六年多来，累计发起32452个公益项目，累计筹款超过4亿元，其中在雅安地震发生72小时内，筹款超过1亿元，地震期间，微博还开放地震灾害寻人数据，与百度、搜狗、360等合作方实现信息互通，以此提升寻人和救灾工作效率，从而实现了国内大型互联网公司首次在灾难救援方面实现数据互通。

微公益平台成立以来，致力于开拓"社会化劝募"新局面，已完成131个国内知名公募机构的网络劝募官方授权，已经上线了305个品牌公益项目，基本覆盖了国内知名的公益项目，总捐款人次超过1014万，总共超过3亿人次开始通过微博传播正能量、扩散微公益，时时刻刻影响4.46亿名微博用户行动起来。

微公益平台旗下诞生了一批品牌项目，例如，2016年1月，星光公益联盟（Star Alliance for Public Welfare），在2015微博之夜盛典上正式宣布成立。新浪董事长兼首席执行官、微博董事长曹国伟与黄晓明、海清、李晨及联合国儿童基金会驻华大使花楠，共同开启了星光公益联盟，共同倡导今后将依托微博平台，积极发挥自身社会公众影响力，一起推动中国公益事业发展。

微博作为最具公众影响力的中文社交媒体之一，自诞生以来，一直致力于推动中国公益事业传播与发展，一系列全民公益活动在微博兴起表明，微博融合了网络互动、媒体传播、公众舆论和社会参与的力量，让越来越多的旁观者变成公益参与者，从而让公益成为一场流行运动。

目前，新浪已经拥有6000多个公益账号，200多家公益组织有官方微博，长期项目有600多个。平台的搭建提高了公益效率，增强了公益透明度。我们重视话题的运用，例如，结合不同的主题日，如爱耳日、世界艾滋病日、世界环境日、阿里9·5公益日、腾讯9·9公益日，做一些公益策划，开展公益产品传播。我们既重视短期公益项目的传播，如自然灾害、疾病救助等，也重视长期公益项目的传播，通过榜单机制、投票机制等，促进长期项目的活跃度。我们充分发挥新浪信息平台的优势，积极构建公益组织的良好形象，重视加强与64个垂直业务方、其他公益组织，以及与20多个地方新浪网站的结合，关注社会热点事件，关注弱势群体的保护。另外，我们帮助公益组织积极应对舆情危机，做舆情分析报告，积极辟谣，化解负面信息，帮助公益组织化解信息不全、不对称带来的压力。

作为信息平台，我们有时会有一些广告投放、官方微博账号购买费、服务外包购买费的收入，但是这块数量很少。我们办好微公益平台的主要目的是，促进我国公益事业健康快速发展，此外，也通过网络公益事业，提高用户活跃度，提升平台传播影响力，提高平台社会价值。

本书负责人：谢谢杨总的详细介绍，还请您简要谈一下微公益下一步的工作打算。

杨光：好的。未来，微公益将继续以互联网公益先行者的姿态，联动政府机构、公益机构、名人明星、专家学者、企业、媒体和爱心网友，携手汇聚跨界新力量，影响激活公益新能量，提供更加丰富、专业的公益传播方案，打通更加便捷、透明、富有趣味的公益参与渠道，构建更加深入人心的公益品牌，与社会各界一起携手，以微博之力，让世界更美！

本书负责人：谢谢杨总，还请其他同志做些补充。

陈勇翔：好的，首先欢迎肖教授作客新浪。新浪微公益是《慈善法》颁布后，全国首批具有募捐资格的公益组织，每年年中、年末都要向民政部汇报 1 次工作。现在新浪开发的公益项目主要有：

1. 一起捐，主要面向明星、大 V、网红等，让其粉丝在其号召下，一起捐款，让有影响力的人，影响更多人。例如，杨洋代言的公益项目，山村幼儿园计划，这类项目没有时间限制，可长期参与。

2. 月捐，主要面向广大网友，号召网友每月定期捐款。

3. 单笔捐。我们重视话题词的运用，在账号引出话题，通过话题引出专业内容，例如，星光公益联盟，就产出了不少的公益专业内容。

本课题负责人：谢谢陈勇翔同志的补充介绍，有请杜娟同志做些补充。

杜娟：好的，首先欢迎肖教授做客新浪，我也做些补充介绍。新浪微公益还重视将公益与游戏相结合，提升公益活动的趣味性，提高网民参与度。例如，我们开发的《森林驿站》游戏项目，每天就有 50 多万人参与；《熊猫守护者》游戏项目，每天就有 100 多万人参与。

本课题负责人：谢谢杜娟同志的补充介绍。

（四）访谈上海慈善基金会情况

访谈时间：2020 年 1 月 15 日下午

访谈地点：上海黄浦区明天广场万豪酒店 39 楼

访谈人：本书负责人

访谈对象：上海慈善基金会法律顾问马仲器先生

访谈内容：

本书负责人：马律师您好，请您简要介绍一下上海慈善基金会的基本情况。

马仲器：好的，首先欢迎肖教授做客上海市慈善基金会（以下简称本会）。本会是由上海市政协、上海市文明办和上海市民政局发起，经上海市社会团体登记机关核准登记、具有公开募捐资格的慈善组织。自 1994 年 5 月成立以来，始终坚持"安老、扶幼、助学、济困"的宗旨，奉行"依靠社会办慈善，办好慈善为社会"的理念，以及"人人可慈善，行行能慈善"的信念，致力于发掘慈善资源，实施慈善救助，传播慈善理念，举办了形式多样的慈善活动，广泛动员民众和团体参与，聚社会之善，成社会之爱。

当时，本会成立得到时任上海市市长黄菊的夫人余慧文老师、时任上海市政协主席陈铁迪、时任上海市民政局局长施德荣的大力支持。市长夫人做慈善，这在当时国内是很少见的，但是符合国际惯例，黄菊市长也支持夫人做慈善事业。后来在余慧文老师的带动下，当时上海市四套领导班子的配偶都积极参加做义工，支持慈善事业，现在余慧文老师还担任上海慈善基金会顾问。

近些年来，上海慈善基金会分别荣获上海市文明单位、5A 级社会组织等荣誉称号。

本书负责人：谢谢马律师的介绍，还请您谈谈上海慈善基金会在形象建设、形象传播方面，做了哪些具体工作？

马仲器：好的，上海慈善基金会在形象建设与传播方面，主要做了以下工作：

1. 起好名字

古人云，名不正，则言不顺。慈善公益组织的名称很重要。目前，公益慈善组织我认为大体可以分为三类：

一是非营利性社会团体，如总会、协会等社会团体，其实行会员制，其业务主管单位是民政部社会组织管理局；

二是慈善基金会，业务主管单位是中国人民银行，定性为准金融机构，资金可以运作、投资；

三是草根慈善组织和民办非企业单位，其业务主管单位是民政部社会组织管理局。为了实行慈善事业的可持续发展，获得持续的财富支撑，我们最终选择将组织注册为基金会，取名为上海慈善基金会，并对名称进行了注册，现在已经是著名商标，无形资产产值经评估达到30个亿。在基金会下面，设有78个具体的慈善项目，如"蓝天下的至爱""美滋润心""天使知音——关爱来自星星的你"等，每个项目名称都已经注册。

2. 设计好会标 LOGO

上海慈善基金会（简称 SCF）的 LOGO，是1994年面向社会公开征集而来的。当时开展的这次会标公开征集活动，既为基金会做了广告，又实实在在征集到了 LOGO，可谓一举两得。现在使用的会标，是从800多个应征稿件中脱颖而出的，得到了评选专家的高度认可，后经过公示，最终正式确认，并一直沿用至今。上海市慈善基金会会标基本色为红色，基本图形为"心"形，由一只鸽子和一个地球构成。红色体现热情、温暖，"心"形表示爱心，鸽子象征仁慈、吉祥，地球代表世界，"SCF"是"SHANGHAI CHARITY FOUNDATION"（上海市慈善基金会）的缩写，该会标的寓意是：让爱心飞进千家万户，使世界充满友爱温暖。

3. 注册好上海慈善网域名

上海慈善基金会重视域名保护，成立后，便立即申请注册了官网域名——http：//www. scf. org. cn/，从而拥有了规范的网络域名。

4. 创作好音乐 LOGO

上海慈善基金会成立后，组织专家创作了会歌——《蓝天下的至爱》，便申请了著作权。

5. 创办好有刊号的杂志

上海慈善基金会于 2004 年，委托上海人民美术出版社出版本会会刊——《至爱》，该杂志具有正式刊号，办刊宗旨为：播撒爱，温暖心。

《至爱》杂志是中国第一本慈善公益类专业期刊，2019 年是其创刊 15 周年。编辑部成员是由 5 位女性组成的"娘子军"。《至爱》团队组建以来，担负起大力普及慈善理念、深入传播慈善文化的重任，伴随着上海慈善事业的发展而逐步成熟。团队始终保持专业性和公信力，努力打造公益媒介品牌，传递社会正能量，大力宣传有关社会慈善公益的政策法规及创新理念；深入传播慈善公益文化，致力于拓宽慈善公益精神的宣传广度和深度。

近几年，在出版社综合改革中，《至爱》团队不忘初心，潜心本职，真抓实干，不断进取，利用业余时间或工作间歇参与各类社会志愿服务工作，被评为 2016 年度集团先进集体、2017—2018 年度集团"五一巾帼文明岗"，2018 年受聘为复旦大学附属儿科医院行风建设监督单位，编辑部主任陶晨获 2017 年度宣传系统志愿服务先进个人，展示了"新时代娘子军"的风采。

与此同时，上海慈善基金会高度重视组织形象的内涵建设：

1. 规范化运作，塑造形象

上海市慈善基金会重视内部治理体系建设，现任理事长为陈铁迪女士，理事长、副理事长和理事共 23 人。理事会下设募捐委员会、救助委员会、宣传文化委员会、资产管理委员会等四个专业委员会和众仁服务中心。这些部门之下分设筹款工作部、对外联络部、慈善物资管理中心、医疗工作部、慈善教育培训中心、宣传文化部、《至爱》杂志社、慈善事业发展研究中心、资产管理部、众仁花苑、众仁乐园、金山众仁护理院和众仁儿童康复中心。基金会在全市 19 个区县设立了分会。2004 年年底，本会成立了专业的慈善义工总队。

基金会还设有审计室、监事会、法律顾问团、会计顾问团等机构，重视发挥"4 个师"（即律师、会计师、审计师、评估师）的作用，对业务和财务工作进行认真监督检查。每年由独立的审计机构对基金会的财务进行专门的审计检查，并通过《解放日报》将审计结果向社会公布。

捐款人可通过网站等各种渠道查询捐赠资金的使用情况，也可获取受助人的名单和通讯方式进行直接联系。现在该基金会还通过了 ISO 9000 国际质量体系认证。

基金会还建立了自己的办公 OA 系统，规范慈善合同审批，实现慈善合同审签制，相关合同必须有财务部门意见、法务部门意见后，秘书长才会签批。

2. 开展慈善活动，创造形象

一是上海慈善基金会重视慈善营销活动。基金会善于抓住社会热点、名人公益等社会时尚话题，开展慈善募捐活动，例如，开展的影响力较大的活动有，超女慈善演出会、加油好男儿、中国达人秀、东方天使、世界小姐慈善晚会、费玉清演唱会、周立波慈善婚礼等，倡导消费慈善、娱乐慈善、体育慈善，让慈善与社会新时尚同行，传播社会正能量。

二是打造了一批社会认可度高、影响力大的品牌慈善项目。上海慈善基金会紧贴社会需求，创建了 75 个大类的慈善项目，并依法正式登记为服务商标。

例如，"蓝天下的至爱"，该品牌诞生于 1995 年，作为上海慈善领域历史最为悠久的项目之一，经过二十多年的实践，已成长为集规律性和互动性、成长性和品牌性、传播性和系统性于一体的慈善项目，并获得多项荣誉，在全国都产生了深远的影响。2007 年，被中华慈善总会评为"中华慈善事业突出贡献奖"；2012 年 4 月，"蓝天下的至爱"正式在上海市工商局进行商标注册；2017 年，荣获上海市著名商标；2018 年，"蓝天下的至爱"进入了上海 150 个"上海文化"品牌建设重点项目之一；2018 年 6 月，"蓝天下的至爱"慈善晚会荣获了全国最佳公益节目奖；2018 年 9 月，"蓝天下的至爱"慈善活动获得上海年度"十佳公益项目"的殊荣。历届的"蓝天下的至爱"系列慈善活动都得到了上海市委、市政府以及社会各界的大力支持。通过年复一年的项目运作和品牌激励，"蓝天下的至爱"把全社会的爱心传递给最困难、最需要帮助的群体，已成为上海城市温度最直观的体现方式。

又如，"点亮心愿"贫困老人眼疾患者复明手术，该品牌宗旨：资助白内障及其他眼疾患者手术费用，联合眼专科医院提供专业治疗，使老人重见光明，提高生活质量。该品牌内容：由张瑞芳、秦怡、叶惠贤等著名艺术家和社会知名人士共同发起，资助上海 60 周岁（含）以上家境贫困的老人。2007 年 1 月本项目荣获"中华慈善事业突出贡献奖"。该品牌成效：2001 年至今共资助 32300 人，累计支出 8579 万元。该品牌资助标准：每位白内障患者给予 1000 元至 3200 元的资助，其他眼疾患者视情况酌定。具体执行单位为：上海市慈善基金会。

新时代慈善公益事业正蓬勃发展，迫切需要一大批基础理论扎实、社会治理能力强、有奉献精神的专业人士能够参与这项事业，基金会也期待高校能够早日开设公益慈善本科专业，积极培养一大批适应新时代公益慈善事业需要的公益慈善高级专门人才。

（五）访谈上海宋庆龄基金会情况

访谈时间：2020 年 1 月 17 日下午

访谈人：本书负责人

访谈对象：上海宋庆龄基金会副秘书长杨晔

访谈地点：上海市静安区陕西北路 369 号上海宋庆龄基金会办公楼

访谈内容：

本书负责人：杨秘书长好，打扰您了，请您简要介绍一下上海宋庆龄基金会的情况。

杨晔：好的。首先欢迎肖教授做客上海宋庆龄基金会（以下简称本会），本会是由宋庆龄先生所创办的中国福利会发起的，于 1986 年成立的一家公募基金会。自成立以来，本会始终秉承宋庆龄先生的公益慈善精神，积极围绕教育、文化、医疗卫生和社会可持续发展领域开展各类公益活动，从而全面改善受助人群的生存状况。

上海宋庆龄基金会拥有一支专业化的管理和执行团队，是一家积极倡导高效、规范、透明的公益机构。本着对妇女儿童事业的特别关注，上海宋庆龄基金会已经在妇幼保健、助学助教、儿童文化等方面设立了多个项目基金，足迹遍布全国各大省、直辖市、自治区。变革发展中的上海宋庆龄基金会也是一家具有国际视野的公益机构，其有效借助自身优势，立足中国，放眼全球，积极拓展国际项目合作与交流。同时，本会努力加强和推动跨界合作，通过不断探索和实践，致力让宋庆龄先生的爱心事业惠及更多人群，最终推动社会的全面发展。

本书负责人：谢谢杨秘书长的介绍，还请您谈谈上海宋庆龄基金会在形象建设、形象传播方面，做了哪些具体工作？

杨晔：好的。上海宋庆龄基金会自成立以来，在形象建设、形象传播方面，主要做了以下工作：

一是高度重视基金会的品牌管理。

经有关部门批准，全国共有 7 家宋庆龄基金会，我们是其中一家，因地处上海，故取名上海宋庆龄基金会。上海宋庆龄基金会成立伊始，便高度重视形象建设，及时导入 CI 形象识别系统建设，设计了基金会 LOGO，如下图。

本会还及时注册了规范的网络域名。创办了内刊《改变》，及时报道本会最新的动态，目前，该刊物还没有取得正式刊号。

二是制定了基金会《章程》，加强了信息透明度建设。

上海宋庆龄基金会高度重视组织内部治理体系建设，明确了组织架构，制定了内容丰富、操作性强、运作规范的基金会《章程》。重

视信息披露工作，每年及时通过自身官网披露相关公益信息，或者在政府指定的渠道"慈善中国"公布相关信息。目前，基金会的收入来源，大约三分之一来自企业捐赠，三分之一来自高净值人士捐赠，三分之一来自股权捐赠分红。2011年，民企上海中静集团有限公司捐赠其97.5%的股权给基金会，价值3.9亿元，上海宋庆龄基金会因此成为全国第一家接受股权捐赠的公募机构。2012年开始，基金会也做互联网公益，但是收入占总收入的比重很小，目前还小于0.5%。基金会资金的去向，实行DAF制，主要按捐赠人的意愿安排资金去向。

本会重视管理队伍自身建设，重视公益文化传承，每年都会开展理事成员培训。基金会建立了完善的组织架构，重视内部监督，注重发挥监事的作用。基金会秉持专业人士做专业事的原则，加强了专业监督和咨询工作，基金会设置了五个专业顾问委员会，即提名委员会、项目咨询委员会、信誉管理委员会、资产运营监督委员会、薪酬委员会。基金会内设事业发展部、项目管理部、运营管理部，具体在秘书长领导下工作。

目前，上海宋庆龄基金会运营的项目有五大类：

一是可持续发展类，包括农民创业接力棒计划、公益人才培养项目、野生救援亲子环保项目、民间公益组织资助计划。

二是教育类，包括4C儿童互助、师徒制青年职业发展、嘉公益、萤火虫计划、东亚银行助学金计划、社会助学项目、晨兴助学金、"爱心助我高飞"儿童教育服务项目、学前教育培训计划、铺路石助学项目、青聪泉自闭症儿童关爱项目、快乐课桌。

三是文化类，包括宋庆龄爱心书库、小小木偶团、"来自大山"少数民族文化交流项目、小小辩论赛、宋庆龄流动少年宫。

四是医疗卫生类，包括上海宝贝之家、新肾儿、母婴平安、微笑百分百、点亮眼睛。

五是其他类，项目有泉公益等。

这些项目的深入实施，有力地提升了上海宋庆龄基金会的社会形象，提高了基金会的知名度和美誉度。下一步，我们将继续传承宋庆龄先生的公益理念，办好现有的公益项目，同时，积极寻找新的合作伙伴、研发新的公益项目。

附录四 "上海振兴江西促进会"
公众号文章三篇

一 与爱同行——情系东江，梦萦寻乌

作者：施敏龙

2019年7月16日至7月20日期间，上海振兴江西促进会会长、长三角振兴寻乌促进会荣誉会长马仲器，全国红军小学建设工程办公室主任、上海市青少年发展基金会理事长吴仁杰一行，来到寻乌县开展慈善公益活动。正在外地出差的中共寻乌县委书记柯岩松专门打来电话，向考察团一行表示欢迎和感谢。县委副书记、县长杨永飞几次会见考察团一行，介绍了寻乌近年来经济社会发展的情况。赣州市政协原巡视员，长三角振兴寻乌促进会、长三角寻乌商会顾问潘其乐，赣州市慈善总会会长温会礼，寻乌县委常委、县政府副县长米雅娜与寻乌县老领导黎式义、卢美艺一起全程陪同考察。

马仲器一行就上海方捐赠救灾物资及知青50周年回乡访问活动事宜与县各领导进行了商议，随后依次来到了吉潭镇知青纪念林项目地考察并走访澄江镇谢屋村、大墩村、金马希望小学看望当地父老乡亲。

吉潭镇知青纪念林项目以"传承知青文化，发扬知青精神"为宗旨，以追忆"旧时光"（知青文化、童年游戏、农耕文化）为主要内容，以知青生活体验、亲子游乐、农耕体验、高效观光农业为主要方式，着力于打造特色发展主题、开发核心竞争力产品、项目实施的可

操作性，最终打造江西著名的特色突出的以知青文化 & 旧时光农乐园为载体的知青农场。

本项目的意义在于为在江西奋斗过的知青提供一个追忆过往和举办活动的场所，为城市的青少年提供一个体验知青文化和乡村生活的乐园，为吉潭镇、寻乌县乃至江西省的旅游业发展增加特色内容，传承和弘扬艰苦奋斗的知青文化，填补江西省知青文化的旅游的空白，同时为当地居民提供就业，增加收入，为乡村精神文明和新农村建设作出贡献，实现经济效益、社会效益和生态效益相统一。

其后又来到长宁镇石训留守儿童亲情家园对留守儿童和当地教师送去关爱。

通过上海振兴江西促进会牵线搭桥，全国高等艺术院校——浙江音乐学院的师生们不辞辛劳来到寻乌，连日来开展暑假社会实践，为寻乌的文艺爱好者、艺术考生们"传金送宝"，并且在 7 月 18 日晚在乡村大灯会为父老乡亲们奉献艺术盛宴！

次日一行团成员分别来到乌采茶歌舞剧团有限公司、南方舞蹈学校、澄江中学、寻乌中等职业技术学校、寻乌三中、寻乌二中、三二五小学、博豪中学等地对当地教育事业发展进行了指导与交流，并对建造红军小学进行选址工作。

马仲器作为寻乌返沪知青，对寻乌有着深厚的乡情、亲情和感情，如今回到寻乌为其发展尽些绵薄之力，感到非常高兴。今后，将一如既往地资助贫困学生、帮扶教育事业、推动寻乌各项经济发展，与寻乌人民共续鱼水情。

二 "让爱回家"关爱留守儿童心理健康大型公益活动——奉新行，圆满成功！

作者：万莉

7 月 27 日，宜春市政府驻上海联络处、中共宜春驻沪流动党委、沪赣医促会宜春分会、上海振兴江西促进会心理健康工作委员会、上海振兴江西促进会宜春工委奉新联谊会、奉新县委组织部、奉新县卫计委、奉新县妇联、江西省妇联驻上海妇女工作委员会、江西省共青团驻上海工作委员会、九号站等单位，携众多宜春籍在沪爱心企业家及医疗专家，循回报桑梓、服务乡亲、助力扶贫宗旨，齐聚奉新，为家乡人民带来一场高质量、高水平的大型义诊活动及"让爱回家"大型公益活动。

当天下午两点，在奉新天幕电影院开展了以关爱留守儿童为主题拍摄的电影《花儿与歌声》观影活动，奉新县教体局组织了奉新县100多名即将进入高三的学生参加观影。观影结束后，九号站万莉老师和王惠彪老师以开学第一课的形式就未来生涯规划，分别结合电影给学生了做了现场互动分享，万莉老师用积极心理学引导学生永远不要给自己设限，探索自身的热爱与擅长，不要因为学习而学习，不要为了父母而学习，而要为了自己真正的热爱利用自己的擅长，带着梦想去学习！王惠飚老师结合传统文化给学生们做了活在当下的分享并结合电影女主角心明，做了"心明"明心的体验，让学生们明白和自己的心在一起，才能真正让爱回家。

最后，万莉老师给学生们布置了家庭作业，让每一个学生写下自己的 24 个优质品格，并在自己遇到困难挫折的时候拿出来给自己看，这个作业将伴随着他们未来的人生路，给予他们无穷的力量。在热烈不断的掌声中，万莉老师代表所有参与活动的人祝福学生开启梦想的旅程！

爱心人士捐赠：让爱回家

为更严密的组织好爱心捐赠活动，奉新县驻沪流动党支部提前半个月就对奉新建档立卡的困难家庭进行摸底。上海沧海物流有限公司帅友其总经理、上海邦兴物流有限公司刘咸斌董事长、上海慧勇物流有限公司谌小兵总经理、昆山飞时代物流有限公司龚士根董事长、盈科律师事务所文春生等奉新籍爱心人士分别结对帮扶奉新县 5 名家庭困难的学生。奉新驻沪流动党总支书记帅友其代表上海五名爱心企业家捐赠第一年助学金5000元，持续一对一捐赠十年。

"让爱回家"关爱留守儿童心理健康大型公益活动由上海振兴江西促进会心促会，江西省妇联驻上海妇女工作委员会，江西团省委驻上海妇女工作委员会，九号站自2018共同发起，短短一年的时间已分别把爱送到上饶、德兴、宜春、万载、高安、奉新，六个县市，邀请更多的心理专业人才，爱心人士加入到"让爱回家"，"让爱回家"下一站：江西永修！

三 新长征路上再出发 上海捐赠800万抗洪救灾物资

作者：施敏龙

不忘初心，方得始终。五十年前，13余万上海知识青年来到革命红土地江西奉献青春。如今，他们带着赤诚之心，返回第二故乡，踏寻足迹，感悟初心。

6月27—30日，江西各县返沪知青考察团专赴中央红军长征出发地于都县举行开展"不忘初心、牢记使命"主题活动，致敬长征，反哺第二故乡，加强沪赣两地产业对接，为第二故乡经济社会发展建言献礼。

据介绍，为庆祝新中国成立70周年，积极响应江西省委省政府关于"请乡友回家乡、请校友回母校、请战友回驻地"的号召，上海振兴江西促进会于去年12月下旬发起开展全省返沪知青代表庆祝新中国成立70周年重返第二故乡活动。6月底，江西各县返沪知青代表组团专赴江西省于都县、大余县，踏寻革命先辈的足迹，缅怀革命先烈，不忘初心，以伟大的长征精神助推第二故乡的经济社会发展。

6月27—28日，江西各县返沪知青考察团一行在上海振兴江西促进会会长马仲器、党支部书记陈国梁带领下，重访当年中央红军长征集结出发地江西于都追寻红色记忆，并与于都县委书记蓝捷、副县长幸伟、文旅局局长谢芸华、商务局局长华红琴等就于都的经济建设、产业对接进行深入交流和对接。

于都是中央红军长征集结出发地。徜徉在于都县城，长征大道、长征大桥、长征源小学……以"长征"命名的建筑随处可见。这浓浓的红色情怀，令尘封的往事一幕幕鲜活起来。中央红军长征出发纪念馆中陈列的那一件件革命纪念物，无声地诉说着与初心有关的故事。于都县的纺织服装业，在过去的 3 年里实现了"三年翻番"的可喜成绩。如今，于都县提出未来 3 年还要再翻番的目标，就是说到 2021 年，要把园区打造成"20 平方千米、20 万员工、千亿元级产业集群"的中国品牌服装制造名城。

上海振兴江西促进会会长马仲器表示，江西各县返沪知青分布在各行各业，我们将积极利用我们的优势资源，助力革命老区于都县把重点产业、新兴产业等对接上海的创新链、产业链、人才链、资金链，为老区经济腾飞出力。

6 月 28—30 日，江西各县返沪知青代表团一行来到大余县"梅岭三章革命纪念馆"，缅怀革命先烈，考察了中国牡丹亭文化园、江西南安板鸭有限公司和大余丫山生态旅游风景区。并与大余县委书记曹爱珍，县委常委、统战部部长刘裕裕，副县长罗少贵，县人大副主任朱晓明，县政协副主席李武及大余县各委办局负责人，赣州世宇实业有限公司董事长何宏，赣州发展投资集团董事长李贱贵，赣州丫山风景区有限公司董事长唐向阳等就大余县经济建设、产业对接、招商引资等方面进行座谈和深入交流。

大余县区位优越，物产丰饶，是享誉中外的世界钨都、古代海上丝绸之路的重要节点城市。近年来，大余县以赣南苏区振兴发展为总抓手，抢抓发展机遇，纵深推进生态名县、旅游名县、文化名县、教育名县、体育名县"五个名县"建设，深耕文化旅游、健康养老、全民体育等幸福产业。

上海振兴江西促进会终身荣誉会长、国家开发银行产业投资基金首席投资官施德容在座谈会上，表达了自己对第二故乡的深厚感情以及对丫山景区打造乡村旅游新形象给予充分肯定，并对钨都大余的高科技深加工投资项目高度关注。上海振兴江西促进会荣誉副会长、中国曲艺家协会副主席、上海曲艺家协会主席王汝刚先生从文化方面建议要把大余建成汤（显祖）学研究中心和"中国《牡丹亭》古典戏曲之乡"，打造汤学新流派。马仲器会长建议尽快设立丫山风景区驻上海办事处、长三角振兴大余促进会、上海丫山活动基地，为加快革命老区高质量发展而作出贡献。

此外，为了帮助江西灾区人民抗洪救灾，上海振兴江西促进会会同赣州市人民政府驻上海联络处，通过上海市慈善基金会募得价值800万元抗洪救灾物资，于6月30日通过赣南慈善总会捐赠给正在抗洪救灾的老区人民。

附录五　部分公益组织的 LOGO

图1　上海慈善基金会

图2　上海宋庆龄基金会

图3　中华环境保护基金会标志

图 4 韩红爱心慈善基金会

图 5 中国残疾人福利基金会

图 6 中华慈善总会